A Divina Dinastia

Albert Paul Dahoui

A Divina Dinastia

A Saga dos Capelinos

Série 2

Volume 5

Copyright © 2012

Programação visual da capa:
Andrei Polessi

Revisão
Cristina da Costa Pereira

Editora Heresis
Caixa Postal 164 – CEP 12914-970
Bragança Paulista – SP
Telefone: 11 3181-6676
Site: www.lachatre.com.br
E-mail: editora@lachatre.org.br

2ª edição – Novembro de 2016

Esta obra foi impressa na Art Printer, São Paulo

A reprodução parcial ou total desta obra, por qualquer meio,
somente será permitida com a autorização por escrito do autor.
(Lei 9.610, de 19.2.1998)

Impresso no Brasil

Presita en Brazilo

CIP-Brasil. Catalogação na fonte

D139t   Dahoui, Albert Paul, 1947 – 2008
          A divina dinastia / Albert Paul Dahoui. Bragança Paulista, SP : Heresis,
2012.

          ISBN: 978-85-65518-65-9
          216 p.

          1.Espiritismo. 2.Drama Épico. 3.Orixás. I.Título. II.Coleção Saga dos Capeli-
nos.
     III.Série 2

             CDD 133.9   CDU 133.7

PRÓLOGO

Por volta do ano 3.700 a.C. quase 40 milhões de espíritos foram trazidos de um planeta distante 42 anos-luz. Esses espíritos foram exilados devido a desvios de ordem espiritual só recuperável em longo prazo. Eram pessoas provenientes de um planeta tecnologicamente evoluído, num estágio similar ao da Terra no final do século XX, chamado Ahtilantê.

Um processo de expurgo espiritual em massa é um evento natural, longamente planejado e conhecido da alta espiritualidade. Trata-se de um processo pelos quais os planetas atravessam rotineiramente quando alcançam determinado estágio. Enquanto a sociedade de um planeta se situa em níveis primitivos ou medianos, os habitantes são equivalentes. Os processos de evolução social-econômicos se reproduzem de modo similar em todos os planetas habitáveis, apenas variando os personagens e suas motivações pessoais.

Ao alcançar níveis tecnológicos superiores, possibilitando uma aceleração da evolução espiritual, há um grupo minoritário tão díspar dos demais os quais não podem permanecer no mesmo planeta. É nesse momento, quando uma minoria põe em risco a vida da maioria, o expurgo é encetado.

A Saga dos Capelinos

Uma parte desses expurgáveis convive fisicamente com os espíritos de boa vontade, mas há uma quantidade significativa chafurdando nos planos mais baixos da espiritualidade. O expurgo contemplou a possibilidade de redenção por meio de reencarnações em condições severas. Alguns optaram por esse processo, contudo a maioria preferiu renunciar a essa possibilidade, receando as agruras a serem vivenciadas.

Entre os espíritos de vibração densa, homiziado nas trevas, dimensão espiritual caracterizada por um aspecto lúgubre, havia os alambaques – grande dragões. Esses espíritos de inegável poder mental dominavam extensas legiões de seguidores tão tenebrosos quanto eles próprios, mas com menos domínio mental sobre os elementos do plano.

Houve uma cisão entre os alambaques. Mais de dois terços, vendo no expurgo uma determinação inelutável dos espíritos superiores, comandantes do planeta, não resistiram e aliaram-se a Varuna, o coordenador espiritual do expurgo. Tornaram-se artífices de um processo de mudança, tanto no planeta de origem como principalmente no planeta Terra. Houve, entretanto, um grupo de alambaques reticentes.

Esses revoltosos foram derrotados por armas psicotrônicas próprias do plano espiritual. Venderam caro sua derrota. Provocaram uma guerra mundial de proporções catastróficas. O final da guerra foi determinado por artefatos de poder destrutivo nunca visto. Por seu lado, os últimos revoltosos foram capturados por meio de uma gigantesca nave semelhante a uma lua negra. Nesse aparelho havia um dispositivo denominado raio-trator. Essa arma arrastava os espíritos para dentro da lua negra, mas as consequências sobre o corpo espiritual eram terríveis, pois o dilacerava, obrigando o espírito a um processo de recuperação de séculos.

Durante os anos negros do expurgo, destacaram-se como principais ajudantes de Varuna, o comandante das forças de segurança chamado Indra Vartraghan e seus assistentes Vayu e Rudra, dois titânicos guardiões. Além desses importantes membros da equipe, outros foram de importância capital, entre eles Uriel, a segundo-em-comando, uma especialista em es-

píritos ensandecidos e um casal muito amigo de Varuna, Srao-
sa e sua esposa Mkara. Não só se destacavam pela nobreza de
espírito, mas por algo terrível acontecido em remoto passado
envolvendo outros espíritos expurgados.

Entre as várias funções de um expurgo dessa magnitude re-
side uma de superior importância para o desenvolvimento dos
espíritos. Essa função passa a ser bem compreendida quando se
entende a importância da evolução social e econômica em con-
junção com a própria evolução espiritual. Para não se delongar
sobre este importante ponto, é suficiente mencionar o fato das
duas evoluções acontecerem simultaneamente. Não é cabível a
espíritos altamente evoluídos em conhecimento e em sentimentos depurados conviver em sociedades primitivas semelhantes
as dos indígenas. Pode-se até imaginar uma missão de sacrifício
a fim de ajudar uma tribo a evoluir, todavia espíritos esclare-
cidos necessitam de sociedades igualmente evoluídas a fim de
manifestarem todo o potencial do qual já são possuidores.

Desse modo, a vinda desses verdadeiros depravados signifi-
cou um salto evolutivo para a Terra. Naqueles tempos, o planeta
era povoado por uma humanidade primitiva, repetindo inces-
santemente o modo de vida dos antepassados como se tudo fosse imutável. A chegada dos exilados revolucionou os costumes,
possibilitando a introdução de uma tecnologia inexistente. Essas
novas técnicas modificaram a face do planeta, alterando as rela-
ções sociais. A matemática, a escrita, a invenção da roda, do ara-
do e outros utensílios alteraram a agricultura, concentraram as
pessoas em cidades, originando a civilização propriamente dita.

Como era de se esperar, esses espíritos também introduzi-
ram práticas estranhas e perturbadoras, tais como sacrifícios
humanos, parte do ritual de uma religião de deuses sanguiná-
rios e atemorizantes. A divisão de atividades propiciou o apa-
recimento de uma elite dominante. Esses elementos usaram a
religião para dominar os menos favorecidos e viviam à larga
em detrimento dos seus semelhantes. Mas, mesmo tendo introduzido a escravidão, as guerras de conquista, os massacres
de populações inteiras, houve um salto qualitativo impossível
de existir sem a presença desses expurgados.

Após a implantação da cidade de Ifé, a Casa Eterna, os iorubas formaram cidades-estados que viviam, mais ou menos, pacificamente entre si. Por volta de 1200 d.C, os administradores espirituais resolveram que para dinamizar a sociedade ioruba era necessário unificá-la. Foi neste período que um espírito foi conduzido a uma nova existência para formar um império e iniciar uma dinastia de reis justos, que deveriam trazer prosperidade à nova nação. Esta é a história da formação do Império Ioruba.

A Divina Dinastia

1

1.200 d.C - Nigéria

Ser o sexto filho do rei de Edo[1] não era um fato marcante na vida de Ekaladerhan. Além de ter vários irmãos maiores e mais truculentos à sua frente, era filho de Imade, uma igbô sem nenhuma nobreza. Portanto, era alguém sem importância na corte de Owodo.

Agora que atingira os dezesseis anos, sentia-se cada vez mais frustrado. Nem tanto por saber que jamais seria rei, mas porque seus irmãos e os demais membros da corte o consideravam um vagabundo e desordeiro. Não se sentia assim, mas que agia como se fosse um, isso não se podia negar.

Desde os doze anos, sempre se metia em confusão. Parecia que ela o procurava, mas, no fundo, era ele quem a caçava. Um dia, em distante

---

[1] Atual cidade de Benin. (Nota do autor)

10 A SAGA DOS CAPELINOS

futuro, tomaria consciência de que se sentia inferior aos demais irmãos. Provocava todo tipo de briga e discussão só para provar a si mesmo que não era o rebotalho que o olhar envergonhado do pai o fazia crer que fosse.

Naquela tarde de inverno, fora longe demais. Quando seu irmão Ogiamien o confrontou com um 'cala boca', ele não teve pejo em lhe aplicar uma violenta surra. Quando sua fúria amainou, observou horrorizado que Ogiamien estava caído numa poça de sangue. Por sorte, não estava morto, mas sangrava muito pelo supercílio e pela boca. Os guardas do palácio haviam chegado no momento em que um pesado tamborete ia voar das suas mãos para cair na cabeça do irmão e, a muito custo, o contiveram. Arrastaram-no à força e amarrado à presença do pai.

– Você deve ser possuído de um mau espírito – disse-lhe Owodo, após escutar o relatório dos guardas. – Não tenho dúvidas disto.

Enquanto o pai o perscrutava de alto a baixo, com um olhar de desdém, Ekaladerhan sentiu que não podia ficar mais naquele lugar. O pai parece ter lido seus pensamentos.

– Vou mandá-lo para Ifé. Somente na cidade sagrada, eles hão de encontrar uma cura para seu mal. Quem sabe se Oxalá se apiede de você e lhe dê algum juízo.

Em condições normais, Ekaladerhan responderia malcriado e cheio de empáfia, mas amarrado como estava – as cordas o feriam nos braços jogados para trás – e com a boca a sangrar – um dos guardas lhe havia dado uma cacetada para que se aquietasse – não tinha mais vontade de replicar. Ifé seria um bom lugar para fugir de Edo.

2

Alguns anos antes de Ekaladerhan surrar Ogiamien, longe daquele lugar, entre a tribo dos mahis, nascera um menino cujos pais deram-lhe o nome de Aidô. Numa certa época, quando estava com doze anos de idade, uma peste varreu sua aldeia e quase todos seus familiares morreram. Aidô tivera sorte e não ficara doente, mas agora, sozinho no mundo, abandonou sua aldeia e deslocou-se com os poucos remanescentes para a cidade de Ketu.

Após atravessar o rio Agabado, adentrou a cidade de cinquenta mil habitantes de Ketu. Perambulou maravilhado por alguns dias no merca-

A Divina Dinastia 11

do e conseguiu comida. Certa tarde, foi abordado por um homem chamado Indedikuê.

– O que um rapaz bonito como você faz sozinho no mercado? –perguntou o maduro e rico Indedikuê.

– Esperando pelo senhor – respondeu Aidô.

O homem riu e o levou para casa. Logo Aidô descobriu que tivera sorte: tratava-se de um famoso *babalaô*, que recebia as pessoas mais importantes de Ketu para resolver seus problemas. Possuía vários dons, desde jogar búzios para adivinhar o futuro até curar os mais diferentes males. Além de famoso pela eficiência, também ficara rico; cobrava caro pelos seus préstimos.

Para espanto de Aidô, Indedikuê tinha um batalhão de serviçais, usados para diversos trabalhos, desde o simples varrer o chão até preparar as mais complicadas comidas dos orixás. Aidô tornou-se um serviçal igual às mulheres e alguns poucos rapazes vivendo na casa de Indedikuê.

Na terceira noite, Indedikuê levou Aidô para seu quarto e mostrou por que o havia selecionado no mercado. Mandou que tirasse a roupa e se deitasse em sua cama. Aidô obedeceu, num misto de curiosidade e excitação: ele bem que entendera o que o homem desejava. Indedikuê ficou observando-o e, docemente, mandava-o mudar de posição para que pudesse ser plenamente vistoriado.

Após alguns instantes de observação lasciva, Indedikuê perguntou se ele gostaria de fazer sexo com ele. A resposta foi que jamais fora para a cama com homem nem mulher, mas que estava disposto a conhecer o amor. Não houve necessidade de mais nada: Aidô tornou-se amante de Indedikuê.

Os anos foram se passando e Aidô foi aprendendo a arte de Indedikuê. Ensinou ao rapaz como se jogavam os búzios, o tipo de feitiços que devia ser feito em cada ocasião e os fundamentos de todos os orixás e suas comidas. Aprendeu, além da arte do *babalaô*, também todas as artes sexuais, tanto com homens como com mulheres, pois Indedikuê apreciava homens e mulheres, indiferentemente. Uma pessoa mais moralista poderia pensar que Indedikuê era um amoral, mas era, na realidade, apenas um homem de sua época e de sua sociedade. Não era malvisto e nem se repudiava alguém que fosse bissexual e Indedikuê, mesmo saciando-se tanto com um como com outro sexo, jamais forçava ninguém a algo que não desejasse. Como bom aprendiz de seu mestre, Aidô também passou a apreciar o sexo como algo natural, sem limites a não ser a decência de não fazer nada em público e nunca constranger ninguém a fazer algo que não desejasse.

Quando Aidô alcançou os vinte anos, Indedikuê observou que ensinara suas artes mágicas a alguém que detinha um poder mental muito superior a qualquer um, inclusive ele mesmo. Além do poder psíquico que ele apresentava de modo tão natural, demonstrava cabalmente ser um sábio, mesmo com sua pouca idade. A partir desta constatação, Indedikuê passou a usar Aidô como principal ajudante. Em pouco tempo, Aidô observou que se tornara o principal *babalaô* de Ketu, com todo mundo querendo consultá-lo, mas continuava pobre como no dia em que chegara. Ora, Aidô sempre almejara tornar-se alguém rico e importante e, após dois anos de semi-escravidão, fugiu para Ifé.

3

Amarrado como um cabrito, Ekaladerhan foi levado em direção a Ifé. Era para ser uma viagem de alguns dias, e quando o grupo estava afastado de Edo, ele pediu aos seus cinco guardas que o desamarrassem: como poderia fazer suas necessidades com cordas a lhe tolher os movimentos? Os guardas tiveram a gentileza de desatarem os nós, mas ficaram grudados nele. Ele retirou a tanga, entregou a um deles, sorrindo, e embrenhou-se no mato para satisfazer suas necessidades. Os guardas esperaram que terminasse seu afazer apenas para descobrirem que havia fugido completamente nu.

Um homem de um metro e oitenta e cinco centímetros, com boa complexão física e de grande agilidade, fugindo por dentro da mata cerrada, nu em pêlo, deveria ter chamado a atenção, mas os guardas, aturdidos, nem sequer tentaram correr atrás dele. Para quê? Jamais o encontrariam. Reuniram-se e depois rápida deliberação, partiram. Retornaram cabisbaixos para enfrentar o *ogiso*.

Ekaladerhan não precisou correr muito, pois logo constatou que não estava sendo seguido. Estar na mata era algo que dominava bem. Em poucos minutos, muniu-se de tudo que precisava e agradecera o treinamento que recebera: como filho do *ogiso*, fora preparado para ser um caçador e um guerreiro acima da média. Seu instrutor fora exímio em lhe mostrar como fazer fogo com varetas, o que comer e não comer, fazer roupa de cipós e folhas, e assim por diante. Viver na floresta tornara-se sua segunda natureza.

Seu pai enviaria gente para procurá-lo, nem tanto porque o amava, mas porque um fugitivo não deveria ficar ao largo para não dar mau exemplo. Olhou para todos os lados e preparou uma trilha falsa para desviar seus prováveis seguidores. Porém, ciente de que poderia existir alguém tão esperto como ele, resolveu seguir a direção que apontara aos seus futuros perseguidores, mas por uma trilha paralela.

Quando os guardas voltaram, além de ficar furioso, Owodo chamou o mestre Osagan, que havia treinado Ekaladerhan, e deu-lhe a missão de encontrá-lo e trazê-lo vivo. O homem preparou um grupo de duzentos homens e partiu atrás do fugitivo. Descobriu rapidamente a trilha falsa, deu um riso de mofa e afirmou alto:

– Ele preparou uma trilha falsa para nos ludibriar. Aposto como está indo para...

Como ele parara de falar, todos ficaram aguardando. Subitamente o homem se deu conta de que Ekaladerhan estava armando um estratagema que ele mesmo lhe ensinara. Devia estar indo para a direção que ele apontara, mas caminhando paralelamente. Deu ordem a um grupo para procurar a cem metros à direita e outro agrupamento de homens para ir a cem metros à esquerda. Após alguns minutos, as pessoas da esquerda encontraram um rastro tênue de um homem fugindo.

– Danado, esse menino, mas sou mais esperto – disse Osagan quase para si mesmo.

Ekaladerhan tinha quatro dias de diferença entre ele e os seus perseguidores e aproveitou essa dianteira para deixar no caminho várias armadilhas. Os homens foram caindo nelas e se ferindo, sem gravidade, mas, mesmo assim, isto os deixou apavorados. A qualquer momento, podiam cair num fosso cheio de urtiga, ou receber uma pancada de um galho de árvore que fora curvado no caminho. Com isto, perseguir o fugitivo tornou-se penoso e alguns homens deram meia-volta com medo de serem surpreendidos.

Após o quarto dia de perseguição, Osagan admirou-se:

– O danado está voltando para Edo. O que será que pretende?

4

Chegar a Ifé, sozinho e sem recursos, foi uma temeridade para Aidô. Todavia, movido por um desejo de enriquecer e tornar-se um homem importante, ele conseguiu trabalho para se sustentar. No grande mercado de Ifé, onde a maioria dos negociantes compunha-se de mulheres, ele não teve dificuldade de se ligar a uma vendedora de ervas. Ela logo viu que o jovem conhecia o uso medicinal das ervas e raízes, e passou a usá-lo.

Não foi preciso muito tempo para que Aidô fosse procurado por mulheres e homens que procuravam cura para seus males. A mulher que o acolheu observou que poderia ganhar mais dinheiro com Aidô se ele ficasse na sua casa, deitando búzios, prescrevendo tratamentos e indicando ervas, chás e raízes do que na sua banca de venda de ervas. Mas antes que Aidô se tornasse escravo da mulher, ele foi chamado para curar um dos filhos de Odudua – título que os *onis* de Ifé portavam com orgulho.

Naqueles tempos, o Odudua de Ifé chamava-se Abipa e tinha o mesmo defeito de seu famoso antepassado: ser extremamente usurário. Aidô tratou rapidamente da doença do jovem e sua única recompensa foi um □muito obrigado' da mãe do enfermo. Todavia, alguns dias após tal incidente, foi o próprio Abipa que ficou doente e Aidô foi chamado.

Como sempre fazia, ele jogou os búzios primeiro, para se inteirar da situação do doente. Seu antigo mestre Indedikuê sempre lhe dissera que a doença era fruto de algum distúrbio do corpo provocado seja pelo próprio homem, seja por um espírito, seja pela combinação dos dois. Neste caso, Abipa estava doente – de acordo com os búzios – devido aos inúmeros problemas que enfrentava em sua administração. Como era um homem extremamente centralizador, desconfiado ao extremo, que nunca delegava havia gerado um angustiante estado de saúde com dores no peito e mal-estar no estômago.

Acostumado a falar com as pessoas de igual para igual, mesmo que fosse muito polido, Aidô dissecou a situação de Abipa a ponto de o monarca ficar estupefato com a precisão do jovem.

– Você consegue ver tudo isso nos búzios? – perguntou Abipa.

– Isso e muito mais.

– Por exemplo.

Ele jogou os búzios e a intuição assomou-lhe com nitidez e ele a externou:

A Divina Dinastia

– Os búzios dizem que um dos seus *omodewas*[2] lhe trará notícias de que a chuva de ontem destruiu várias casas e seis pessoas morreram. Os parentes pedem isenção dos impostos por um ano.

Foi só ele terminar de falar que um dos guardas veio lhe avisar que um dos *omodewas* queria falar com ele assim que ele terminasse a consulta com o *babalaô*. Em situação normal, Abipa mandaria que o *omodewa* esperasse, mas agora queria comprovar o que Aidô lhe dissera. Mandou-o entrar imediatamente.

Em alguns instantes, o homem entrou e perguntou pela saúde do monarca. Após inteirar-se do bem-estar do rei, disse que não era nada de urgente e que não precisava ter interrompido a consulta com Aidô. Sorrindo, Abipa mandou que falasse logo o assunto. O *omodewa* explicou que as chuvas da véspera haviam feito um rio transbordar e que seis pessoas foram mortas soterradas por casas que desabaram. Os familiares haviam falado com o *emewa*[3] para que ele, o *oni* de Ifé, tivesse a complacência de isentá-los dos impostos por um ano.

Numa situação como esta, era normal que Abipa tomasse uma decisão imediata, mas olhando para Aidô, ele preferiu perguntar:

– O que dizem os búzios?

Com todo o seu esmero, Aidô jogou os búzios e depois de quatro jogadas, respondeu:

– Isentar os impostos está fora de questão. Se fizer isto, o povo vai inventar motivos para que tudo de mau que lhes suceda torne-se uma isenção. Em alguns anos, o *oni* irá tornar-se um mendigo. Todavia, para que ninguém acuse Odudua de ser um usurário, ele mandará seus construtores reconstruir as casas derrubadas e construir um dique mais forte para que a próxima enxurrada não leve mais casas.

– Mas isto vai me sair mais caro!

– Longe disto, meu *oni*. Quando as casas estiverem prontas e o dique estiver firme, o senhor fará uma festa para entregá-las às pessoas. Todo o bairro lhe agradecerá e o chamará, verdadeiramente, de Odudua.

Virando-se para o *omodewa*, ele perguntou a opinião de seu ministro e o homem respondeu-lhe:

– Bendito o dia que esse *babalaô* veio para este palácio. Além de sábio, é justo.

Abipa olhou para Aidô e disse-lhe:

[2] Um dos oito chefes do interior do palácio com livre trânsito junto ao rei.
[3] Chefes do exterior, que administravam os vários bairros em que a cidade de Ifé fora dividida.

16 A SAGA DOS CAPELINOS

– De hoje em diante, você habitará o palácio e será meu conselheiro.

Por mais que Aidô se submetesse de bom grado, ele logo entendeu que agora se tornara prisioneiro de Abipa. Trocara a semi- escravidão de Indedikuê pela doce gaiola de Odudua.

5

Desconfiado de estar sendo seguido, Ekaladerhan resolveu fazer de conta que estava voltando para Edo, mas assim que encontrou um riacho, fez uma manobra, dando a impressão de que subira o riacho, mas, na realidade, desceu a correnteza suave do mesmo. Quando o mestre dos perseguidores viu que ele estava voltando para Edo, tomou- se de grande susto e resolveu cortar caminho, retornar logo ao palácio do *ogiso* e avisá-lo de que seu filho, provavelmente, voltara e que podia estar disposto a algum tipo de vingança.

Enquanto o mestre se precipitava com seus homens de volta ao palácio do rei, Ekaladerhan descia o riacho, sobre uma pequena balsa improvisada. Após alguns quilômetros de suave descida, ele observou que o riacho havia se tornado um rio mais caudaloso. Abandonou sua tosca embarcação e adentrou novamente a mata, onde se sentia mais à vontade. No terceiro dia, após ter abandonado o rio, ele viu os contornos de uma cidade e acreditando que os homens de seu pai jamais o procurariam lá, resolveu entrar no ajuntamento.

Sua figura afugentou as pessoas. O cabelo crescera e estava em desalinho, a barba lhe dava a impressão de ser um demônio e o fato de estar coberto apenas com palha era testemunha perfeita de que ele era um espírito da floresta. As crianças fugiam dele, as mulheres gritavam de horror e logo foi cercado por homens vindos de todos os lados.

Começaram a interpelá-lo, mas ele não entendia a língua. Assustado, com fome e com o aspecto de um louco, resolveu que seria mais cômodo se passar por um. De um modo geral, as pessoas não matavam os loucos a não ser que se tornassem furiosos. Como não estava armado, os guerreiros não recearam que ele fosse se tornar violento. Com um sorriso abobado, parte devido ao medo, parte devido ao seu estratagema de se passar por idiota, levaram-no para o chefe dos guerreiros, filho do rei local.

Tratava-se de um homem já começando a entrar na madureza.

A DIVINA DINASTIA

Virou-se para ele e perguntou-lhe em igbô o que fazia ali, porém Ekaladerhan só falava a língua edo, que era diferente. Como não estava entendendo nada, ele resolveu falar em sua própria língua, o edo, e para sua surpresa o chefe guerreiro o entendeu, já que conhecia algo desta língua.

– Ah, você fala edo. Isto é bom; também sei alguma coisa desta língua. De onde você vem?

Dizer que vinha de Edo, que era o filho do *ogiso* e que estava fugindo de seu pai, seria uma temeridade. Era preciso dizer algo convincente, mas que não revelasse a sua verdadeira identidade.

– Nada sei de onde venho, grande homem – respondeu Ekaladerhan. – Vivo sozinho na floresta há muito tempo e não me lembro de meu pai e minha mãe.

Quando o chefe guerreiro traduziu para os demais o que ele falara, houve um espanto. Um homem que vivia sozinho na floresta só podia ser um protegido dos *eborás* da floresta, pois todos sabem que os demônios da mata adoram sangue humano. Quantos já não haviam perecido naquelas florestas? Se ele era um protegido dos *eborás*, ele se tornava um intocável e ninguém ousaria nada contra ele.

– Como veio parar aqui em Ogotun?

Por todos os orixás do mundo, pensou Ekaladerhan, viera parar em Ogotun, a terra mítica de Lakanje, a famosa avó de Eweka, o primeiro *ogiso* de Edo que os iorubás chamavam de Benin. Quase abriu um sorriso; todos os seus conheciam a lenda de que o famoso Ogun possuíra Lakanje e gerara o mais famoso de todos os orixás, Oranmyan. Agora, por um giro do destino, viera parar na terra de sua ancestral: ela haveria de protegê-lo. Num átimo, respondeu de forma enigmática:

– Uma luz me trouxe até aqui.

6

As pessoas pagavam bom preço a Abipa para que ele deixasse Aidô jogar para elas. Na mente do *oni*, enquanto ele tivesse Aidô sob seu domínio, nada de mau lhe aconteceria; Aidô o preveniria a tempo. Mas, mesmo sendo um homem rico e poderoso, Abipa tinha que eventualmente ceder os serviços de Aidô a alguém que lhe pedia um favor.

Um dos reis da região, aliado e amigo de Abipa, solicitou os favores de Aidô para um dos seus filhos que estava doente e ninguém descobria o motivo. Como era uma cidade mais afastada, Abipa não se preocupou que Aidô fosse, já que o seu maior receio era de que ele revelasse às pessoas de Ifé as tramoias que ele, Abipa, vivia articulando. Já um rei distante não seria preocupante, mas mesmo assim recomendou a Aidô que não contasse nada de Ifé que pudesse denegrir a sua imagem pública. Aidô aquiesceu e partiu sob escolta para Abeokutá.

O jovem príncipe Anindauê estava doente da alma. Criado sob intensa pressão de que um dia haveria de substituir o pai e abominando as cerimônias públicas, as longas discussões sobre assuntos de estado em que nada de palpável era decidido e tendo que escutar queixumes e intrigas de todos na corte, o jovem decidira que aquilo não era a vida que desejava. Mas como fugir da responsabilidade sem decepcionar pai e mãe? Especialmente a mãe que ele venerava acima de todas as pessoas do mundo. Como dizer ao pai que era preferível que um dos seus irmãos subisse ao trono após sua morte e que ele pudesse se dedicar ao que gostava? Mas ele mesmo, com quinze anos, não sabia o que desejava da vida. Criado no luxo e na tranquilidade, jamais havia feito um esforço na vida e desconhecia as dificuldades da lida diária. Teria que abrir mão do poder e tornar-se um simples trabalhador? Ou tornar-se-ia rei contra a vontade? Tudo isto Aidô descobriu não só jogando seus búzios, mas, principalmente, pela sua intuição e sabedoria.

– Jovem príncipe, sugiro-lhe algo que poderá abrir a sua mente e os horizontes. Entretanto, exigirá sacrifício e até mesmo enfrentar certos perigos. Está disposto a enfrentar seus medos e vencê-los?

Pelo meneio duvidoso da cabeça do jovem, ele não parecia muito disposto a enfrentar nenhum tipo de perigo ou trabalho. Com a voz hesitante, perguntou do que se tratava. Aidô lhe respondeu:

– Vou sugerir aos seus pais que você faça uma peregrinação até Ifé. Você terá que viver seis meses longe de sua família, sozinho e sem dinheiro.

– Mas como viverei?

– Como todo mundo: trabalhando.

A ideia era inconcebível para um jovem que fora criado na preguiça. Todavia, Aidô lhe disse que era isto ou continuar doente, sem apetite, tendo acessos de loucura, estrebuchando no chão como um possesso,

A Divina Dinastia   19

caindo em fogueiras e se queimando, e, finalmente, definhando todos os dias até que a morte o visitasse. O medo de continuar tendo seus acessos e morrer, venceu a natural indolência e, extremamente relutante, o jovem aceitou as recomendações do *babalaô*.

Convencer o pai e especialmente a mãe foi outro assunto. Sem poder revelar toda a extensão de seu drama pessoal, mas tendo que dar uma explicação convincente, Aidô enveredou pelos caminhos dos orixás. Eram eles que assim determinavam e nada podia ser feito. A mãe saiu-se com a solução ideal: seu filho iria para Ifé, mas moraria com Aidô até que ficasse forte e saudável. O jovem *babalaô* explicou que não tinha casa própria e que morava no palácio de Abipa.

– Compararei uma casa para você. Se meu filho ficar bom, ela será sua para sempre, com tudo que nela existe.

– Concordo, minha rainha, desde que Anindauê seja meu servo.

– Servo?

– Sim, meu serviçal, pois só assim poderei ensiná-lo a ser um rei. Ele voltará outro homem.

– Para ter meu filho saudável, eu me tornaria escrava de qualquer homem. Que seja, então. Até que Anindauê fique curado, ele será como se fosse seu escravo.

A mãe destinou uma pequena fortuna, um grupo de soldados, um dos seus mais devotados assistentes para que ele adquirisse a melhor casa que estivesse à venda. Tendo reunido o grupo, todos partiram de volta para Ifé.

Quando Abipa descobriu que Aidô agora era proprietário de uma enorme casa – quase um palácio – e tinha extensa criadagem, ele se deu conta de que se desejasse manter os serviços de seu *babalaô* particular deveria ser bem mais generoso do que havia sido até então. Por outro lado, jamais lhe passou pela cabeça em forçar Aidô a servi-lo: bem sabia que um homem com tais poderes não se obriga a nada, mas conseguem-se seus favores com bom pagamento. Mesmo contrariando seus rígidos princípios em nada gastar, tornou-se mais generoso com Aidô.

Da noite para o dia, a fortuna sorrira para Aidô.

7

O mestre que perseguira Ekaladerhan voltara a Edo e dissera ao rei de suas suspeitas. Os dias se passaram e nada aconteceu. O *ogiso* mandou chamar Osagan e lhe disse:

– Você caiu em desgraça perante meus olhos. Você partirá e deixará sua família aos meus cuidados. Só volte aqui com meu filho ou terei que ficar com o seu filho e sua mulher.

– Mas, grande *Ogiso*, minha mulher está grávida. Como posso deixá-la e procurar pelo seu filho? Tenho certeza de que está vivo, mas ele é protegido pelos espíritos da floresta. Quando ele está numa mata, ninguém consegue encontrá-lo.

– Não me obrigue a me repetir. Minha palavra foi pronunciada.

Cabisbaixo, Osagan partiu com vinte guerreiros à procura de Ekaladerhan, mas seu coração tremia: algo lhe dizia que sua mulher grávida corria grande perigo.

8

Logo nos primeiros dias na sua nova residência, Aidô sentiu-se como se fosse um potentado. Comprou as mais belas roupas, os mais finos móveis e contratou as mais belas mulheres para servi-lo. Todavia, seguindo seu plano original de ensinar o jovem Anindauê a mudar de vida, colocou-o a trabalhar.

Sabiamente, no primeiro dia, ele o fez trabalhar em coisas leves, por algumas horas apenas. Seu corpo enfraquecido precisava de novas forças. Todavia, usando sua sabedoria inata, Aidô foi guiando-o com carinho e respeito.

– Hoje sua tarefa será varrer este pequeno quintal.

Quando ele viu que Anindauê ia retorquir, provavelmente dizendo que era um príncipe, Aidô prosseguiu:

– Não reclame da vida, Anindauê; em vez de retrucar, me escute bem. Todo trabalho é de suma importância e deve ser feito com grande atenção, imenso carinho e como se fosse a coisa mais importante do mun-

A DIVINA DINASTIA 21

do. Varrer a sujeira parece uma coisa à toa, mas não é. Se deixarmos a sujeira acumular, a casa irá se encher de ratos e insetos, que nos trarão doenças. Poderemos até mesmo morrer devido a picadas e mordidas.

– Mas existem pessoas socialmente inferiores para fazer este serviço.

– Engano seu. Todos estão qualificados para fazer todo tipo de serviço, desde que desejem e se dediquem a isso. Não existem príncipes e mendigos; somente reis.

Sentindo que não ganharia a discussão Anindauê foi varrer o pátio. Fê-lo de modo tão perfunctório que deixou os cantos sujos, várias folhas caídas no chão e o lixo amontoado quase no meio da passagem.

– Você dormirá hoje aqui – disse-lhe Aidô, com um sorriso nos lábios.

– O quê? No meio dessa sujeira? – retrucou Anindauê. – Sujeira? Você não varreu tudo?

O jovem entendeu a mensagem. Pegou todos os apetrechos de limpeza e deu uma nova varrida, catou todas as folhas, lavou o piso e depois, quando tudo estava brilhando de limpo, preparou sua cama para dormir ao relento. Naquela noite, após comer um enorme prato de comida a que fizera jus, dormiu profundamente. Pela primeira vez na vida, sentiu-se feliz.

9

Em menos de três meses, as pessoas de Ogotun viam aquele homem como se fosse um espírito da floresta. Os caçadores só queriam que caçasse com eles: era certeza de encontrarem com facilidade as melhores presas. As mulheres queriam que fosse catar ervas e frutas especiais com elas: só ele sabia aonde encontrá-las e os animais perigosos não chegavam perto enquanto ele estivesse por perto.

Logo nos primeiros dias, Ekaladerhan perguntara pelos descendentes de Lakanje, mas ninguém sabia de quem se tratava. Entendeu que a mulher não devia ter contado suas desventuras a ninguém e quando Omowodé, o chefe guerreiro, o único que falava sua língua, lhe perguntou qual o interesse que tinha em tal personalidade, ele contou uma história mesclada de verdades e invenções.

– Lakanje foi mãe de um grande homem chamado Oranmyan, que fundou nosso povo.

22 A Saga dos Capelinos

Lakanje podia não ser conhecida, mas Omowodé já ouvira falar em Oranmyan.

– No início dos tempos, houve um grande orixá chamado Ogun, que conquistou toda esta região. Ele é louvado em Ifé.

– Você conhece Ifé? – perguntou-lhe Ekaladerhan.

– Claro! Vou de vez em quando comprar e vender coisas em Ifé. Lá, eles têm um monólito cheio de pregos de ferro destinado a Oranmyan.

– Preciso ir lá – afirmou Ekaladerhan.

– Quando for eu o levo, Oranian.

Omowodé o chamara Oranian, muito provavelmente em louvor a Oranmyan. Ele não dissera que Oranmyan era o fundador de seu povo? Então, Omowodé lhe dera o nome do fundador. Ekaladerhan pensou por alguns instantes e achou a ideia excelente. Agora tinha um nome que representava um grande orixá, um chefe sem igual, fundador de seu povo, do qual descendia. Em poucos dias, todos o chamavam de Oranian, e ele aprendia o igbô falado em Ogotun.

A vida de Oranian em Ogotun havia se transformado num verdadeiro paraíso. Sempre ganhava os melhores nacos de carne quando ajudava os caçadores a encontrar os animais escondidos na mata, assim como os melhores pedaços de inhame e as mais generosas poções de arroz e de milhete quando levava as mulheres para o local certo de ervas raras e frutas especiais. Por outro lado, havia certas mulheres, jovens e bonitas, que pediam que as levasse para riachos da região e procuravam não por ervas ou frutas, mas por outras artes, nas quais Oranian também era mestre. Aos poucos, passou a ter um pequeno harém de mulheres com as quais se deliciava no doce esporte do sexo. Alguns homens ficaram enciumados, mas o que fazer contra um homem forte e jovem, protegido dos espíritos da floresta e que tinha um sorriso tão encantador? Já algumas mulheres comprometidas sentiram o peso de bem aplicadas vergastadas nas costas após os maridos ou noivos descobrirem suas escapadelas com Oranian.

Lá pelo terceiro mês de estadia em Ogotun, Oranian notou uma movimentação dos guerreiros dentro da aldeia e rapidamente viu que haviam cercado alguns guerreiros e os traziam sob estrita vigilância até Omowodé. Aproximou-se do tumulto e viu que o chefe do bando que fora capturado era seu velho mestre Osagan.

O que fazer? Era óbvio que Osagan viera atrás dele. Se ele se apresentasse, seu pai iria saber que ele estava em Ogotun. Se ele se escondesse,

A DIVINA DINASTIA

Omowodé iria descobrir tudo, pois Osagan iria descrevê-lo e todos saberiam quem ele era. Descobririam que mentira ao dizer que não sabia de onde vinha e que não sabia seu nome. Como reagiriam? Entregá-lo-iam a Osagan para ser levado a Edo, ou o defenderiam?

De fato, em poucos minutos de conversa, Omowodé descobriu que Oranian era Ekaladerhan. Mandou seus guerreiros procurá-lo e trazê-lo à sua presença. Resolveu que não passaria sua vida fugindo e apresentou-se sem resistir.

– Então você é Ekaladerhan, filho do *ogiso* de Edo? – perguntou-lhe Omowodé.

– Não sei – respondeu o jovem, – pode ser. Não me recordo. Só me lembro de ter acordado na floresta e ter vindo para cá.

– É Ekaladerhan, sim – afirmou Osagan, apontando para ele. – Tenho ordens de levá-lo de volta ao pai.

– Para quê? – perguntou Omowodé.

– Ele cometeu um grave crime e seu pai deseja levá-lo à justiça. Ele fugiu e...

– Que crime cometi? Não me lembro de nada!

– Matou o irmão Ogiamien a bastonadas – mentiu Osagan. Oranian ia reagir dizendo que não fizera isto, mas se falasse que apenas deu uma surra no irmão, revelaria sua mentira em afirmar que não se lembrava de nada. Assim, engolindo a seco, prosseguiu na farsa.

– Mas isso é horrível. Se de fato matei meu irmão, devo ser condenado à morte. Mas como posso saber se estes homens estão falando a verdade? Quem sabe se eles não querem me levar para este tal *ogiso* por alguma outra razão? Pode ser que sejam homens perversos e desejem minha morte por alguma razão que desconheço. Acho a história deles duvidosa. O certo seria me manter aqui, mandar um grupo de homens até o *ogiso* e ouvir de sua boca a verdade.

Uma ideia de gênio. Isso trouxe tamanha discussão entre Osagan e Omowodé, que só terminou com a decisão do próprio rei de Ogotun: destacou o filho, o único a falar edo, e mais vinte guerreiros para irem até Edo escutar do rei a sua versão dos fatos, enquanto Oranian ou Ekaladerhan – não importa o nome – ficaria confinado ao palácio até a volta do grupo.

– Uma sábia decisão, meu rei. Se matei meu irmão, então devo ser punido. Mas for mentira, a justiça dos orixás recairá sobre eles.

Neste momento, olhou para Osagan e viu que seu rosto tremelicou imperceptivelmente; notou o medo de seu antigo mestre, pois se ele estava mentindo, Osagan também mentira. Tudo estava agora nas mãos dos orixás.

10

Havia muito tempo que os *ogisos* de Edo deixaram de ser os pais do povo. Os últimos reis haviam demonstrado o contrário: o povo estava ali para servi-los. Owodo não fugia à regra; desde cedo, tornara-se um déspota e via nisto a coisa mais natural do mundo. Ora, se os deuses o haviam feito nascer para ser rei, ninguém deveria contestá-lo. Não é natural? Pelo menos, para ele esta lógica era irretorquível.

Assim que Osagan partiu, mandou que sua família fosse trazida à sua presença. Osagan tinha uma mulher jovem e grávida do segundo filho, e mesmo mostrando uma barriga volumosa, era linda e atraente. Owodo mandou que a instalassem num quarto próximo ao seu e, na mesma noite em que o marido partira atrás de Ekaladerhan, Owodo visitou-a. A jovem resistiu um pouco, mas sob a ameaça de ser espancada, cedeu seus favores ao monarca. Daquela noite em diante, Owodo passou a visitá-la com perfeita constância.

Após dois meses, a mulher começou a sentir as dores do parto. Nem tudo correu a contento, e devido a complicações, mãe e filho morreram durante os trabalhos de parto. Owodo ficou chocado, mas sem culpa pelo fato, mandou enterrá-la e aguardou a volta do marido.

Nem todos os nobres de Edo achavam que Owodo era o rei perfeito. O *oliha*[4] detestava Owodo, mas não encontrava modos de afastá-lo. O *oliha* Evian sabia que deveria se livrar de todos os descendentes de Owodo, ou então seu trabalho seria inútil, já que um dos seus filhos assumiria em seu lugar. Precisava, então, preparar um plano ousado, por meio do qual pudesse eliminar Owodo e todos os seus descendentes, e também tomar seu lugar. Mas para tal era preciso engendrar uma situação em que o povo pudesse repudiar Owodo e todos os seus. Com a morte da esposa de Osagan, Evian viu que poderia inculpar o *ogiso* de um crime que todos repudiavam ao extremo: *kirikuava* – o assassinato de uma mulher grávida.

---

[4] Primeiro-ministro do reino de Edo. (nota do autor)

Sagaz, Evian sabia que não poderia simplesmente sair propalando que Owodo matara a esposa de Osagan. Precisava do ódio do marido contra o rei. Assim que Osagan voltou, trazendo os vinte guerreiros de Ogotun, aguardou o momento propício para agir.

Antes mesmo que Osagan pudesse levar o caso de Ekaladerhan ao rei, ele foi avisado pelos familiares da morte da esposa. Seus medos íntimos foram confirmados. Explicaram que morrera durante o parto. Tanto ela como a criança não haviam resistido ao esforço. Por mais que ele não quisesse demonstrar seu pesar, chorou.

Logo após ter desabafado seu pesar, o *oliha* Evian veio lhe dar os pêsames.

– Preciso falar com você em particular – disse-lhe Evian, com uma expressão estranha. Osagan entendeu que ele ia lhe revelar um segredo e ficou curioso. Todavia foram interrompidos antes de Evian falar, pois Osagan foi chamado para conversar com o rei.

Osagan apresentou Omowodé como sendo o chefe guerreiro de Ogotun e confirmou que realmente Ekaladerhan estava em sua aldeia, mas dizia não se lembrar de nada. O rei virou-se para Osagan e lhe disse para ir até Ogotun e levar seu filho até Ifé e entregá-lo ao *oni* daquela cidade. Deveria lhe dizer que seu filho o serviria como escravo por três anos e depois, se estivesse 'domesticado', seria devolvido. Se ainda continuasse desgovernado ficaria mais três anos até que estivesse curado.

Omowodé pediu para falar e o *ogiso*, sorridente, deu-lhe a palavra.

– É verdade que seu filho matou o irmão?

– Claro que não. Ele apenas lhe aplicou uma surra – respondeu Owodo, e depois desconfiando de algo, questionou-o: – Foi Osagan quem lhe disse isso?

Antes de Omowodé responder, Osagan intrometeu-se:

– Foi um estratagema que encontrei para que me entregassem o moço.

– A mentira nunca é um bom estratagema – replicou Omowodé.

– Era a única coisa a fazer. Vocês não queriam me entregar o rapaz.

Antes que a discussão descambasse para algo mais sério, Owodo interveio e perguntou a Omowodé:

– Você poderia ajudar Osagan a levar meu filho até Abipa, o *oni* de Ifé?

Vendo que Omowodé assentiu, o *ogiso* ficou mais tranqüilo: já não confiava mais em Osagan.

Assim que a reunião terminou, Osagan procurou por Evian; ardia de curiosidade.

– O que vou lhe relatar é mera suspeita, mas é sabido que sua mulher se deitava com Owodo.

– Ela jamais faria isto.

– Quanto a se deitar com ele, não tenho a menor dúvida. Várias pessoas do palácio irão confirmar que ela se tornara amante à força. Suspeito que o tenha conseguido por meio de pancadas e ameaças.

– Ele bateu na minha mulher?

– Como é que uma mulher virtuosa cede aos caprichos de um homem que ela não deseja? E quanto mais que estava grávida de outro homem que amava e respeitava? É mais do que provável que Owodo, em sua tara de conseguir sua mulher, lhe tivesse aplicado uma surra.

– Se tiver certeza disso, matarei o canalha.

– Se fizer isso, os filhos do *ogiso* darão ordens para matá-lo e aí até seu outro menino estará em perigo. É preciso usar de astúcia e preparar o terreno para a vingança.

– O que sugere?

– Temos que reunir provas contra Owodo e levá-las ao povo. Se eles souberem que ele praticou *kirikuava*, hão de querer depô-lo e a toda sua família.

– Como provar algo sem testemunhas?

– Vá para Ogotun, leve Ekaladerhan até Ifé, deixe-o vivo com Abipa, já que o tal chefe dos guerreiros de Ogotun vai acompanhá-lo e não permitirá que aja contra ele. Coloque alguém de sua confiança em Ifé, esperando a oportunidade para matar Ekaladerhan quando for ao mercado. Volte para cá como se nada tivesse acontecido. Irei ver quem poderá testemunhar contra o *ogiso*.

– Saiba que quando eu voltar irei tomar satisfações com Owodo.

É bom que você tenha provas contra ele, ou ficarei desconfiado de que planeja derrubá-lo apenas para ficar no trono. No caso do rei ser inocente do crime de ter surrado minha mulher, não compartilharei de nenhum golpe palaciano. Preste bem atenção, Evian. Se você estiver mentindo, sua vida não valerá nada. Hei de estripá-lo como uma galinha.

Nesse instante, Evian viu que dera um passo que não permitia retrocessos: ou provava que Owodo tinha cometido *kirikuava* ou sua vida não valia o preço de uma galinha; Osagan iria cumprir sua palavra e estripá-lo lentamente, pois isso era o que gostava de fazer com traidores e com quem desejava enganá-lo.

11

Para Aidô, sexo e trabalho não se misturavam. De dia, dava a Anindauê atividades estafantes e mostrava que mesmo as menores tinham sua importância. Já, à noite, o sexo era livre e mesmo que nunca praticasse sexo com Anindauê, sabia que estava tendo casos com as moças. Isso não o incomodava, mas por questões de respeito e hierarquia, ele mesmo não mantinha sexo com nenhuma das pessoas que lhe eram subordinadas. Em Ifé, havia bastante gente disposta a lhe conceder o prazer de sua companhia sem ter que se aboletar no leito de algum subalterno e vê-lo, no outro dia, desrespeitá-lo.

Um dos trabalhos de Anindauê era ir até o mercado diariamente e comprar inhame, milhete e arroz. Como Aidô tinha cerca de seis pessoas trabalhando para ele, a quantidade de comida gasta diariamente era grande. Cabia a Anindauê carregar nos ombros todo aquele peso. No início, o rapaz tinha que fazer duas viagens, mas, aos poucos, tendo ganho peso e força, já fazia uma única jornada. Assim que chegava, era obrigado a descascar o inhame, debulhar as espigas de milhete e limpar o arroz de suas impurezas: um trabalho estafante, mas que começara a fazer com prazer, nem tanto pelo serviço em si, mas pelos resultados e elogios que recebia de Aidô.

Um dos rapazes que Aidô contratara era um feroz guerreiro e recebera como incumbência principal a segurança da propriedade e se desincumbia de tal tarefa com denodo. Aidô mandou que ensinasse as artes guerreiras a Anindauê e o jovem diariamente dedicava-se a ensinar-lhe um combate corpo-a-corpo muito parecido com as lutas greco-romanas.

Quando o jovem guerreiro começou a ensinar tais combates a Anindauê, o jovem herdeiro demonstrou que não tinha estofo para se tornar um lutador. Todavia, Aidô lhe deu uma poção que afirmava que iria aumentar sua força e o jovem acreditou. Eram ervas maceradas com mel, mas que Aidô sabia que o efeito era muito mais psicológico do que físico. Bem ou mal, motivado por Aidô e sua poção mágica – pelo menos era nisso que acreditava – Anindauê foi-se tornando um bom lutador. Até mesmo o jovem guerreiro que o treinava quis tomar da poção, pois achava que o aprimoramento de Anindauê se devia a tal magia. Aidô deixou que tomasse e ele logo demonstrou aquilo em que a mente acredita vale mais do aquilo que o físico sente.

O mercado de Ifé era um lugar perigoso. Os vendeiros eram mulheres, na sua maioria, e muitos bandidos se faziam passar por compradores e carregadores, e roubavam os verdadeiros compradores e as mulheres em sua volta para casa. A população chamava o mercado de *agbayo, aigbaré*, ou seja, chegamos juntos, partirmos separados, já que muitos eram roubados e, até mesmo, sequestrados.

Os bandidos agiam de forma astuciosa. Havia os que vigiavam e davam sinais a outros para que seguissem as mulheres que estavam com os bolsos recheados de búzios. Quando elas estavam fora de Ifé, eram assaltadas e a maioria entregava seus bens sem argumentar. As que resistiam eram surradas com grossos porretes e, houve casos em que as vítimas faleceram em decorrência dos ferimentos.

A partir disto, muitas mulheres voltavam juntas ou pediam que seus parentes masculinos as acompanhassem até suas casas. Alguns homens tornaram-se escoltas e ganhavam a vida dando proteção às mulheres. Já as autoridades não agiam, pois Abipa dera a incumbência aos *emewas* e descobrira que alguns se mancomunaram com os bandidos, dividindo os ganhos. A situação lhe parecia insolúvel e ele estava determinado a encontrar gente de fora que fosse incorruptível. Assim, eles poderiam limpar seu mercado dos ladrões que denegriam sua imagem como *oni* de Ifé e afugentavam os compradores de fora, o que diminuía em muito a sua principal fonte de renda.

Anindauê foi assaltado logo nos primeiros dias quando fora ao mercado. Ficara assustado e, aos poucos, todos os dias, ia vendo quem eram os bandidos e sua forma de se comunicar com seus comparsas. Ficou mais cuidadoso e à medida que aprendera a lutar, foi se tornando mais seguro e audacioso. Numa das vezes, reconhecendo o assaltante que o assaltara há alguns meses, resolveu ir à desforra. Fez cara de idiota, contou os búzios bem na frente do ladrão e viu quando começou a segui-lo. Quando o assaltante deu o bote, ele já o aguardava e atracou-se com ele com tamanha velocidade e força que o derrubou. Ficando por cima do bandido, agarrou-o por trás e o estrangulou. O homem se debateu até que cessou todo movimento. Nesse instante, recuperando-se de seu ódio, observou que o matara. Outras pessoas foram chegando e começaram a falar que o moço havia morto um assaltante e começaram a louvá-lo. Um velho aproximou-se e lhe disse:

– Não fique aqui. Os bandidos podem descobrir quem você é e atacá-lo para se vingarem da morte do amigo. Fuja e deixe-o aqui. Os guardas do *oni* hão de dar um jeito nele.

A Divina Dinastia   29

Reunindo rapidamente sua carga de inhame e outras mercadorias, Anindauê partiu. Quando chegou em casa, contou tudo a Aidô.

– Como se sentiu matando aquele homem?

– Poderoso. Nunca uma vingança foi tão doce.

– Ouça bem. Você é um homem destinado a ser rei e não pode usar seu poder para trucidar as pessoas. O que fez foi infantil e perigoso. Já imaginou se ele tivesse uma faca e lhe furasse o peito ou cortasse sua garganta? Vale a pena correr o risco? Pedi que lhe ensinasse a lutar para fortalecer sua mente e o corpo. Para que tivesse mais confiança em si próprio, mas não para se tornar um assassino. Iremos até o *oni* e ele irá lhe aplicar a justiça.

– Mas era um bandido!

– Era um ser humano e a função de um rei é preservar a vida. Você sabia que o *oni* de Ifé é chamado de Odudua – a cabaça da vida. Assim, você, como futuro rei de Abeokutá, deverá ser Odudua para seu povo e nunca Odukuru – a cabaça da morte. Amanhã, o *oni* de Ifé decidirá sua sorte.

12

Há dias em que o *oni* de Ifé se via atribulado por problemas indeslindáveis. Aquele fora um daqueles dias. De tarde, Aidô trouxe Anindauê e lhe contou o sucedido. Abipa escutou o assunto e quase se regozijou: um maldito assaltante a menos no seu mercado. Mas entendeu o dilema de Aidô: um rei não pode cometer um crime e ficar impune, pois não deve estar acima da lei. Ficou de dar uma pena ao jovem. Óbvio que não poderia mandar matar o filho de um rei, ainda por cima seu aliado e amigo, mas deveria demonstrar que a lei era para todos.

Quando estava ainda pensando na punição que daria ao filho de seu amigo, seu arauto veio lhe informar que Osagan de Edo trazia uma mensagem de seu primo, o *ogiso* de Benin. Mandou que entrasse, e além de Omowodé, que lhe foi introduzido como *ologun* de Ogotun, ouviu Osagan lhe apresentar Ekaladerhan, filho do *ogiso* de Benin. Após ouvir pacientemente as explicações de Osagan, ele questionou Omowodé o motivo de estar acompanhando um edo, já que era de Ogotun. Explicou que Oranian – como ele o chamava – aparecera sem memória e se tornara parte da tribo. Disse que Osagan o acusara de ter assassinado o irmão, fato que posteriormente foi desmentido pelo próprio pai. Assim, por solicitação do *ogiso*, acompanhara Ekaladerhan para ver como ficaria o desfecho da história. Neste instante, confuso com a nova situação, Abipa viu-se envolvido num novo dilema: o que fazer com Oranian? Outro filho de um rei aliado e ainda por cima parente.

– Mande chamar Aidô: quero consultar seus búzios.

Deu ordens para que Osagan e Omowodé e seus respectivos guerreiros fossem alimentados, descansassem e lhes fosse dado *status* de convidados de honra. Foram, portanto, instalados na ala nobre do palácio, enquanto que Oranian foi levado para a sala da guarda enquanto esperava pelo veredicto do rei.

Para o aborrecimento de Abipa, Aidô não jogava à noite: afirmava que a escuridão trazia confusão ao jogo. Portanto, marcou para cedo de manhã. Naquela noite, tanto Anindauê como Oranian se encontraram na sala dos guardas, mas sem poderem se falar, ficaram distanciados por alguns metros.

De manhã, Aidô deitou os búzios, pensando que o estava fazendo para Abipa, mas o *oni* atalhou-o, dizendo:

– O jogo não é para mim. Quero que me diga o que fazer com um moço que chegou ontem de Benin.

Ele jogou os búzios e depois se pronunciou:

– É estranho, mas Oranmyan está falando por meio dos búzios. Ele disse que seu filho está aqui e deverá ser treinado para se tornar um rei, um guerreiro e um orixá.

Isso era incomum. Oranmyan não falava utilizando-se de búzios.

– Não pode ser filho de Oranmyan. O orixá já morreu há mais de quinhentos anos. Só pode ser um protegido...

– Não, também pensei nisso, mas o orixá me disse que é seu filho mesmo – e mudando de tom, Aidô, complementou: – Bom, não vou discutir os mistérios do orixá. Só vou lhe dizer que *oni* tem um árduo trabalho pela frente.

– Eu, não; você. Vou lhe mandar Oranian para que o treine para ser o que Oranmyan deseja dele.

Discutir era ridículo: Aidô conhecia a teimosia de Abipa. Se fosse para cuidar de mais um, então o faria, mas, neste instante, lembrou-se de Anindauê.

– O que decidiu sobre o filho de Abeokutá?

A Divina Dinastia

31

Como iluminado por uma revelação, Abipa ordenou:

– Bote os dois jovens juntos e que limpem o mercado dos bandidos. Já que Anindauê começou, que termine. Bote Oranian para ajudá-lo.

– É uma temeridade, meu *oni*. Eles se tornarão assassinos sob sua tutela.

– Em hipótese alguma. Terão de prender os bandidos, mas não poderão matá-los. Essa é a punição deles: ter de lutar contra o mal sem se tornar perversos.

Uma estupidez sem par – pensou Aidô –, mas para que discutir com Abipa? O *oni* tinha uma visão toda especial das coisas, mas Aidô achava que estaria criando duas cobras em vez de uma. Resolveu consultar os búzios e, para sua surpresa, concordaram com Abipa. Sorrindo, Aidô disse para si próprio que tinha ainda muito que aprender.

13

Com aquele sorriso, Oranian tinha que ser querido e não foi diferente com Aidô. Logo que viu o jovem esguio e forte, encantou-se com sua figura. Quando os dois jovens foram levados à presença de Abipa, foi logo explicando a missão dos dois.

– Pelo que me contaram, você, Anindauê, conhece todos os bandidos que agem em meu mercado, não é? – o jovem corcordou com a cabeça – pois, então, junto com Oranian, vocês vão livrar Ifé desses bandidos. Mas, cuidado! Não quero que matem ninguém.

– Mas, grande *oni* – interveio Osagan, que estava presente – isso é uma temeridade. É uma operação de risco que poderá colocar a vida dos dois príncipes em perigo.

– Por isso, sugiro que você, Osagan, vá com eles e à medida que prenderem os bandidos, vocês os levará daqui. Autorizo a levá-los a Benin ou Ogotun, se o guerreiro Omowodé desejar participar da empreitada.

– Minha missão foi trazer Oranian até sua presença – respondeu Omowodé –, infelizmente outros deveres me aguardam.

Olhando para os lados para se certificar de que ninguém o escutava e baixando o tom de voz, Abipa disse:

– Temos cerca de cinquenta bandidos atuando no mercado e poderão levá-los até o território dos haussas e vendê-los como escravos. Os

32 — A Saga dos Capelinos

haussas negociam escravos para um povo além do deserto e eles nunca mais voltam.

Mesmo sem ter grandes contatos com os haussas, que ficavam além do rio Níger, o *oni* de Ifé sabia que eram muçulmanos e que vendiam negros cativos para os egípcios e, de fato, esses nunca mais voltavam para suas terras. Astutamente, Abipa não queria contato com os haussas, mas, assim, ele se livrava dos bandidos, sem sujar suas mãos, já que os familiares não poderiam se queixar de que estava vendendo seu próprio povo para os inimigos.

– E os familiares dos ladrões? – perguntou Osagan.

– Devem ser tão bandidos como eles – respondeu Abipa, com certa indiferença.

Aquela resposta atiçou Osagan e, se no início da conversa, não tinha interesse em ajudar Oranian a capturar bandidos, agora passara a ter o maior interesse possível. Sua mente astuta logo maquinou um plano: se capturasse cinquenta bandidos e vendesse também os familiares aos haussas, poderia ficar rico. Com tal fortuna, poderia contratar um grupo de mercenários e tomar o poder em Edo. Iria matar o *ogiso*, degolar Evian em quem não confiava e se tornaria o novo rei de Benin. Teria realizado sua vingança contra Owodo e deixaria de ser um chefe guerreiro sem importância.

– Que mal lhe pergunte, meu tio – interveio Oranian, fazendo questão de frisar que Abipa era, na realidade, seu primo distante, mas como era mais velho, chamá-lo de tio tinha um duplo sentido. O primeiro era lembrar que era da família e, segundo, o respeito não seria nada malvisto. – Mas, a sua guarda não protege o mercado?

– Um bando de corruptos é o que são, meu sobrinho – respondeu Abipa, com desdém. – Se você descobrir algum guarda metido nesta história, tem a minha autorização para prendê-lo e vendê-lo aos haussas.

Intimamente, Osagan regozijou-se: eram mais pessoas para enriquecê-lo.

– Só não quero gente morta no meu mercado. Ouviram bem? Não quero fantasmas passeando e pessoas assustadas com histórias macabras. Não podem dizer que meu mercado está amaldiçoado.

– Não se preocupe, grande *oni* – interveio Osagan, – seremos discretos. Não haverá mortes, mas faremos uma bela limpeza da qual não esquecerá tão cedo.

14

Sob o comando de Osagan, a primeira tarefa foi identificar todos os bandidos, suas famílias e os guardas do mercado que faziam vista grossa. Para tal tarefa, Anindauê foi de suma importância e, sempre acompanhado do guarda-costa de Aidô e de Oranian, o jovem apontou com absoluta discrição todos os canalhas que operavam no mercado.

A operação final aconteceu pouco mais de uma semana iorubá, cerca de quatro dias. Conhecedores dos hábitos dos bandidos, Osagan e seus comandados foram capturando cada um deles, individualmente. Faziam-no com extremo cuidado, procurando atrair o ladrão para ruas laterais, onde era subjugado, amarrado e levado para uma carroça. Lá ficava amordaçado e coberto. No final da tarde, a carroça com os bandidos capturados eram levados para fora de Ifé, onde os homens eram amarrados a arvores e frugalmente alimentados. Naquela noite, as famílias dos bandidos eram capturadas e conduzidas para o mesmo local e devidamente amarradas. A captura da família, todavia, não era tão fácil, já que as casas deviam ser invadidas e mulheres deviam ser levadas à força. Algumas gritaram, mas descobriram que Osagan e sua tropa não tinham a menor condescendência seja por idade seja por sexo. Mulheres velhas, crianças e jovens eram igualmente amarradas e quando reagiam eram caladas a golpes de porretes.

Mesmo contrariado com tal brutalidade, Oranian fazia sua parte e no calor da captura ninguém se destacava mais do que ele, tanto pela destreza e força, como pela astúcia e determinação. Já que tinha que prender os bandidos, estava decidido a fazê-lo de forma impecável e rápida. Já Anindauê não era tão sagaz, mas mesmo assim se desincumbia bem de suas atribuições.

Por mais que fossem discretos, aquela atividade atraiu as atenções do povo de Ifé. Em poucos dias, já se comentava que demônios estavam prendendo os ladrões e que suas famílias sumiam no meio da noite. Por mais que o povo achasse bom que o mercado estivesse se tornando um lugar pacífico, o medo tomara conta da cidade. As pessoas evitavam sair à noite e quando iam ao mercado, procuravam fazê-lo em bandos.

Já os bandidos, mesmo não sendo um grupo unido, começaram a notar que seus semelhantes estavam desaparecendo e muitos evitavam ir ao mercado. Todavia, tal precaução fora tardia. Como já haviam sido identificados por Anindauê, Osagan foi capaz de persegui-los em suas casas e prender tanto o ladrão como sua família. Todavia, como estavam prevenidos, quando Osagan atacava, eles opunham resistência e alguns tiveram que ser mortos e seus corpos enterrados. As famílias, contudo, foram aprisionadas e levadas para o curral que ia se formando fora da cidade.

No décimo dia de operação, Osagan conversou com Aidô e Oranian.

– A quantidade de gente já é muito grande e nós não temos como alimentá-los. Sugiro levá-los e vendê-los aos haussas. Depois, poderemos voltar e levar os que não conseguimos capturar.

– Como é que você pretende levar mais de quinhentas pessoas até Kano? – questionou Aidô, sabendo que a capital dos haussas ficava a considerável distância.

– Irão andando – respondeu Osagan com indiferença.

Preocupado com o destino de tanta gente, Aidô quis sugerir alguma forma de transporte, mas calou-se: qualquer meio custaria dinheiro e nenhum deles tinha tais recursos.

Na madrugada do décimo primeiro dia após o início das capturas, Osagan e seu bando, acompanhado de Oranian, movimentou o largo grupo. Ninguém andava solto e além dos braços amarrados nas costas, a perna direita de cada homem era presa por cordas ou correntes à perna direita da pessoa à sua frente.

Uma viagem de mais de quatrocentos quilômetros até Kano, tendo que passar pelo Níger, que é um rio largo, mesmo que não fosse caudaloso, foi uma epopeia e tanto. Nesse percurso de quinze dias, os cerca de quinhentas pessoas foram emagrecendo e morrendo. Os mais jovens e os mais velhos pereceram entre o quinto e o décimo dia, e somente os mais resistentes alcançaram Kano. De um grupo inicial de quinhentas pessoas, apenas trezentos e poucos alcançaram o destino.

Quando da partida, Aidô disse a Osagan que deixasse Anindauê e Oranian sob seus cuidados, mas o chefe dos edos respondeu que Oranian era imprescindível. Aidô pediu que tomasse bem conta dele, já que Abipa tinha lhe incumbido de prepará-lo para ser rei. Osagan jurou por deuses que Aidô nunca escutara falar que tomaria bem conta do seu protegido.

Em Kano, os haussas negociaram a partida e pagaram em ouro. Óbvio que Osagan se sentiu espoliado, mas não se preocupou muito com o fato: descobrira uma forma de enriquecer e de se vingar. Voltaria a Ifé,

A DIVINA DINASTIA   35

pegaria os demais bandidos e suas famílias, mas agregaria ao seu novo lote outras pessoas provenientes de outras localidades, mesmo que não fossem ladrões. Quem sentiria falta deles?

Naquela noite, Osagan saiu de seu acampamento e dirigiu-se ao principal comprador, conversou durante alguns minutos e depois voltou para seu local de descanso. De manhã, chamou dois homens e Oranian, e os convidou a voltar ao mercado para compararem víveres. Os homens foram e, já no mercado, Osagan deu ordens para que os dois fossem buscar arroz, enquanto ele se afastava com Oranian. Raramente os dois conversavam e quando o faziam falavam de coisas imediatas. Desde o incidente de Ogotun, quando Osagan o acusara de ter matado o irmão, que os dois não trocavam mais do que informações imprescindíveis. Assim, quando Oranian foi convidado a seguí-lo, logo desconfiou de um ardil.

Quando chegaram à frente do palanque onde eram expostos os escravos, Oranian teve a intuição de que seria atacado. Parou, mas antes que pudesse fugir se viu cercado. Tirou a espada e lutou bravamente, conseguindo adiar o inevitável por alguns minutos. Toda a feira parou para ver o combate entre Oranian e seus dez captores, mas como era de se esperar, uma forte porretada na cabeça o desacordou. O chefe haussa comentou com Osagan:

– Um grande guerreiro. Dará um bom preço no Cairo.

– Faça dele o que quiser, mas que não volte nunca mais.

– Jamais alguém escapou dos árabes. Esse não será exceção.

15

Atravessar a pé o deserto do Saara, com os braços amarrados nas costas, recebendo uma papa de inhame ou de arroz, uma pitada de sal e dois copos de água por dia, dizimou o grupo de escravos. O grupo de bandidos que Osagan capturara e mais uns oitocentos homens capturados pelos haussas caminharam dois meses até a cidade do Cairo. A caravana era liderada por tuaregues, mas havia também haussas que os acompanhavam. Dos mil apenas trezentos chegaram, mas num estado cadavérico com os olhos fundos a demonstrar que se não fossem bem alimentados, estariam irremediavelmente comprometidos.

36 A SAGA DOS CAPELINOS

Entre eles estava Oranian. Sua sorte foi que conseguira cobrir seu corpo com pedaços de roupa dos que foram morrendo no caminho. Com isto, os raios do sol não incidiram diretamente sobre sua pele e ele tolerara melhor o calor. Contudo, se houvera orgulho, prepotência e vaidade nesse jovem de dezoito anos, ficaram enterrados nas areias do Saara. Seus olhos embaçados, o corpo moído e sua língua intumescida patenteavam que o espectro da morte o rodava. Só um pensamento o fazia empurrar a morte para longe: o desejo de se vingar de Osagan.

O comprador do lote de escravos os levou para uma espécie de fortaleza, mandou que desamarrassem os homens, separou em grupos de acordo com o sexo e idade, e mandou os servos alimentarem os infelizes. Oranian estava com as juntas tão endurecidas que levou mais de um mês para poder movimentar seu corpo com destreza. Durante esse período, além de se fortalecer devido a alimentação que lhe era dada, ele se exercitava constantemente no pátio para recuperar os movimentos. Após um mês, a juventude lhe devolveu a saúde.

Naquele mês em que ficaram se recuperando, todos aprenderam algumas palavras de egípcio para que pudessem se comunicar com seus novos proprietários. O dono dos escravos não o fazia por amor à raça humana, mas para valorizar a mercadoria a ser vendida.

Quando o novo dono viu que seu plantel estava apto a alcançar bons preços no mercado, ele os preparou convenientemente. Para exibir as mais belas mulheres, ele as deixou seminuas para que os compradores vissem a qualidade do material ofertado. O mesmo fez com os homens que iriam servir como serviçais na casa dos ricos. Já com Oranian e mais alguns poucos selecionados, ele os vestiu com tangas para que fossem vendidos seja para ser soldados, seja para ser operários.

Começou oferecendo as mulheres − eram elas que alcançavam os melhores preços − e mesmo não tendo grandes espécimes, houve algumas boas disputas no leilão, especialmente quanto às meninas de doze a treze anos, que o vendeiro jurava que eram virgens.

Quando chegou a vez dos homens mais fortes que serviriam de soldado ou de trabalhadores braçais, não houve disputa. Um homem chegou, berrou algumas palavras, que para Oranian eram incompreensíveis, e arrematou o lote de quatorze homens, incluindo Oranian. O vendedor de escravos sequer discutiu e, amuado, entregou o lote. Oranian foi conduzido pelo novo dono até uma fortaleza dentro da cidade do Cairo.

A Divina Dinastia

Assim que o grupo de homens chegou à fortaleza, um dos homens mandou que os demais os desamarrassem e esperassem no pátio. Após alguns minutos, apareceu um grupo de seis guerreiros. Todos estavam fardados com calças longas, bufantes e de cor marrom. Trajavam uma túnica que ia até o meio das pernas e uma espada longa e curva na cintura. Mais tarde, Oranian saberia que se tratava de uma cimitarra e lembrou-se das lendas de seu famoso antepassado que usara um sabre semelhante.

Os seis homens postaram-se em semicírculo, um deles entregou ao primeiro da fila uma cimitarra e deu-lhe ordem para lutar. O homem não parecia ter nenhum conhecimento de luta e Oranian viu quando o egípcio aparou o golpe canhestro, e retribuiu com uma estocada que arrancou a espada da mão do homem, sem, contudo, feri-lo.

– Vá para ali e espere – ordenou um dos chefes ao escravo que fora desarmado.

Chamou o próximo e mandou que pegasse a cimitarra, que estava caída no meio do pátio. Repetiu a operação e viu que também o próximo podia ser um homem forte, mas era lerdo com a espada e nada conhecia de combates. Mais uma vez deu ordens para que se juntasse ao primeiro. E assim procedeu com todos, até que Oranian foi chamado. Com dois ou três golpes bem desferidos, Oranian conseguiu desviar a cimitarra do seu oponente e só não o feriu porque entendera que aquilo era uma es-pécie de seleção. O homem não disse nada, mas ficou alerta; se Oranian quisesse, poderia tê-lo matado.

– Vá para lá – e apontou para um outro lugar, onde ainda não havia ninguém. Oranian obedeceu e devolveu a espada com um olhar calmo.

No final da seleção, somente Oranian e mais um outro negro foram selecionados como guerreiros; os demais foram encaminhados para o exército, mas serviriam como carregadores. Dois, entretanto, demonstra-ram serem bons como arqueiros e foram designados para as tropas que marchavam a pé.

Com os últimos dois, que demonstraram ser bons espadachins, ainda houve o último teste. Trouxeram um cavalo e mandaram que, um após o outro, montassem a pêlo no animal. Oranian não tinha grande prática, mas o animal era dócil e obedeceu aos seus comandos. Ainda não era um bom cavaleiro, mas o aprovaram devido a sua destreza com a cimitarra. Já o outro candidato montava magnificamente bem e os egípcios o aprovaram de imediato. Num dia de outubro de 1249, Oranian tornou-se um cavaleiro na tropa do sultão egípcio Al-Salih Ayyub.

16

Enquanto Oranian se arrastava no deserto do Saara, Osagan voltara a Ifé e contara uma história simples: Oranian fugira durante a noite e ninguém foi capaz de encontrá-lo. Temeroso de o *ogiso* de Edo repreendê-lo por não tomar conta de seu filho, Abipa chamou Aidô para tirar o assunto a limpo por meio do jogo de búzios.

Os búzios foram taxativos, mas enigmáticos: Oranian estava vivo e fora vendido aos haussas por Osagan. O estranho é que os búzios diziam que isso fora feito para o seu bem; para que pudesse aprender novas técnicas que seriam úteis no futuro e que dobrasse sua cerviz um pouco altaneira demais para o gosto de Oranmyan, seu pai e protetor.

Os búzios alertaram, todavia, para Osagan, informando que ele estava cheio de fel e de intenções malévolas, mas nada disse a respeito de seus planos.

– Mandarei dobrar a guarda do palácio – afirmou Abipa, preocupado com Osagan.

– Não creio que o objetivo de Osagan seja destroná-lo – replicou Aidô. – Creio que tem mais a ver com o mercado.

– Eles limparam o mercado daquela corja. Não há mais o que temer.

– Os búzios foram categóricos: Osagan tem planos nefastos e pode ser que inclua o mercado de Ifé.

– Estarei atento – respondeu Abipa, despachando Aidô com um displicente gesto de mão.

Tal assertiva não tranquilizou Aidô. Abipa não tinha gente suficiente para proteger o mercado e Osagan era um homem maduro e escolado que podia ludibriar com facilidade tanto Abipa como seus poucos guardas. Todavia, não tinha como agir e Osagan ainda não havia feito nada de reprovável. Teria que aguardar e rezar para que tivesse interpretado mal os búzios.

17

Poucas semanas após Oranian se tornar um soldado-escravo, o sultão morreu e seu filho Turanshah assumiu o trono. Pranian se adaptara à vida na caserna, mesmo que entender a situação política e social do Egito era um mistério, que levou meses para decifrar. No início a maior dificuldade foi entender a língua, mas depois que passou a compreender o que aqueles homens estranhos falavam a sua dificuldade maior foi acreditar nas histórias inverossímeis que lhe contavam.

Disseram tanta coisa sem sentido para explicar as pirâmides que Oranian decidiu que aquilo fora obras dos deuses e não se preocupou mais com os monumentos. O que o deixava preocupado era a situação do país, pois havia dois grupos lutando entre si pelo poder. Ele era parte de um dos grupos, liderados pela guarda sudanesa de Turanshah.

Alguns meses depois, quando já havia sido extensivamente treinado, recebeu ordens para reunir-se à tropa para lutarem contra um terrível inimigo em Mansura, à beira mar, perto do delta do rio Nilo. Quando os dois exércitos se defrontaram, Oranian, todo engalanado em seu uniforme de combate, com um arco e uma algibeira cheia de flechas, e uma cimitarra na cintura, sentiu, pela primeira vez, o que era o terror de uma batalha.

Seus inimigos eram chamados de francos, uns homens brancos, de cabelo claro, provenientes da Palestina, mas originários da França. Para Oranian, aquilo não passava de histórias que não tinham sentido; sempre aprendera que os homens dão desculpas para fazer a guerra, mas a verdade é que estavam atrás de dinheiro e poder.

A batalha de Mansura foi vencida pelos egípcios. Naquele dia, Oranian viu quando um grupo de homens brancos, de pele azeitonada, montando em cavalos leves e rápidos, atacavam os francos. Eles disparavam suas setas e depois retornavam às fileiras. Após isso, repetiam a operação e em cada rápida carga, o inimigo ia sendo dizimado pela chuva de flechas.

No fim do dia, os francos foram esmagados e o rei deles chamado Louis foi capturado. Para o sultão Turanshah aquilo representava além de uma vitória importante também uma fortuna: os francos teriam de pagar um resgate pelo rei.

Durante o desenrolar da batalha, o esquadrão de Oranian quase não foi engajado; fazia parte da guarda pessoal do sultão. Somente num breve momento, a guarda do sultão avançou, acompanhando o monarca, e Oranian teve o gosto do combate. Com o coração disparado, as mãos suando e um tremor nervoso pelo corpo, Oranian avançou entre flechas e gritos. Não chegou a engajar-se em combates corpo-a-corpo, mas entendeu bem o que era a realidade da guerra. Mesmo não tendo participado diretamente dos combates, viu como a batalha se desenrolou, devido a sua posição privilegiada, no alto de uma colina protegendo o sultão. Compreendeu que mais valiam a astúcia, os movimentos de flanco, as emboscadas ardilosas do que as maciças e inócuas cargas de cavalaria que os francos faziam.

Após a batalha, Oranian descobriu por intermédio de seus amigos que o sultão tinha seus próprios escravos vindos do Sudão. Por outro lado, existia um grupo de homens brancos, de pele azeitonada, capturados no decorrer dos anos, que haviam sido treinados para se tornarem grandes guerreiros. Esses homens ficavam numa fortaleza ao lado do Cairo, chamada Bahr El-Nil e eram conhecidos por bahris. Outros, entretanto, os chamavam de mamelucos – algo que é possuído. Disseram-lhe que eram turcos da tribo kipchaks, capturados na Crimeia e nas estepes meridionais de um lugar chamado de Horda Dourada (atual Rússia). Eram trazidos ainda crianças e convertidos ao islamismo, e pelo fato de serem grandes guerreiros, o sultão os havia elevado à condição de tropa de elite.

O recém-falecido pai de Turanshah, o sultão Al-Salih Ayyub, dissera ao filho para sempre manter os mamelucos felizes, mas Turanshah tinha outras ideias e vivia alardeando que manteria os bahris na ponta de sua espada. Algo dizia a Oranian que tempos terríveis estavam por vir e ele aprendera a confiar em suas intuições; raramente falhavam.

18

O mercado de Ifé tornou-se um lugar propício para Osagan capturar pessoas e vendê-las aos haussas. Todavia, levaria meses antes que Abipa recebesse relatórios de seus *omodewas*, informando-o de queixas de outras aldeias vizinhas de que pessoas haviam desaparecido em Ifé. Por mais que os *emewas* investigassem, nada descobriram. Óbvio, Osagan investigava bem antes de atacar as pessoas e só o fazia na saída da cidade; nunca no mercado ou nas ruas vicinais.

A Divina Dinastia

Por mais que alguém seja astuto, há sempre a chance de outro descobrir e isso acabou acontecendo quando uma das mulheres de um grupo que saía de Ifé parou para urinar. Ela entrou no mato vizinho da estrada e aliviou sua bexiga. Quando estava retornando ao grupo, viu Osagan e seus comparsas capturando as demais mulheres. Tremendo de medo, manteve-se escondida e assim que se viu só, voltou a Ifé e contou tudo a um dos guardas. Seguindo a hierarquia, o guarda falou ao chefe, que detalhou o fato ao *emewa*, que somente no outro dia falou com o *omodewa* a quem estava sujeito. De tarde, com um atraso de um dia, Abipa era informado. Até que chamasse seus guardas palacianos, levou mais algumas horas.

O chefe da guarda correu até o lugar onde as mulheres haviam sido emboscadas, seguiu os rastros e encontrou um acampamento abandonado. Para sua falta de sorte, Osagan e seu grupo já haviam partido. Se fosse um valente guerreiro teria perseguido Osagan, mas era um homem cansado com nada a ganhar sendo um bravo: preferiu retornar e relatar o fato ao *oni*, sem mencionar quem poderia ser, pois ele mesmo não sabia.

Após longa discussão, em que nem o *oni*, nem os *omodewas* chegaram a um consenso de quem poderia ser o autor, Aidô foi chamado. Nem sequer precisou deitar os búzios e foi logo afirmando se tratar de Osagan.

Um dos presentes perguntou o que poderiam fazer e a lacônica resposta de Abipa de que eram impotentes, demonstrou que estavam entregues às mãos de bandidos. Todavia, o pior é que a notícia se espalhou como fogo em campina seca e todos já comentavam que Ifé era refém de um demônio saído dos infernos.

19

Desde sua captura aos quatorze anos que Baybars al-Bunduqdari crescera no conceito de seus chefes. Baixo, troncudo e ainda por cima estrábico tinha tudo para fracassar. Fora arrematado num leilão na cidade de Aleppo por um preço baixo – oitocentos dirhams, cerca de dois quilos de prata – e levado para o Cairo. Mas era inteligente e astuto, além de excelente lutador. Em poucos anos, tornou-se um bahri[5] e assistente de Aqtay, o comandante dos mamelucos.

---

[5] Um mameluco do quartel de Bahr El-Nil – a tropa de elite. (Nota do autor).

– A última do idiota foi ter colocado um núbio como chefe da guarda real – afirmou Aqtay, enfurecido com Turanshah, que desprezava abertamente os mamelucos, enquanto os dois andavam as margens do Nilo para que ninguém os escutasse.

– Recuso-me a discutir esse assunto novamente – atalhou bruscamente Baybars. – Já dei minha opinião e não vou ficar me repetindo.

– Não sei como aturo sua petulância.

– Atura porque sou o único a saber o que temos a fazer. Chega de lamentações; é hora de agir.

– Você chegaria a esse ponto, Baybars?

– Com a maior felicidade, meu caro comandante. Aliás, se você não agir, outros o farão e você perderá a oportunidade.

– E a facção dos aiúbidas? – questionou Aqtay, referindo-se ao grupo que dava apoio ao sultão.

O gesto de resposta de Baybars não dava margens a dúvidas: com o polegar em pé e os demais dedos fechados, ele passou na garganta, de um lado ao outro, confirmando que deviam ser todos degolados.

20

Enquanto Oranian vivia em seu quartel com razoável liberdade, sendo bem tratado e alimentado, em Edo, Evian, o *oliha* de Owodo começara sua insidiosa campanha contra o *ogiso*. Mandara espalhar a notícia de que Owodo havia matado a cacetadas uma mulher grávida. Sempre ansioso por mexericos, o povo comentava o fato, vendo nisso algo de abominável.

Usando de sua persuasão, Evian conseguira que Owodo estabelecesse um tributo adicional para toda mercadoria que entrasse no mercado de Edo. Tal fato representou um primeiro tumulto entre os negociantes e a guarda real. Desacostumado a ser contestado, Owodo mandou que a guarda surrasse os recalcitrantes, sem saber que eram muitos.

O tumulto advindo da ação entre os guardas e os comerciantes enfurecidos resultou numa quebradeira geral no mercado. As bancas foram reviradas, mercadorias estragadas e roubadas no calor da briga e seis homens foram mortos. Placidamente vivendo em seu palácio, Owodo achou que

A DIVINA DINASTIA

tinha colocado os comerciantes em seu devido lugar. De fato, a ação da guarda real fora contundente e teria trazido a paz ao mercado, se não fosse um pequeno detalhe imprevisto por todos: a chegada de Osagan.

No segundo dia de intensa confusão, Osagan adentrou a cidade com uma tropa de duzentos homens. Com o dinheiro da venda dos escravos aos haussas, havia levantado um pequeno exército que ingressara em Edo na hora mais confusa. Vendo a balbúrdia instaurada, Osagan retirou-se com seus homens: não ia ser imprudente de se meter numa confusão sem saber de que se tratava. Naquela noite, com a paz reinando novamente, entrou sorrateiramente na cidade, falou com alguns amigos e inteirou-se da situação. Voltou ao seu acampamento e preparou seu golpe.

De manhã, com poucos comerciantes tentando montar suas bancas no mercado, Osagan entrou com quinze homens desconhecidos e iniciou uma nova arruaça. Assim que matou alguns comerciantes, retirou-se com sua pequena tropa, sabendo que os guardas iriam persegui-lo. De fato, em questão de minutos, os guardas, avisados de um novo tumulto, acorreram ao mercado. Imediatamente, partiram à caça dos quinze homens. Assim que chegaram fora dos limites da cidade, caíram numa emboscada e foram mortos.

A informação da morte de seus guardas alcançou Owodo que chamou Evian. Resolveram mandar um forte contingente atrás dos assassinos. Em questão de minutos, mobilizaram mais de dois mil homens.

Neste ínterim, Osagan já havia entrado na cidade e gritava a plenos pulmões que Owodo matara sua esposa a pauladas e que o povo devia depor o tirano. Com isto, mobilizou um grande grupo de homens e mulheres que acabou por se encontrar com os guerreiros enviados por Owodo.

A luta nas ruas foi intensa e ninguém mais sabia o motivo de tamanha disputa. Os guerreiros de Owodo, mesmo sendo mais numerosos, não podiam se aproveitar do fato, já que as ruas estreitas não permitiam que se organizassem. Osagan aproveitava esses eventos para provocar ainda mais confusão.

Sem colocar em risco seus duzentos guerreiros, ele jogava a população contra os soldados de Owodo, e a luta entre os homens não dava vantagens a nenhum dos dois lados. Enquanto isso, Osagan tocava fogo numa casa ou outra, e depois alardeava que os soldados do *ogiso* estavam tocando fogo na cidade. Mais gente acorria para defender suas casas e, após algum tempo, os combates se espalharam por toda a cidade. O que poderia ter sido uma força militar forte, convertera-se numa milícia fra-

44 A Saga dos Capelinos

ca, espalhada por vários quarteirões, fustigada por homens e, até mesmo por mulheres disparando flechas e pedras.

Enquanto isto, Osagan marchava em direção ao palácio, sem encontrar praticamente resistência. Os guardas que haviam permanecido no palácio para protegerem o *ogiso* foram rapidamente dizimados pelos duzentos guerreiros de Osagan. No final da tarde, ele e seu grupo de mercenários entravam no palácio de Owodo apenas para descobrir que o *ogiso*, mui sabiamente, havia fugido.

21

O dia 2 de maio de 1250 seria uma data a ser lembrada por Turanshah, se ele pudesse: foi o dia em que o mataram. De manhã, quando o sultão ainda estava fazendo suas abluções matinais e havia terminado de rezar voltado para Meca, escutou uma barulheira infernal na porta da tenda. Nem sequer botou o rosto para fora, quando viu uma centena de bahris lutando com seus guardas. Ora, ele sabia que os poucos homens que guardavam sua tenda seriam insuficientes para barrar as ações dos bahris. Assim, sem pensar duas vezes, saiu rastejando por trás da tenda e correu para uma torre de madeira, situada a uns duzentos metros.

Jovem e atlético, Turanshah disparou feito um possuído e enquanto os demais mamelucos dizimavam sua guarda, ele entrava na torre. Os seus guardas, avisados pelo fugitivo, trancaram a porta e ficaram de prontidão à espera do ataque. Todavia, para sorte do sultão, os bahris comandados pelo troncudo Baybars não viram quando ele fugiu da tenda, mas – sempre houve um *mas* para atrapalhar os planos de Turanshah – outros mamelucos que não participavam do ataque, mas detestavam o sultão, viram quando se refugiou na torre.

Em questão de minutos, a torre foi cercada por mamelucos enfurecidos, porém ela era alta e eles não tinham como escalar e tomá-la. Mas para um homem decidido como Baybars, uma torre não era empecilho, especialmente sendo construída de madeira. Uma fogueira foi providenciada e a torre incendiada.

Quando o calor se tornou insuportável e a fumaça sufocante, Turanshah aproveitou-se da balbúrdia e fugiu em direção ao Nilo. Contu-

A Divina Dinastia 45

do, sua tentativa de fuga foi logo interceptada e o sultão, tomado do mais vivo pavor, foi preso e levado à presença do comandante Aqtay.

– Peço clemência – berrou Turanshah com o rosto apavorado.

– E terá – respondeu Aqtay, e com rapidez, enfiou sua espada no peito do sultão. Assim que caiu, ele mandou que um dos bahris abrisse o peito e retirasse o coração, e lhe desse. Com maestria, o homem retirou uma adaga de sua cintura, rasgou o que restava da roupa do defunto e aproveitando o ferimento infligido por Aqtay, abriu o resto e, após alguns cortes, retirou o coração. Entregou a massa ensanguentada ao comandante.

Após segurar o coração de Turanshah, Aqtay caminhou, seguido de vários homens, entre eles Baybars, e entraram na fortaleza. Dirigiram-se à prisão do rei Louis de France. Sem cerimônia, Aqtay adentrou no quarto e mostrou o coração de Turanshah ao rei francês, que ficou lívido e estático, tomado de pavor e nojo.

– O que me dará agora, que matei seu inimigo? Se estivesse vivo, pode ter a certeza de que ele o teria matado.

O rei encolheu-se e nada respondeu, enquanto Aqtay o fitava com o rosto congestionado de ódio.

– Escreve o que vou lhe ditar.

Aquele que viria a ser São Luís[6] após sua morte, escreveu, palavra por palavra, as ameaças de Aqtay. Assim que terminou, um cavaleiro levou a mensagem a Acre e, cinco dias depois, após o pagamento do resgate, Louis de France era libertado. Com Aqtay, ninguém tergiversava; contrariá-lo era arriscar-se à morte.

22

Enquanto Turanshah era assassinado, em Edo, Osagan enfrentava um contratempo que não previra: a revolta do povo. Quando entrara no palácio, logo viu que a família de Owodo fugira. Na pressa nem sequer levara as suas posses, as quais logo foram trocadas de mão. Os mercenários de Osagan encontraram uma espécie de adega real e satisfizeram seus instintos bebendo as barricas de vinho de palma que encontraram. Saciados e bebêdos, saíram à rua e sob o efeito etílico, atacaram as casas

---

[6] Luís XI foi canonizado em 1297 pelo papa Bonifácio VIII.

das pessoas. Antes que o dia terminasse, os edos reuniram-se e atacaram os mercenários de Osagan.

Por mais que Osagan tentasse reunir seus homens e fugir, ele foi vencido pelo tumulto instaurado. Sem que soubesse, muitas pessoas viram quando tocara fogo nas casas e saía gritando que Owodo era o culpado. Quando eles puderam, informaram aos demais, que resolveram se vingar de Osagan. Podiam detestar Owodo, mas não tinham muito amor por Osagan que, até pouco tempo atrás, era, para todos os efeitos, um chefe guerreiro do *ogiso*.

Quando Osagan viu que perdera a maioria de seus guerreiros mercenários, e que o povo gritava palavras de ordem para matá-lo, fugiu da cidade enquanto suas pernas ainda permitiam. Naquela noite, pessoas comuns se aproveitaram da baderna generalizada para se vingar de seus desafetos e tocaram fogo em várias casas, especialmente na residência de amigos e nobres que estavam ligados a Owodo.

Noticiava-se que Ogiamien, o herdeiro, fora morto durante um combate e que Owodo fugira com duas de suas mulheres. Quase ao raiar do dia, o palácio foi invadido por uma turba enlouquecida e depredaram o pouco que ainda restava. Como sempre acontece nessas ocasiões, alguém tocou fogo em roupas e móveis, e um incêndio devastou o palácio de Owodo.

De manhã, com a maioria exausta, Evian foi capaz de reunir um grupo de soldados e convocou uma assembleia de notáveis. Durante a reunião, todos concordaram que Owodo não poderia mais voltar a reinar, mas também não se aceitaria nenhum outro que não tivesse sangue real. Os *ogisos* eram filhos do céu, enviados dos orixás, e ninguém poderia substituí-los. Depois de uma manhã longa de discussões, descobriu-se que os filhos de Owodo ou haviam sido mortos durante o conflito ou haviam fugido. Alguém se lembrou de Ekaladerhan e seu nome foi aceito como o único que poderia assumir o trono. Mesmo contra a vontade de Evian, Ekaladerhan foi o escolhido.

– E por onde anda o rapaz? – perguntou um dos presentes.

– Foi enviado a Ifé por Owodo.

– Temos de mandar alguém buscá-lo imediatamente. Considerando a nobreza de seu nascimento, somente Ekaladerhan poderá trazer a paz a Edo.

23

No dia em que Turanshah fora assassinado, Oranian estava de folga e saíra com amigos para ir ao Cairo. Havia uma espécie de taverna onde se vendia vinho escondido, já que o Islã proibia o consumo de qualquer bebida alcoólica. Nessa mesma taverna, prostitutas ofereciam seus préstimos de forma reservada, já que a prostituição também era proibida.

Assim que Turanshah foi morto, os bahris se juntaram e sob o comando de Baybars atacaram o quartel dos núbios onde Oranian estava aquartelado. Os combates foram furiosos, mas os núbios tomados de surpresa foram mortos ou fugiram. Satisfeitos com o resultado, os bahris voltaram para seu quartel-general enquanto a notícia se espalhava. Fossem eles Bahris ou não, os mamelucos reuniram-se no final do dia e elegeram Aybak, um mameluco não-Bahri, para ser o novo sultão.

Muitos bahris ficaram revoltados com a escolha – preferiam que fosse Aqtay – e mesmo aceitando, atacaram nos dias seguintes a cidade do Cairo, onde caçaram impiedosamente todos os parentes e amigos de Turanshah. A cidade ficou num tumulto inacreditável e muitos até preferiam que os francos tivessem vencido a batalha de Mansura.

Assim que Oranian soube da morte de Turanshah e da destruição do seu quartel, achou o momento mais do que propício para fugir. Trocou o uniforme por uma roupa árabe e dirigiu-se ao mercado. Conversando com um ou outro, foi informado sobre uma caravana de partida para Kano. Foi conversar com o chefe da expedição e sem dizer que era edo ou de Ifé, disse-lhe de sua necessidade de ir a Kano pessoalmente para escolher escravos. Como as notícias eram confusas, apresentou-se como enviado dos bahris e o chefe tuaregue sequer lhe cobrou a viagem.

Três dias depois de acertar sua ida a Kano, Oranian, sob um nome árabe, com a roupa azul escura de tuaregue e o rosto coberto, misturou-se à caravana, procurando ficar o mais distante dos haussas. Dessa vez ia montado num camelo com uma sela de couro trabalhada com filigranas. O chefe tuaregue o recebia pessoalmente e conversava com ele como igual. Para o chefe tuaregue, ele era enviado dos bahris para comprar escravos.

– Por que enviaram um negro? – perguntou-lhe certa vez um dos assistentes do chefe da caravana.

– Quem melhor do que um negro para conhecer outro negro? – respondeu-lhe Oranian, rindo gostosamente. O homem pareceu ficar satisfeito e não o questionou mais.

Oranian não se descuidava e procurava ficar calado. Foi por meio dos tuaregues que escutou falar que os escravos que transportavam ao Cairo eram nupês.

– Por que nupês? – perguntou Oranian.

– Os haussas estão em guerra com eles. Vivem atacando suas aldeias.

– E prestam? – perguntando Oranian, desejoso de saber se eram bons guerreiros.

– São valentes, mas lutam mal. São desorganizados e cada um luta por si como se estivesse numa competição. Quando enfrentam os haussas e os seus aliados, os fulanis, que aprenderam a lutar com os egípcios, são facilmente vencidos.

Era para a terra dos nupês que deveria se dirigir, assim que chegasse a Kano. O inimigo do meu inimigo é meu amigo, pensou Oranian, e sem dúvida, os haussas e fulanis eram seus inimigos. Enquanto andava no camelo, foi pensando num plano para se tornar uma pessoa importante entre os nupês. Lá no fundo da alma, não esquecera o ódio que tinha por Osagan. Porém, não poderia enfrentar um oponente poderoso como seu antigo mestre sem antes possuir uma forte escolta. Planejou como conseguiria seu exército entre os nupês. No tempo certo, vingar-se-ia de Osagan, nem que fosse a última coisa que faria.

24

Após fugir, Owodo ficou possuído de grande temor. Jamais imaginara que o povo fosse se revoltar contra sua 'mui' santa figura. Soubera que vários de seus filhos haviam perecido nos combates e conseguira chegar até um território onde tinha certeza de que ninguém o seguiria. Junto com suas duas mulheres e três filhos e suas respectivas esposas, estabeleceu-se e começou a plantar inhame, arroz e milhete. Estava tão abatido e sentia-se tão desolado que resolveu que jamais voltaria a Edo. Morreria como simples fazendeiro.

Por seu lado, Osagan também sentiu que sua vida já não tinha mais sentido. Não conseguira matar Owodo – o miserável desaparecera– e o povo de Edo queria sua cabeça. Deslocou-se para o norte, entrou na cidade de Okene e procurou refazer sua vida. Para um homem de cinquenta anos, cansado da lida diária e dos vários combates empreendidos, achou que se conseguisse uma viúva que cuidasse de sua comida, costurasse sua roupa e que lhe aquecesse a cama nas noites frias, ele se daria por feliz.

Já para um homem feito de vinte e dois anos em que se tornara Oranian, a vida estava apenas começando. A primeira coisa que fez foi se afastar de Kano, antes que algum haussa se lembrasse dele. Isso seria quase impossível, mas não era homem de correr riscos desnecessários. Kano era uma cidade de trinta mil habitantes e poderia escondê-lo facilmente, mas assim que descobriu a direção da terra dos nupês, partiu após vender seu camelo, trocar as vestimentas de tuaregue por roupas comuns: não ia querer chegar à terra dos nupês vestido como um estrangeiro.

Sempre usando caminhos alternativos, aproximou-se de Empé, a principal cidade dos nupês. À medida que chegava, foi notando que a quantidade de sentinelas aumentara. Como não estava querendo se arriscar a entrar em Empé sorrateiramente e ser preso – o que dificultaria qualquer explicação – resolveu se apresentar às sentinelas.

– Quem é o rei dos nupês? – perguntou Oranian num ioruba estropiado, após se aproximar das seis sentinelas, mostrando as mãos para demonstrar que estava desarmado. Os homens não entenderam e um deles lhe perguntou na língua nupê algo que ele também não entendeu. Então, meneou a cabeça para dizer que não compreendia.

Um deles começou a falar e Oranian entendeu a palavra haussa. Será que achavam que ele era haussa?

– Haussa, não, não – disse apontando para seu peito e meneando a cabeça negativamente, mas como via que ninguém entendia o que falava, disse, com o rosto cheio de desdém: – haussa...– e cuspiu no chão. Isto eles entenderam, mas mesmo assim vasculharam suas roupas e encontraram a sua cimitarra árabe. Confabularam e pareciam não ter chegado a um consenso, quando Oranian insistiu: – Empé, Empé – e entenderam que ele queria ir até a cidade. Após outra discussão interminável, destacaram dois homens para levá-lo a Empé.

Umas duas horas de andanças e chegaram à cidade. Oranian notou que Empé era uma cidade pobre, com casebres miseráveis, ruelas apertadas cheias de gente e animais, com crianças seminuas correndo de um lado para o outro em algazarra típica da idade. Foi levado a uma casa

50 A SAGA DOS CAPELINOS

grande. Foi entregue aos guardas, e aguardou que o rei de Empé o recebesse. Um dos guardas voltou com ordens para levar o estranho à presença do monarca.

Assim que adentrou um espaçoso mas pobre salão, Oranian viu um homenzarrão sentado numa cadeira de espaldar mais alto. Devia ser o rei do local e todos se dirigiram para ele. Prostraram-se, mas Oranian não se prostrou.

O homem começou a lhe falar em nupê e logo um dos seus acompanhantes lhe disse que ele não falava a língua deles. Oranian tentou falar em iorubá, o pouco que havia aprendido em sua curta estadia em Ifé, quase três anos atrás. Para sua felicidade, o rei falava iorubá muito bem.

Após as apresentações de praxe, em que Oranian disse que era filho do *ogiso* de Edo, que estivera cativo dos egípcios e conseguira fugir devido a um grande tumulto, o rei dos nupês lhe deu as boas vindas.

– Sou Agodô, rei dos nupês e fico feliz que meu irmão Oranian esteja entre nós. Mas o que podemos fazer para lhe ajudá-lo?

– Irmão Agodô, sua gentileza tranquiliza meu coração. Vim aqui porque soube por intermédio dos haussas que estão em guerra contra o povo nupê. Quero juntar-me a vocês contra um inimigo comum. Como lhe disse, fui vilmente aprisionado e vendido aos haussas que me levaram para além do grande deserto. Todavia, os orixás nos ensinam pela dor e lá, em terras estranhas, aprendi técnicas guerreiras que poderão ser úteis aos nupês.

– Faremos assim: você irá morar aqui na minha casa, mas lutará, no início, como se fosse um dos meus guerreiros. Por mais que acredite em você, você terá de provar seu valor aos demais guerreiros ou não acreditarão em você. Aceita o meu convite?

– Era o que ia lhe propor. Não diga que sou um homem treinado nas artes da guerra, pois assim me verão como um deles.

Tendo chegado a um acordo, Oranian passou a viver na casa grande de Agodô. Logo nos primeiros dias, enquanto ele era novidade para todos, conheceu as esposas do rei, assim como sua família. De todos que conheceu a que mais lhe chamou a atenção foi Torosi, uma moça de quinze anos, de pele negra luzidia, torneada como se tivesse sido desenhada à mão. Era a irmã caçula do rei. Quando a viu em sua túnica simples, pôde vislumbrar suas curvas acentuadas. Seu sorriso singelo e ainda infantil demonstrava que Torosi não conhecera o leito de um homem,

A DIVINA DINASTIA 51

mas Oranian pôde ver certa chama ardendo no fundo dos olhos. Ciente de que era credor da gentileza de Agodô, não se aventurou a mais nada a não ser iluminar a sala com seu sorriso resplandecente.

Os dias que se seguiram foram usados para entender um pouco do nupê. Mesmo sendo uma língua diferente, havia algo muito parecido com o iorubá, o qual era capaz de falar um pouco. Ciente da necessidade de falar bem o nupê, Oranian esmerou-se no aprendizado da língua, tornando-se quase aborrecido na sua insistência em assimilar o maior número de palavras possível.

Em menos de quinze dias, Agodô o chamou e lhe disse que os haussas haviam atacado uma pequena aldeia. Com rapidez e, sobretudo com um pouco de sorte, poderiam interceptar o grupo de volta a Kano e libertar os cativos, a maioria composta de mulheres e crianças. Oranian juntou-se ao grupo de guerreiros liderados por Abibelê, um homem forte, parente próximo de Agodô, e partiu imediatamente.

Trotando rapidamente pela selva e cortando caminho pela savana do planalto do Jos, o grupo guerreiro com quase duzentos homens conseguiu interceptar os haussas a pouco mais de trinta quilômetros de Kano, já dentro do território inimigo. Foi nesta oportunidade que Oranian pôde constatar que os nupês eram de fato valentes, mas desorganizados. Assim que o grupo viu os haussas, sem nenhuma estratégia ou plano de batalha, os homens se lançaram como loucos, gritando e meneando as espadas por cima da cabeça.

Foram recebidos por uma saraivada de flechas dos haussas, que, alertados pelos gritos, cerraram rapidamente fileiras e dispararam suas setas certeiras. Os nupês haviam feito uma carga frontal, sem nenhum preparativo e pagaram o preço da imprevidência. Quando a primeira saraivada de flechas dizimou os que vinham mais à frente, os demais retrocederam e depois, fora do alcance das flechas, ficaram apalermados, olhando a muralha de haussas que havia se formado.

Abibelê começou a gritar palavras de ordem para que os homens atacassem e muitos lhe obedeceram assim que viram seu chefe guerreiro correr em direção aos haussas. Neste ponto, Oranian, sempre cuidadoso, ficara mais para trás e observava a insânia de um ataque frontal contra um grupo bem armado e muito mais numeroso. Mais uma vez as flechas haussas abateram um grande número de guerreiros nupês, entre eles Abibelê.

Do grupo de duzentos homens que partiram de Empé, somente cento e vinte se reagruparam. Com a morte de Abibelê, não havia um segundo homem em comando e a discussão entre quatro ou cinco homens demonstrou a Oranian que eles estavam desorientados, mesmo que não compreendesse tudo o que falavam. Aproveitando um arrefecimento na discussão, Oranian se aproximou e lhes disse em seu nupê ainda tosco:

– Vamos retroceder.

– Um nupê não foge à luta.

Sorrindo como se nada tivesse acontecido e sem poder discutir muito já que seu conhecimento de nupê não lhe permitia, Oranian respondeu:

– Os haussas vão pensar que fugimos, mas vamos usar um estratagema. Confiem em mim.

Uma nova discussão se fez presente e Oranian perdeu o fio da conversa, já que discutiam e falavam muito rápido para que acompanhasse o que debatiam. Nesse momento, olhou para o campo a sua frente e viu que os haussas continuavam postados a cerca de trezentos metros de onde estavam. Não se moviam, mas também não faziam menção de atacá-los. Provavelmente, pensou Oranian, não queriam correr o risco de um combate e com isto dar chance aos cativos de fugirem. A cerca de duzentos metros de onde estava, observou vários nupês caídos e alguns se mexiam. Sem nada falar com os demais, Oranian se dirigiu lentamente aos que estavam agonizando na tentativa de ajudar algum nupê que pudesse ser resgatado.

À medida que ia chegando perto dos feridos, estava entrando na alça de mira dos haussas, mas contava com o fato de que não conseguiriam acertar, pois a distância de cem metros exigiria um excepcional arqueiro. Os haussas não atiraram nele, pois estranharam sua aparente tranquilidade e determinação. Viu que havia alguns nupês que poderiam ser ajudados e levantou-os. Um ou outro conseguiu se apoiar e retornar lentamente para suas linhas. Oranian viu o chefe com uma flecha espetada no costado e pela expressão de dor que tinha no rosto, ele não conseguiria andar sozinho. Com esforço sobre-humano, já que o homem era um touro, o levantou, colocou-o nas costas e caminhou lentamente em direção às suas linhas. Como vira que os haussas não haviam atirado nenhuma flecha, gritou de longe em haussa, língua da qual conhecia uma dúzia de palavras, e agradeceu. Os haussas responderam quase uníssonos: era óbvio que respeitavam a coragem daquele solitário guerreiro que fora recuperar os seus.

A Divina Dinastia 53

Os nupês ficaram espantados com a coragem de Oranian e com os gritos de saudação de guerra dos haussas. Quem era esse homem que não parecia temer nada? Se pudessem penetrar no coração de Oranian, viriam que estava trêmulo de medo e só agira destemidamente porque fora treinado pelos egípcios a nunca abandonar um dos seus no campo de batalha.

Quando chegou entre os nupês, recuperou seu fôlego e lhes disse:

— Vamos embora. Deixe os haussas pensarem que ganharam a batalha. Mais tarde, nós recuperaremos os cativos.

Com mais de vinte feridos para cuidarem e sob o impacto de um homem que provara sua coragem, concordaram. Quando começaram a partir, Oranian gritou em haussa, levantando o braço direito sem segurar sua cimitarra:

— Até outra hora, haussas.

Os haussas, vendo que partiam ordenadamente e que aquele corajoso guerreiro lhes dera o campo da vitória, gritaram em coro de volta em sua língua.

— Até outro dia, nupês.

Assim que adentraram a floresta, Oranian dividiu seus homens. Mandou vinte de volta com os feridos e contou cerca de cem guerreiros.

— Quem quiser ir comigo deverá me obedecer e, se não quiser, que volte com os feridos.

Ninguém relutou.

Aproveitando a cobertura vegetal densa, Oranian levou seus homens para uma passagem bem mais adiante. Sabendo que os haussas teriam que passar por aquele lugar, espalhou seus homens e deu ordens específicas a cada grupo de seis homens. Explicou o que queria e, mesmo com dificuldades de se expressar, os homens entenderam-no.

Era óbvio aos haussas de que os nupês haviam sido batidos e estavam voltando para casa. Jamais poderiam esperar que apenas três horas depois de tê-los afugentado, voltariam para emboscá-los. Os nupês jamais haviam tocaiado os haussas e não esperavam tal artimanha. Assim, quando na frente dos haussas apareceram oito nupês gritando como loucos e brandindo as espadas, eles pararam. Fizeram sua formação defensiva e aguardaram. Todavia, os nupês que estavam a cerca de duzentos metros deles não os atacaram, e ficaram apenas gritando e dançando como se estivessem possuídos. O chefe dos haussas achou que estavam perdendo tempo contra apenas oito homens e destacou um contingente de trinta homens para persegui-los. Os trinta homens correram e antes que alcançassem os oito, vários outros nupês saídos da floresta os atacaram e os mataram, já que eram em número bem superior.

Os demais haussas, vendo seus amigos caírem numa emboscadas, correram para acudir. Nesse instante, Oranian deu a ordem e os setenta homens, que haviam atacado os trinta haussas, fugiram para dentro da floresta. Os haussas haviam mandado quase todos os homens para defender os trinta emboscados e deixaram os cativos apenas com uma pequena guarda. Nesse instante, Oranian e vinte homens flecharam os guardas e libertaram os prisioneiros. Deu ordem para que se refugiassem na floresta.

Nesse instante, o chefe dos haussas viu que seus cativos estavam sendo libertados por homens que tinham vindo pela retaguarda. Deu ordens para que retornassem e os capturassem novamente. Ora, essa manobra de ida e volta desfez a linha haussa e permitiu que nupês saídos da floresta os abatessem, seja a flechadas, seja a golpes de espada. Um dos abatidos foi o chefe haussa, mas como eram organizados, o segundo em comando reuniu os guerreiros e articulou uma defesa sólida. Oranian bradou ordens para que os nupês não os atacassem, mas de dentro da floresta, os flechassem. Tendo sido obedecido, os haussas se viram numa posição desvantajosa. O subchefe deu ordens de retirada, que logo virou uma debandada. Oranian libertara os presos e vencera a batalha.

25

Fama é algo imprevisível: para uns vem sem esforço, para outros, nunca chega. Para Oranian veio por meio de pessoas que o achavam bravo e outros que o viam como covarde. Como é que os nupês usaram de um estratagema tão baixo de atrair o inimigo e ludibriá-lo quando o certo seria enfrentá-lo em combate aberto e franco? Essa era a opinião dos que denegriam a vitória de Oranian. Não retrucou e quando Agodô o questionou sobre sua tática, ele simplesmente disse:

– O que vale na guerra é o resultado e não como o conseguimos. Agodô calou-se e meditou sobre essa frase. Será que ele estava confirmando que era, de fato, um covarde que só sabia lutar à traição?

A Divina Dinastia 55

Nos dias que se seguiram, Oranian tentou mostrar a Agodô que precisava estabelecer um exército, mas o rei dos nupês desconhecia esse conceito. Para eles e para a maioria das tribos, inclusive os haussas e fulanis, os caçadores se juntavam, formavam um bando e lutavam. Por isso, cada uma lutava como queria e só obedeciam a chefes de ocasião. Os chamados chefes guerreiros eram homens mais experientes que comandavam os demais, mas não no sentido amplo da palavra. Não havia também batalhas como Oranian vira em Mansura, com dois exércitos, postado um em frente ao outro, mas escaramuças de grupos rivais nos quais os combates singulares definiam o resultado.

Após explicar o conceito de exército, de ordem unida, de hierarquia e de táticas militares, Oranian concluiu que estava perdendo tempo. Tanto Agodô como seus ministros e chefes guerreiros não viam vantagem em ter uma força de homens especificamente treinados para tal atividade. Então, aquietou-se e ficou aguardando uma oportunidade para demonstrar a exatidão de seus conceitos.

Toda semana chegavam notícias de um bando de haussas ou fulanis que atacavam aldeias, as incendiavam e fugiam levando consigo vinte a trinta cativos que seriam vendidos para o Egito. Nada era feito e havia, de certo modo, um sentimento de impotência quanto aos ataques dos muçulmanos. Foi numa dessas incursões que Oranian aproveitou para constituir um grupo de jovens e explicar o modo de combate que vira os bahris e os demais mamelucos fazerem.

Tudo acontecera de forma imprevista. Os nupês não tinham cavalos, mas alguns haussas tinham, porém não os usava em combates. Era mais um meio de transporte, especialmente para distâncias curtas. Oranian viu um grupo de haussas montado a cavalo enquanto caçava com os demais rapazes. Ele os seguiu e, aproveitando-se da liderança que tinha sobre os mais jovens atacou o acampamento haussa, matou uma dúzia deles e levou os cavalos.

Nos dias que se seguiram, Oranian mostrou ao seu grupo de vinte e poucos rapazes como deviam cuidar dos animais, como montá-los e, os treinou na arte de lutar montado. Seguindo o modelo que aprendera no Cairo, os fazia atacar, atirar as flechas e depois recuar, atraindo o inimigo para um bolsão onde eram dizimados.

Os mais velhos viam tal atividade com olhos severos. Aquele estranho estava subvertendo os costumes dos nupês e isso era intolerável. Todavia,

Agodô tinha bons olhos para com Oranian, pois viu que aqueles jovens estavam sendo adestrados por um jovem capaz e ardiloso. Todavia, um dos chefes guerreiros resolveu colocar Oranian em seu devido lugar e quando ele estava treinando os moços na sua arte guerreira, se aproximou e começou a debochar de Oranian. O tom jocoso chamou a atenção de vários outros jovens e de alguns adultos. Todos imaginavam onde isto iria parar.

Após escutar a arenga do guerreiro, Oranian convidou-o para montar e a recusa foi violenta.

– Montar a cavalo para quê? Para fugir mais rápido?

Nesse instante, Oranian entendeu que chegara o momento decisivo: ou derrotava aquele tolo pomposo ou estaria desmoralizado e mais nenhum jovem o seguiria.

– Você é que pediu isso – disse Oranian. – Vamos duelar e ver quem é o melhor.

O chefe sentiu-se vitorioso; era óbvio que sendo mais forte – na realidade era mais gordo – e mais destro, venceria Oranian facilmente. Puxou sua espada e enfrentou Oranian. Todavia, após dar duas fortes e inócuas pancadas, ele entendeu que Oranian era bem melhor na arte da esgrima do que ele.

Quando Oranian atacou, fez menção de ir para um lado e foi para o outro, e com uma pancada seca no antebraço do seu oponente, arrancou-lhe a espada da mão. Assim que se viu desarmado, o chefe guerreiro segurou o antebraço ferido e, com os olhos coruscantes de ódio, lançou-se à frente para atracar-se com Oranian. O jovem desviou- se e derrubou o chefe com um movimento rápido. Depois, jogou sua cimitarra longe e o esperou para um combate à mão nua.

Mais uma vez, Oranian demonstrou que também era um conhecedor das artes do combate corpo-a-corpo. O chefe lançou-se como um touro em carga. Oranian o derrubou com uma pernada, atingindo-o na ponta do queixo. O homem desabou como um saco de arroz e ficou estirado no chão. Para completar o quadro de horror, estrebuchou levemente. Levou uns minutos para se recuperar, enquanto seus amigos lhe davam água e Oranian colocava sua cimitarra de volta à cintura.

Não houve nenhum louvor ao vencedor, já que o chefe guerreiro era benquisto, mas os nupês entenderam a mensagem: Oranian era guerreiro experiente e nada tinha de covarde. Quando a notícia se espalhou pela cidade, as discussões sobre Oranian tomaram outro rumo: todos começaram a concordar que era preciso estabelecer um exército e colocar Oranian como *kakanfo*.

No outro dia, Agodô o chamou e incumbiu-o de montar o primeiro exército nupê.

– Em quanto tempo teremos um exército?

– Em seis meses, meu rei. Mas, se ouso lhe perguntar, o que irá fazer quando estiverem prontos?

– Ora, defender nossas terras.

– A melhor maneira de defender é atacar Kano, incendiá-la e aprisionar o maior número de haussas que pudermos. Uma demonstração de força assim os fará pensar duas vezes antes de se aventurarem a atacar nossas aldeias novamente.

Agodô tremeu perante o que Oranian desejava. Isso seria guerra contra os haussas.

26

Por mais audacioso que Oranian fosse, sabia muito bem que uma força militar de dois mil homens não era um exército poderoso. Kano tinha trinta mil habitantes e poderia reunir facilmente seis mil soldados.

Conseguira montar uma pequena cavalaria de trezentos homens e aperfeiçoara seus arqueiros. Em vez de usarem o arco primitivo dos igbôs, passaram a usar o mesmo arco dos haussas, que, por sua vez, era uma cópia do arco turco dos bahris. Era um arco curto, leve, que atirava com precisão até uns cem metros, se não houvesse muito vento. Fora feito para ser usado em cavalgadas e atirar sem mirar com muita precisão, todavia os infantes também usavam os mesmos arcos, o que possibilitava que tanto cavaleiros como os arqueiros a pé utilizassem o mesmo tipo de flechas.

Após pensar bastante sobre uma tática de combate que pudesse destruir os haussas, Oranian passou a vigiar Kano para conhecer o terreno do inimigo. Quando se sentiu seguro de suas ideias e militarmente preparado, expôs seu plano a Agodô e, tendo obtido sua aquiescência, deslocou os nupês para atacar Kano.

Audácia poderia ser o seu apelido, pois contava apenas com essa característica para vencer os haussas em seu território. Desta forma, numa manhã quente, a cerca de mil metros da entrada principal da cidade, Oranian dispôs quase quinhentos homens numa longa fileira e deu ordens para que gritassem o mais alto que pudessem. Assim que a gritaria começou, os haussas foram se concentrando na frente da entrada da cidade e sob ordens de seus chefes, cerraram fileiras para aguardar o ataque dos nupês. Estavam surpresos que tantos nupês tivessem vindo de tão longe com disposição para atacá-los.

– Duas coisas podem acontecer – disse Oranian ao seu segundo em comando: – ou nos atacam e usaremos o estratagema de atraí-los para um bolsão ou fincarão pé na entrada da cidade, esperando nosso ataque.

– Se fizerem isto, o que faremos?

– Usaremos um ataque que vi os bahris executarem.

Por dez minutos, os haussas foram se concentrando na entrada da cidade e, mesmo que não desse para contar, Oranian estimou que devia haver mais de seis mil homens. Bem mais do que poderia dar conta, mas eles não se mexiam. Estavam postados numa longa linha com arcos e flechas, escudos de couro e lanças. Alguns tinham espadas e muito poucos estavam armados de cimitarras tipicamente árabes.

– Eles não se mexem – disse o segundo em comando.

– Então, morrerão onde estão.

Esporeou seu cavalo e atravessou a campina a pleno galope até onde estava escondida sua cavalaria. Chegou à frente dos seus trezentos cavaleiros e deu-lhes ordem para preparem arcos e flechas.

– Vamos, meus bravos. É hora de mostrar que não treinamos em vão. Atacaremos a linha em toda sua extensão.

Galopando furiosamente na frente de sua cavalaria, Oranian estava tomado de uma emoção que só sentira quando estivera na batalha de Mansura. Retirou uma flecha e rapidamente colocou-a no arco e quando chegou bem perto da linha haussa, atirou-a. Logo que sua flecha saiu de seu arco, uma centena de flechas nupês viajou a grande velocidade e atingiram seu alvo. Numa extensão de quase um quilômetro, Oranian cavalgou como um possesso e atirou todas as flechas que estavam em seu alforje. O mesmo fez seus cavaleiros e quando chegaram ao fim da linha haussa, virou-se para ver o estrago que tinha feito e reagrupar seus homens.

A Divina Dinastia 59

Assim que a poeira assentou, podia-se ver brechas na longa linha haussa, com homens caídos e outros tentando acudi-los. Sem contar, viu que sua cavalaria estava praticamente intacta. Os haussas haviam atirado flechas, mas não tinham conseguido atingir quase ninguém. Somente uns três cavalos haviam sido atingidos, mas os cavaleiros sobreviveram à queda. Somente um cavaleiro levara uma flechada na perna e estava sendo atendido pelos colegas. Por outro lado, estimou que cerca de uns mil haussas fora eliminados. Mas não era ainda hora de atacá-los, pois mesmo tendo sofrido um revés terrível, os haussas ainda eram uma força poderosa, especialmente porque agora estavam chegando ainda mais homens vindos do interior da cidade. Mais uma vez, grosso modo, Oranian estimou haver uns cinco mil haussas dispostos a luta. Tinha de atrai-los a uma emboscada, pois uma segunda carga seria muito perigosa, já que eles agora já conheciam esta manobra.

Levou sua cavalaria para frente dos seus quinhentos homens a pé e mandou que se remuniciassem de flechas, dessem água aos cavalos e aguardassem. Olhou para a linha haussa e parecia haver descontentamento. Viam que eram mais numerosos e os mais jovens desejavam atacar. Já os chefes pareciam conter os homens como se imaginassem que havia mais nupês escondidos nas florestas que margeavam o caminho. De fato, Oranian escondera cerca de dois mil homens para atacar os haussas no caso de avançarem.

Mandou que seus quinhentos homens recuassem; era a última chance de atraí-los para a emboscada. Assim que os infantes começaram a recuar ordenadamente, ordenou que sua cavalaria cavalgasse compacta contra os haussas, atirasse suas flechas a cerca de cem metros, desse meia-volta e retornasse à posição inicial. Queria fustigá-los até que se enervassem e atacassem.

Durante mais de uma hora, Oranian e sua cavalaria fizeram essa manobra. Cada ataque dizimava ainda mais os haussas, que pareciam não reagir, apenas tentando se proteger da chuva de flechas atrás de seus escudos de couro de vaca esticado. A maioria das flechas não atingiu o alvo, mas o fato de que somente os nupês tomavam a iniciativa, fez com que os guerreiros haussas mais jovens e impetuosos se irritassem. Subitamente, não se sabe como, um correu para frente, brandindo sua lança, e como se fosse uma explosão, o restante dos haussas partiu para uma carga maciça.

Quando Oranian viu os haussas atacando, deu ordens para que sua cavalaria fugisse e mais, desse a impressão de estarem apavorados. Mesmo os cavalos sendo mais rápidos do que os homens a pé, os haussas os perseguiram com a cegueira que só o ódio faz com que se tenha e... caíram na emboscada.

27

Os dias que se seguiram viram Oranian tratar os haussas sobreviventes com leniência; não os escravizou. Trocou mil e seiscentos prisioneiros por cativos nupês e de outras etnias, e ainda fez um tratado de paz com o rei haussa, no qual ambos os lados se comprometiam a não atacar um ao outro. O rei haussa aquiesceu, sobretudo porque, para manter o tratado, Oranian manteve dois de seus filhos capturados em combates como reféns por três anos e garantiu que seriam tratados como príncipes. Para terminar a guerra, usou o rei haussa como diplomata para que os fulanis – um grupo mais afastado, mas que os importunava de vez em quando – também se mantivessem em paz. Após isto, retornou a Empé como herói.

Durante a grande festa em homenagem a Oranian e a seus guerreiros, Agodô perguntou-lhe o que desejava e ele respondeu, para total espanto do monarca, que queria a mão de sua irmã, Torosi.

– Nada me daria mais prazer, mas em nossa tribo são as mulheres que escolhem os homens. Não posso obrigá-la a se casar com você, se ela não o desejar.

– Nada mais justo, meu rei. Perguntemos a ela, pois.

– Agora?

– Por que não?

Preocupado com uma possível negativa da irmã, Agodô mandou chamá-la. Em plena festa, vestida lindamente para a ocasião, Torosi atravessou o pátio até onde estavam Agodô e seus convidados de honra, inclusive os dois príncipes haussas. Assim que chegou à frente do irmão, fez uma leve mesura e olhou-o com curiosidade.

– Minha doce irmã – disse Agodô, sabendo que era uma moça de gênio difícil, – tudo indica que Oranian está apaixonado por você e gostaria de saber se poderia considerar a possibilidade de se tornar sua esposa.

A DIVINA DINASTIA 61

Uma indignação subiu às faces da moça e ela se virou para Oranian, que lhe sorria ternamente.

– Você é um homem apressado, não é? Tem sempre que fazer as coisas do seu modo. Não foi isso que combinamos. Fiquei de escolhê-lo na festa da primavera, mas você teve que se antecipar.

– Ora, meu amor, quem pode esperar ainda seis meses para se casar? Eu a amo demais – respondeu com um sorriso maroto e por cima fazendo um muxoxo.

Acompanhando surpreso o diálogo, Agodô seu deu conta de que sua irmã e Oranian já tinham um acordo de casamento muito avançado. Então, todas as informações de suas esposas sobre um possível namoro entre os dois eram pura verdade. A primeira ideia foi de se zangar, mas depois achou toda a situação hilariante. Já que Oranian queria se casar com ela, que fosse logo. Pelo menos, se livraria de uma pessoa temperamental e de caráter forte.

– Bom! Já que vocês estão acertados, vamos programar a festa de casamento para dentro de quatro semanas. Dará tempo para os arranjos.

Saindo de seu lugar, Oranian foi até onde estava Torosi e abraçou-a. A moça lhe deu um tapinha no ombro e fez cara de descontente, mas logo o abraçou também. Estava selado o acordo.

28

O tempo correra e Torosi engravidara, todavia a vida de Oranian se tornara monótona. Passava os dias junto aos seus novos guerreiros e não havia muito que fazer, além de caçar, treinar os rapazes na arte da guerra e fazer amor com Torosi.

Certa manhã, um grupo de nupês, que fora até Ifé para comercializar seus bens, retornou com uma informação desconcertante. Agodô foi avisado e chamou Oranian. Informou-o Abipa colocara um prêmio para as cabeças de Osagan e Ekaladerhan. Ambos eram edos procurados por crimes sérios.

– Quando me contou sua história, lembro-me de que mencionou que era Ekaladerhan ou algo parecido da cidade de Edo, mas preferia ser chamado de Oranian, dizendo que era derivado do nome de um famoso

62 A SAGA DOS CAPELINOS

antepassado seu. Você é o mesmo Ekaladerhan de quem Abipa está à procura?

– Sem dúvida, mas posso lhe garantir que não cometi nenhum crime. Todavia, conheço Osagan. Quando era rapazinho, meu pai o indicou para que fosse meu instrutor. Todavia, foi esse mesmo homem que me vendeu como escravo aos haussas e...

– Já conheço a história – atalhou gantilmente Agodô. – O que pretende fazer?

– Com sua permissão, irei a Ifé esclarecer essa história. Os crimes cometidos por Osagan nada têm a ver comigo. Todavia, jurei vingar-me desse canalha. Se puder ajudar a capturá-lo, estarei vingado.

No outro dia, Oranian e um pequeno grupo de guerreiros nupês partiam de Empé em direção a Ifé. Atravessaram o rio Níger de balsa e cavalgaram para o sul. Como naqueles dias havia chovido muito, o caminho mais reto para Ifé passava por uma campina que estava alagada. Um dos seus guias sugeriu que fossem um pouco mais para o oeste e descessem pelo caminho de Oyó, Igbeti, Ogbomoxo e Ilobu. Quando Oranian escutou falar em Oyó, logo se lembrou das antigas lendas que falavam de Oranmyan e da fundação da cidade, que fora durante algum tempo a mais importante do reino. Imediatamente, seu coração se acelerou e quis conhecer Oyó.

Entrar em Oyó foi uma decepção. Reduzida a mera aldeia, com uma centena de casebres e nem sequer vestígios de belos monumentos, tudo transpirava derrota e desolação. A acolhida também foi lastimável, pois nem ao menos um grupo guerreiro veio investigar quem era os estrangeiros.

Após apear e perguntar pelo rei local, disseram-lhe que o *alafin* estava em seu palácio. Quando Oranian viu o casebre que as pessoas chamavam de palácio, teve de conter o riso. Ele, que conhecera palácios magníficos no Cairo e Alexandria, via aquele pretenso palácio como uma casa indigna de um escravo.

Após falar com o *alafin*, entendeu o que se passara. A mina de hematita secara e a aridez da terra em volta não permitia o florescimento da agricultura. Lembravam-se de Okanbi e lendas diziam que era um orixá que viera do seio de Odudua e fundara a Terra. Seu antepassado tornara-se uma lenda cheia de imaginação e Oranian entendeu que nada tinha a ver com a realidade dos fatos. Partiu de Oyó decepcionado com a impermanência das coisas. Obra humana nenhuma é eterna, só os castelos que construímos no coração.

29

Abipa o recebeu com desconfiança.

– Há anos que estamos procurando por você e Osagan. Mas agora você confirmou o que Aidô me disse à época. Então, conte-me como é o Cairo. Já ouvi falar maravilhas do lugar.

Os próximos minutos foram gastos para falar sobre a capital do Egito, as pirâmides e Alexandria. No meio da conversa, Abipa o interrompeu.

– Ia me esquecendo de lhe contar sobre Benin.

Agora foi a vez de Abipa relatar a revolta de Benin, a fuga e o desaparecimento de Owodo. Há anos que Benin estava à procura dele para assumir o trono vago pelo pai. A notícia deixou Oranian constristado; amava o pai e preocupava-se com o destino da mãe. Surgiu- lhe na mente um plano.

Solicitou de Abipa cinquenta cavaleiros para que fosse a Benin, tomasse conta da situação e perseguisse Osagan. Como homem cauteloso, abominando gastar dinheiro em qualquer coisa que não lhe desse retorno imediato, o plano de Oranian foi visto com reservas por Abipa. Para garantir as despesas com cinquenta homens, Oranian comprometeu-se que se não pagasse, teria de trabalhar por cinco anos sem remuneração para Abipa. Acreditava ser possível levantar o dinheiro em Benin, com sua família.

Após selecionar os cinquentas melhores, Oranian mandou seus amigos nupês de volta informar a Torosi do seu plano. Estaria de volta a tempo para ver seu filho nascer. Como estava grávida de três meses, achou que resolveria tudo em quatro a cinco meses.

Numa manhã de primavera, Oranian partiu de Ifé com sua escolta. Passou por Ogotun e reencontrou seu amigo Omowodé. Ainda não era rei, já que seu pai gozava de boa saúde e se comprometeu a ajudar Oranian procurar por Osagan, no caso de precisar.

Em Benin, a tumultuada situação já se acalmara e mesmo não sendo considerado *ogiso*, Evian e um pequeno conselho de amigos íntimos reinavam. A acolhida foi glacial e Evian demonstrava que não via o retorno de Ekaladerhan com bons olhos. Mas, matreiro, nada disse que pudesse ofendê-lo. Todavia, quando perguntou sobre o trono, a resposta foi lacônica.

– O povo decidiu não ter mais *ogisos*. Seremos governados pelo conselho.

Oranian viu que teria de lutar pelo trono. Como seus cinquenta homens haviam recebido ordens para ajudar na captura de Osagan, Ora-

64 A SAGA DOS CAPELINOS

nian não sabia se o apoiariam na conquista do trono. Já Evian tinha uns bons mil guerreiros à disposição. Uma luta desigual. Para não causar maiores constrangimentos, entrou no assunto Osagan.

Ninguém tinha a menor ideia de onde se escondera Osagan. Fora tragado pela terra. Perguntou sobre sua mãe e o seu paradeiro também era desconhecido. Disseram-lhe que, nos tempos da revolução, muita gente foi morta nas ruas e enterrada em cova rasa antes de apodrecer. Pode ser que sua mãe fosse um desses casos.

Após meditar sobre a possível rota de fuga de Osagan, decidiu olhar para o norte, na direção de Ekpoma, uma cidade importante que poderia abrigar um fugitivo. Todavia, a busca na região demonstrou-se infrutífera e Osagan era totalmente desconhecido. Como era um homem comum, sem nenhuma marca no corpo que pudesse diferenciá-lo dos demais, ninguém o conhecia. Pelo seu lado, Osagan estava ainda mais ao norte, na cidade de Okene. Casara-se com uma viúva e já segurava um filho no colo. Jamais seria encontrado a não ser num golpe de sorte e essa parecia estar do seu lado.

Após dois meses de viagem, Oranian voltou sem obter resultados. Para complicar, trouxe dois cadáveres: dois dos seus cavaleiros morreram numa caçada a um gigantesco búfalo. Abipa lhe cobrou a dívida de ter emprestado cinquenta homens e mais a vida de dois deles, cujas famílias teriam de ser indenizadas. Não tendo como pagar, Oranian se comprometeu em ir até Empé, conseguir cerca de trezentas cabeças de gado e pagar Abipa.

A par de todos os detalhes da situação, ciente de que Oranian jamais subiria ao trono de Benin, que era um homem pobre e provavelmente o rei dos nupês não lhe daria as trezentas cabeças de gado, Abipa mandou encarcerar Oranian numa das alas do palácio. Não era um reles prisioneiro, mas não podia sair do palácio. O monarca enviou três homens à terra dos nupês negociar a liberdade de Oranian: ou mandavam as trezentas cabeças de gado ou Oranian continuaria preso.

30

Há muito tempo que Anindauê voltara a Abeokutá. Não só retornara mudado, sem a doença que o enxovalhava aos olhos dos futuros súditos, como se havia transformado em um bom guerreiro, um homem alto e saudável. A rainha de Abeokutá enviou a Aidô tantos presentes de real valor que, sem dúvida, após o *oni* de Ifé, o *babalaô* se tornara o homem mais rico da cidade. Mas, além da riqueza, que fazia questão de ostentar, se tornara poderoso. Ninguém da realeza ou da alta nobreza fazia nada sem antes consultá-lo.

Quando Oranian foi aprisionado, Abipa o consultou normalmente, como fazia de quatro em quatro dias e Aidô viu um sério problema nos búzios.

– O *ifá*[7] está me informando de que nossa terra será invadida por homens cruéis que vêm atrás de escravos.

– Tem certeza? Mas Ifé é muito protegida para ser atacada.

– Ifé vive das cidades e aldeias que nos cercam. Muita gente vem negociar seus bens no nosso mercado. Se inimigos nos atacarem, teremos o dever de proteger nossos aliados.

– Quem podem ser esses nossos inimigos?

– Os búzios não revelaram, mas acho que são as tribos muçulmanas após o Odo Oyá.[8] Só eles vendem escravos aos tuaregues.

Duas preocupações importunavam Abipa: os haussas e a despesa que teria numa guerra para proteger Ifé e seus aliados. Mas, pensou, enquanto eles não atacarem, não precisarei gastar nada.

31

Por mais desesperada que Torosi tivesse ficado, Agodô foi implacável: não dispunha da quantia requerida. Portanto, a solução era Oranian se tornar escravo de Abipa.

– Com certeza – argumentou Agodô com sua irmã, – Abipa há de tratá-lo bem.

– Oranian é um homem com um grande destino – replicou

Torosi: – Eu o sinto. Ele há de superar esse impasse.

– Concordo. Por enquanto, aguarde com calma e tenha seu filho com saúde. Em breve, ele voltará, disto não tenha dúvida.

---

[7] Deus da adivinhação. (Nota do autor.)

[8] Rio Níger. (Nota do autor.)

– Ora, meu irmão, não ficarei aqui aguardando seu retorno. Assim que parir e a criança tiver forte para viajar, irei a Ifé para me juntar a ele. Lugar de esposa é ao lado do marido, mesmo que esteja preso.

Agodô ia lá perder tempo em discutir com sua irmã? Sabia de sua férrea determinação. Só amarrada e encarcerada, ela não iria a Ifé atrás de seu homem, e ele, Agodô dos nupês, não iria fazer isso nunca.

32

Os fulanis juntaram-se com os haussas, atravessaram o rio Níger e com um exército de cinco mil guerreiros devastaram toda região ao norte de Ifé. Já que tinham feito um tratado de paz com os nupês e esses se tornaram poderosos, preferiram ir buscar escravos entre povos menos aguerridos e preparados. Não se importaram com Ifé, a cidade sagrada dos iorubás, pois sabiam que não tinham uma força militar bem preparada.

Como Aidô havia imaginado, Abipa enviou uma tropa de duzentos homens para proteger os seus aliados. Nem sequer entraram em combate; quando viram o tamanho do exército haussa-fulani, bateram logo em retirada e foram informar a situação ao *oni* de Ifé.

Naquela tarde de verão, enquanto Torosi estava tendo seu filho e o chamava de Adjuan, Abipa reuniu-se com seus *kakanfos* para discutirem uma estratégia. Os três generais de Abipa tinham ideias contrárias. Um queria deixar que os haussa-fulanis levassem quantos cativos pudessem, desde que não entrassem em Ifé. O outro achava que deviam lutar com os mil e poucos homens de que dispunham até a morte. Mas o terceiro, um homem velho e sábio, saiu-se com uma solução plausível.

– Sozinhos, seremos derrotados. Temos de reunir as forças das aldeias e das cidades aliadas para formarmos um exército. Só assim poderemos enfrentar os haussa-fulanis.

– Isso demanda tempo e até juntarmos todos, estaremos derrotados – redarguiu Abipa.

– Não acontecerá se enviarmos vários mensageiros a todas as aldeias para que mandem seus guerreiros a um ponto de encontro e, assim que juntarmos forças atacaremos.

A DIVINA DINASTIA

– Quem comandará a tropa? – perguntou um dos *kakanfos*.

A discussão tornou-se acirrada, pois nenhum dos generais queria tal responsabilidade, pois temiam o poder dos haussa-fulanis. Assim, cada um empurrou ao outro a duvidosa honra de ser o líder de um exército ainda a ser formado. Além desse contratempo, havia o perigo de ser derrotado, seu nome enlameado e sua cabeça cortada e exposta em Kano pelos haussa-fulanis.

– Chame Aidô e os búzios dirão quem deve comandar – disse o deão dos *kakanfos*.

E assim foi feito. Aidô foi chamado às pressas e teve que jogar para quatro homens de aparência cansada e de olhos fundos onde se podiam ler a desesperança e o medo.

– Há um grande líder militar entre vocês, mas está preso.

– Que eu saiba não há tal pessoa na minha casa – respondeu Abipa.

Aidô jogou novamente e, com visível temor, falou com os búzios.

– Misericórdia, meu orixá. Se o senhor falou, quem sou eu para duvidar? – expressou-se um amedrontado Aidô e virando-se para Abipa, disse: – Muito raro. Nunca vi nada igual. É o próprio Ogun que está respondendo. Disse que seu neto está no seu palácio. Ele deverá liderar os exércitos de Ifé contra seus inimigos. Mas, o mais raro é que logo após Ogun falar nos búzios, Oranmyan, que jamais aparece a não ser em ocasiões raras, também se apresentou e disse que você está mantendo seu filho preso por causa de uma ninharia. Liberte-o. Dê-lhe o comando do exército, mande seus mensageiros arregimentar todos os bons guerreiros e deixe-o esmagar os haussa-fulanis.

– Oranian! – exclamou Abipa, batendo na testa como se lembrasse do jovem preso num dos quartos do palácio. – Por Odudua, meu pai. É verdade. Mandem chamar Oranian. Como pude me esquecer dele? Foi ele que levou os nupês a derrotar os haussas.

33

– Aceito, mas tenho várias condições.

– Sem conhecê-las, já as aceito – respondeu Abipa.

– A primeira é que a minha dívida seja extinta.

68   A SAGA DOS CAPELINOS

– Sem dúvida – respondeu Abipa a contragosto.

– Segundo, é que quero ir primeiro ver minha mulher em Empé e trazer minha cavalaria. Sem ela, teremos dificuldades em vencer os haussas.

– Concordo.

– Terceiro, quero ter direito a um pedaço de terra onde construirei uma cidade. Será chamada de Oyó e lá reinarei como *alafin*.

– Derrote os haussa-fulani e terei a maior felicidade de entroná-lo. E mais, o farei empunhar a espada sagrada de Oranmyan. Mas, não se esqueça do que significa *oron mi yon*.[9] Realize sua palavra e torne-se rei de Oyó.

Após sacramentar o acordo com um juramento a Ogun – um juramento que não poderia jamais ser quebrado – Abipa permitiu que Oranian fosse a Empé. Enquanto cavalgava, mais de quarenta mensageiros iam para as aldeias e cidades para juntar todos os guerreiros disponíveis na junção do rio Obá com o rio Oxum, a leste de Ibadan. Levavam a informação de que Ogun e Oranmyan deram o comando geral do exército iorubá a Oranian, o mais dileto filho de Ifé. De prisioneiro, Oranian se tornara *kakanfo*, mas poderia vencer os disciplinados e aguerridos haussa-fulani apenas com uma mescla de guerreiros vindos de todos os lugares? Muitos sequer falavam a mesma língua, e outros eram inimigos tribais de alguns. Além disso, não tinham a menor disciplina. Pesando os prós e os contras, Oranian sentiu um temor invadi-lo: tinha a sensação de que havia empenhado a palavra em algo irrealizável.

34

Quando o mensageiro de Ifé chegou e disse ao rei de Abeokutá que a região estava sendo atacada pelos haussa-fulanis e que deveria mandar seus homens lutar sob o comando de Oranian, ele e seus *kakanfos* foram contra. Por que se arriscaria numa guerra que não era dele? Todavia seu filho Anindauê protestou veementemente. Não podia deixar a região ficar sob os ataques dos haussa-fulanis e abandoná-los ao destino cruel de tornarem cativos. Por mais que o pai fosse contra, o jovem afirmou

---

[9] Minha palavra foi realizada. A contração dessa frase dita por Oduduá gerou o nome Oranmyan. (Nota do autor.)

A Divina Dinastia 69

que levaria todos os que desejassem lutar. O pai o proibiu, mas, mesmo assim, ele partiu com pouco mais de cento e cinquenta jovens ansiosos por aventuras.

O mesmo aconteceu na maioria dos lugares mais distantes; os reis não queriam mandar seus guerreiros para uma luta que achavam não ser deles. Afinal de contas, os haussa-fulanis estavam atacando o norte da região e, dificilmente, viriam até onde estava a maioria das cidades iorubás: não ousariam.

Já as cidades mais próximas estavam em tal estado de turbulência devido aos ataques dos haussa-fulanis que já não existia um comando centralizado. Muitos reis haviam fugido com seus séquitos e procuravam refúgio em locais distantes. Os mensageiros de Ifé procuravam dar orientação aos sobreviventes, especialmente aos guerreiros, para que se juntassem no ponto de encontro. Quase ninguém considerou essa possibilidade.

Um dos mensageiros chegou a Ogotun e avisou Omowodé, o chefe guerreiro da cidade, mas seu pai só permitiu que enviasse vinte guerreiros, mesmo assim o rebotalho da cidade. Não permitiu sequer que ele fosse com a alegação de que era o sucessor e se algo lhe acontecesse, o herdeiro seria seu irmão, um rapazola sem grandes qualificações. Contrariado com as ordens paternas, Omowodé mandou vinte velhos para o ponto de encontro.

Na cidade de Okene, Osagan escutou a convocação de que todos estavam se unindo sob o comando do poderoso Oranian. Jamais iria lutar contra os haussa-fulanis; conhecia-os bem para saber que teria de enfrentar homens disciplinados e valentes. Todavia, o nome Oranian o fez lembrar de Ekaladerhan. Se fosse o mesmo homem, poderia descobrir por meio dele o paradeiro de Owodo e vingar a morte de sua esposa.

Decidiu-se: iria até o ponto de encontro. Se fosse um desconhecido que portava o mesmo nome, voltaria, mas se fosse Ekaladerhan, então daria um jeito de descobrir onde se escondia Owodo e depois o mataria. Não iria correr mais o risco de entregá-lo aos haussas, como havia feito na primeira vez; o homem parecia ter as vidas de um gato.

Reuniu suas coisas e partiu sem alarde com o pequeno grupo de dez homens, que resolveu por conta própria lutar contra os haussa- fulanis, sem sequer saber com quem estavam se metendo.

35

A recepção calorosa de Torosi para com o marido logo se transformou numa discussão, assim que informou de sua iminente partida para liderar um exército.

– Nem sequer veio ver seu filho?

– Vim ver ambos. Mas é uma grande oportunidade para ganhar um reinado.

– Bem que minha mãe sempre falou que os homens são eternos meninos. Em vez de pensar na esposa e no filho, pensa em se divertir numa guerra e se tornar rei de algum lugar onde todos baterão cabeça para você e o chamarão de *kabiyesi*. Ridículo!

– Somos realmente feitos de uma argila diferente, mulher. Você só pensa na sua família, enquanto que penso em todas as famílias da região. Quero ser rei, não para minha grandeza, mas para a grandeza do povo iorubá.

Continuaram a mesma discussão até que Oranian, cansado, saiu porta afora. Assim que saiu, Torosi correu atrás dele e calmamente o levou ao leito, onde fizeram amor até a exaustão. Mas não seria uma cama quente ou um coração ardente que impediriam Oranian de perseguir seus sonhos. Desde a juventude se via como um rei, comandando exércitos, imperando sobre outros reis e dando ordens. Nada o demoveria, nem haussa-fulanis, nem Torosi, nem seu filho Adjuan. Quanto mais o tempo passava e maiores eram seus contratempos, mais se imbuía da grandeza de sua missão: unir os iorubás numa única grande nação.

A solicitação de Oranian para que Agodô lhe desse a cavalaria gerou uma miríade de desculpas. A bem da verdade, Agodô não queria se meter com os haussas, já que havia um pacto de paz entre eles. Depois de muita discussão, Oranian conseguiu de Agodô a promessa de liberar os guerreiros que desejassem ir com ele. Três dias após chegar de Ifé, Oranian partia com cento e vinte bravos.

Quando Oranian chegou ao ponto de encontro, observou o rebotalho que conseguira: oitocentos homens mal-vestidos, mal armados e desmotivados. A decepção de Oranian ao ver seu pretenso exército foi tamanha que não conseguiu sequer apear do cavalo. Respirou fundo e colocou a cabeça para funcionar. Não adiantava treinar os homens em sua forma de combater: não havia tempo para isso. Não adiantava enfrentar os haussa-fulanis numa batalha campal; eram mais numerosos, disciplinados e aguerridos. Com essa gentalha, jamais conseguiria vencê- los.

Não esmoreceu na frente da tropa, mas intimamente desejou estar a léguas dali nos braços macios e quentes de Torosi. Mas, agora era tarde demais; as sentinelas o informaram de que cinco mil haussa-fulanis vinham marchando contra ele. Não tinha tempo sequer de organizar seus homens em grupos. Nesta hora, sentiu que seria derrotado e, quiçá, morto.

36

O que um homem determinado pode fazer em três horas é impressionante. Esse era o tempo que os haussa-fulanis levariam para chegar onde Oranian se encontrava. A primeira coisa que fez foi dividir seus homens de acordo com as tribos e cidades. Como cada localidade se especializara num tipo de arma, procurou conhecer suas habilidades. Após meia hora, conseguiu montar vinte e oito grupos diferentes de tribos e de armas. A maioria, no entanto, tinha lanças primitivas, espadas enferrujadas e arco e flecha.

Nessa hora, encontrou-se com Anindauê. Após momentos de conversa amigável, Anindauê perguntou qual seria a estratégia para enfrentar o inimigo. A resposta foi desconcertante:

– Fugir.

– Como fugir?

– Escute, Anindauê, nós somos oitocentos homens contra cinco mil. Não vou enfrentar os haussas com esses homens velhos, garotos que vão tremer no primeiro combate e bandidos que foram reunidos como se juntam folhas caídas. Minha tática será cansar os haussa-fulanis, levá-los para o norte até as terras secas e fustigá-los até que desistam.

Rapidamente, chamou os responsáveis pelos vinte e oito bandos, fez uma reunião e disse-lhes o que deviam fazer. Não houve discussão, pois o primeiro que quis argumentar, foi abruptamente atalhado por um Oranian colérico e despótico.

– Dentro de duas horas, os haussa-fulanis estarão aqui. Se ficarmos discutindo, eles hão de nos cortar em pedacinhos enquanto cada um dá suas opiniões. Obedeçam agora e, depois, prometo escutá- los.

A ameaça da chegada dos haussa-fulanis foi decisiva e todos partiram para cumprir as ordens dadas por Oranian.

Durante quinze dias, os haussa-fulanis os seguiram por uma terra queimada, encontrando poços de água com animais apodrecendo. De noite, sem poder retirar alimentos da terra e não encontrando caça, os haussa-fulanis tiveram que se satisfazer com quase nada. Durante esse período, pouco dormiram. Quando começavam a pegar no sono, flechas incendiárias vindas do meio da noite transformavam o acampamento numa confusão infernal.

Por outro lado, os haussa-fulanis tinham de andar levando mais de dez mil prisioneiros e se não havia água para eles, também não havia para os cativos. Aos poucos, os cativos foram caindo no caminho de exaustão e por mais que os haussa-fulanis os ameaçassem nada os fazia levantar-se.

De manhã, os haussa-fulanis olhavam para trás e só viam terra queimada e, para frente, terra verde que, subitamente, transformava-se num inferno. Oranian queimava tudo à frente dos inimigos, o que não só os deixava sem nada para comer, como também espantava os animais que poderiam caçar. Os haussa-fulanis entenderam que haviam caído numa cilada. Não conseguiam ver o inimigo, mas eles o viam e não paravam de importuntá-los como se fossem mosquitos numa tarde de verão.

37

Certa noite, Oranian acordou com um homem em cima dele e uma faca no pescoço.

– Fique calado ou o mato – sussurrou o agressor.

Surpreso e amendrontado, Oranian tentou ver quem era e, no meio da escuridão, reconheceu o atacante.

– Osagan?

– Sou eu mesmo, Ekaladerhan. Diga-me o que sabe e eu o matarei sem dor. Senão, vou sangrá-lo como um porco.

Osagan havia dominado tão bem Oranian que não conseguia reagir. Seu atacante, além de ser destro com a faca, a essa distância, não teria dificuldades em degolá-lo.

A Divina Dinastia   73

– Diga-me onde está Owodo e quem sabe se não lhe deixo viver.

– Acho que terá de me matar, pois não sei onde está meu pai, e também se soubesse não lhe diria.

– Então, sangre como um porco.

Antes que pudesse cortar o pescoço de Oranian, várias mãos fortes o agarraram e o retiraram de cima do líder. Escutou a voz de Anindauê, dando ordens para que seus guerreiros não o matassem. Assim que se viu livre, Oranian levantou-se num pulo. Seu corpo tremia de alto a baixo e uma raiva surda o possuía.

– Mate-me, seu canalha. Você é tão safado como seu pai –vociferou Osagan.

– E por que você o odeia? Você sempre lhe foi tão fiel.

– Ele matou minha mulher grávida. Ele perpetrou *kirikuava*.[10]

– Meu pai fez isto? – perguntou Oranian, estupefato.

– O que pretende fazer com ele? – perguntou-lhe Anindauê.

– Realmente não sei – respondeu Oranian, indeciso. Imaginava que, se Owodo realmente matara a esposa grávida de Osagan, ele estava coberto de razão em tentar encontrar o fugitivo *ogiso* e se vingar. Todavia, não podia libertá-lo; pois era um perigo para ele; poderia tentar matá-lo outra vez. Mas antes que pudesse se decidir, Anindauê virou-se para Osagan e, sem nada dizer, cravou sua espada no estômago do prisioneiro. Quando viu que o homem caíra e parara de tremer, virou-se para Oranian, que a tudo assistia como se fosse uma cena distante.

– Oranian, Oranian – repreendeu Anindauê, vendo a dúvida estampada no rosto do amigo, – você não pode se deixar levar pelos sentimentos. Esse homem era um perigo.

Arrastaram o corpo de Osagan para a beira do acampamento e deixaram-no apodrecendo. Mas aquilo mexeu com Oranian. Estivera à beira da morte e se não fosse a sorte do amigo Anindauê estar acordado, estaria agora sangrando como um porco, como bem dissera Osagan. Podia ser um protegido dos orixás, mas devia tomar mais cuidado com a segurança pessoal. Assim que pudesse, formaria uma guarda pessoal. Já não era um homem comum; era o *kakanfo* dos iorubás.

---

[10] Assassinato de mulher grávida. (Nota do autor.)

38

No final de quinze dias, o chefe haussa deu ordens para atravessarem o Níger; já havia perdido mais de mil homens, fosse para a seca e fome, fosse para as flechas iorubás. Nesse momento, uma discussão entre os subchefes levantou uma dúvida. Se atravessassem primeiro os seis cativos corriam o risco de vê-los escapar. Se dividissem seu grupo em dois e cruzassem os cativos, quando a primeira metade de seus guerreiros tivessem atravessado, então a retaguarda poderia ser atacada. Após muita discussão, decidiram que passariam primeiro uns mil guerreiros e depois passariam os prisioneiros, que seriam vigiados. Somente depois de estarem certos de que não seriam atacados, atravessariam o grosso do exército: cerca de três mil soldados. Estavam certos de que os iorubás estavam atrás deles e que atacariam quando estivessem atravessando o rio.

As primeiras balsas levaram os guerreiros haussa-fulanis e logo depois cruzaram com os prisioneiros. Cada barca carregava cinquenta pessoas, sendo puxada por cordas por homens nas margens. Quando eles atravessaram os últimos prisioneiros, o ataque ocorreu. Só que não na margem onde estava o grosso do exército haussa-fulani, mas na outra margem, onde estavam os primeiros mil homens a atravessar o rio guardando os prisioneiros.

A cavalaria nupê, perfeitamente treinada por Oranian, atacou os haussa-fulanis enquanto vários grupos de guerreiros de diferente procedência não só atacavam a flechadas os haussa-fulanis, como também as suas barcas, tocando fogo nelas. Enquanto o grupo de três mil soldados haussa-fulanis assistia horrorizados seus amigos serem destroçados por homens que os flechavam e saíam de dentro da terra como se fossem monstros, os prisioneiros eram libertos e levados para longe do campo de batalha.

Em questão de minutos, a primeira leva de mil haussa-fulani foi morta e os corpos jogados no rio, sob o olhar impotente dos companheiros na outra margem. Oranian deu o toque de recuar e, para desespero do chefe haussa, desapareceu no outro lado do rio. Oranian destacou vinte cavaleiros para levar os cativos até Empé e colocá-los sob a proteção de Agodô e, enquanto isso, mais uma vez, transformava-se em fumaça e desaparecia na floresta.

Nos dias que se seguiram os haussas conseguiram atravessar o rio em balsas improvisadas, mas Oranian, mais uma vez, os atacou por diversas vezes sempre quando menos esperavam. Dos cinco mil homens que haviam saído de Kano, apenas a metade conseguiu voltar sem trazer um cativo sequer. O chefe haussa foi executado em praça pública, junto com vários outros chefes de menor importância, para servir de exemplo. Suas famílias foram vendidas como escravos e os tuaregues só tiveram o trabalho de levá-los para ao Cairo de onde nunca mais se ouviu falar neles.

39

Assim que os haussa-fulanis retornaram à sua terra, Oranian dispensou os guerreiros e voltou a Empé. Não só o esperava Torosi, sua mulher, mas também um preocupadíssimo Agodô. Após se encontrar com a mulher e brincar com o filho de seis meses, ele foi chamado por um rei que não escondia seu desagrado.

– Você me mandou quase seis mil pessoas. Até quando ficarão aqui?

Não era um problema que Oranian tivesse esquecido. Pelo contrário, desde o momento em que os mandou para a segurança de Empé, meditara sobre isso.

Seu plano original era expulsar os haussa- fulanis e depois, construir uma cidade onde estruturaria seu império. Ora, pensara, uma cidade necessita de pessoas, e de onde tiraria essa gente para povoar sua futura Oyó? Dos refugiados.

– Eu os levarei embora amanhã. Só preciso de ajuda para atravessar o rio.

– Toda ajuda que precisar desde que os tire daqui.

Naquela tarde, Oranian foi falar com os adultos salvo dos haussa- fulanis. Foi recebido em triunfo e muitos homens e mulheres vieram beijar sua mão e se prosternar à sua frente. Terminada os agradecimentos, Oranian dirigiu-se aos presentes:

– Vocês são homens livres. Amanhã partiremos de Empé. Se quiserem, poderão procurar suas aldeias e cidades, e viver em paz. Todavia, para aqueles cujas aldeias foram arrasadas, proponho construirmos uma nova cidade.

76 A SAGA DOS CAPELINOS

Muitos provinham de aldeias devastadas e não estavam dispostos a voltar. Esses o seguiriam. Havia, entretanto, outros morando em cidades grandes. Esses precisavam voltar, pois tinham família naquelas regiões. Esses provavelmente não o seguiriam.

Durante alguns minutos, Oranian respondeu às questões e quando lhe perguntaram onde seria sua cidade, informou a localização. Comentou também que para poderem viver em paz, ele iria montar um exército permanente.

Para pessoas que haviam passado um período de quinze a vinte dias nas mãos dos haussa-fulanis, segurança passara a ser vital. Em face dessa promessa, a imensa maioria preferiu seguir Oranian até as terras onde planejava construir a nova Oyó.

A localidade ficava ao norte de Ibadan, perto do rio Obá. No mesmo dia, algumas mulheres foram procurá-lo e sugeriram que o local devia ser abençoado. Concordou e mandou seus amigos de Ifé convidar Abipa e Aidô para abençoarem o local.

Enquanto os dignitários de Ifé não chegavam, os homens começaram a construir as casas. Muitos resolveram voltar às suas cidades, mas não para ficarem, e sim para convidarem amigos e familiares para morarem em Oyó. Havia um sentimento de revolta contra os reis locais que, na hora de maior necessidade não os protegeram. E, de fato, quando voltaram, trouxeram milhares de pessoas. Antes mesmo da festa de louvação a Oyó, a cidade já contava com trinta e cinco mil pessoas.

Os campos foram arados, o inhame, o milhete e o arroz-de-guiné plantados. Com o retorno dos que foram buscar parentes e amigos, iniciou-se uma criação de gado. Um mercado foi instaurado na praça central.

Após quatro meses de construção, Oranian mandou vir Torosi e o filho. Agora já podia oferecer o conforto de um palácio. Oranian copiara os gostos de Benin, pois no seu palácio primava-se pelo bom- gosto e o luxo. Não só coxins coloridos adornavam os vários sofás de couro de animais selvagens, como inúmeras estátuas e máscaras enfeitavam as paredes. O trono era feito de marfim e ouro, com almofadas vermelhas recheadas de penas de aves. Vasos vindo de várias localidades enchiam o palácio, que, na época, não ficava a dever a nenhum palácio do Cairo ou da própria Europa.

No período de construção, ele organizou o governo e se espelhou, para tal, na organização de Ifé. Além do palácio, ele deu ênfase ao exér-

A DIVINA DINASTIA

cito. Ele requisitou alguns nupês, seus amigos, que tinham lutado na batalha de Kano, para ajudá-lo a treinar sua cavalaria. Além de comprar excelentes animais, selecionou pessoalmente os cavaleiros.

Aidô veio e trouxe seu séquito de aprendizes. Como se tornara um homem rico e vivia à larga, resolvera treinar o maior número possível de *babalaôs* no jogo de Ifá. Preparou uma bênção extraordinária. Era óbvio que, tanto um como o outro não desejavam algo simples. Portanto, Aidô preparou um cortejo que passou pelas principais ruas da cidade e trazia dezesseis grupo de oferendas aos dezesseis companheiros de Odudua. Todavia, mais de duzentos meninos e meninas levavam oferendas aos duzentos *eborás*.[11] Foram louvados desde o mais simples orixá ao mais festejado de todos, Ogun. Enquanto a procissão passava pelas ruas, as pessoas entoavam os cantos próprios de cada orixá e dançavam os passos corretos de cada cantiga, sendo acompanhados por tambores carregados pelos homens.

Duzentos bois foram sacrificados e suas partes oferecidas aos *eborás*, enquanto que a carne foi servida aos presentes. Como mesmo assim seria pouco para uma cidade que já tinha trinta e cinco mil pessoas, galinhas e cabritos foram gentilmente ofertados por Aidô, Abipa e Oranian.

Os reis da região foram convidados para a festa, mas a maioria não compareceu, enviando filhos para representá-los. Entre os filhos de reis veio Anindauê, amigo pessoal de Oranian. Junto com Anindauê vieram sua mãe e uma surpresa: uma noiva para Oranian, a irmã mais nova de Anindauê. Foi a própria mãe de Anindauê que ofereceu a mão da filha como aliança entre Abeokutá e Oyó. Uma oferta irrecusável, tanto pela importância de Abeokutá como pela beleza da moça. Torosi não gostou do fato, mas tendo sido criada num ambiente onde o homem era polígamo, ela esperava que seu marido se cassasse outras vezes. O que ela não apreciou foi a beleza da moça, e o fato de Oranian ficar deslumbrado com ela.

A maior das festas, no entanto, estava reservada para a coroação de Oranian. Como Abipa prometera, Oranian, com um cortejo de dois mil nobres e pessoas importantes, voltou a Ifé com Aidô e, numa cerimônia toda própria, recebeu de Abipa a cimitarra de Oranmyan. Essa espada estava guardada no palácio do *oni*. Naquele dia, além de receber a espa-

---

[11] Eborá é um normalmente uma stela representando um deus. Para os iorubas antigos, o eborá era uma força da natureza. (Nota do autor.)

78 A SAGA DOS CAPELINOS

da das mãos de Abipa, beijar sua ponta e jurar eterna aliança à cidade sagrada dos iorubás, uma novidade foi introduzida.

Perto de Ifé ficava o *opá* Oranmyan, um obelisco. Um monumento consagrado ao fundador da velha Oyó. Para festejar Oranmyan, Aidô teve a ideia de promover uma competição. Como o obelisco ficava numa colina, os homens deveriam subir e descer seis vezes – o número do *odu* de Oranmyan – e o vencedor receberia uma prenda: o *oxé* – um machado duplo, símbolo da vitória de Oranmyan, em idos tempos, numa disputa realizada em Ifé.

No dia marcado, vários guerreiros se preparam e entre eles, compareceu o mais estranho de todos. De um lado do corpo pintado de branco e do outro pintado de preto, surgiu Oranian. Quando lhe perguntaram por que se pintara assim, ele respondeu que era sua homenageam aos dois pais de Oranmyan: Oduduá por ser branco e Ogum, negro.

Nunca se saberá se os demais competidores deixaram Oranian ganhar pelo fato dele ser o homenageado do dia, ou se realmente subiu e desceu seis vezes de modo mais rápido do que os demais. No final, o *oxé* foi ganho por Oranian. Um dos amigos presentes gritou, quando estava descendo pela sexta vez: – *kawoo kabiyesi* –[12] e os demais ovacionaram o vencedor com o grito de *kawoo kabiyesi*.

40

A irmã de Anindauê chamava-se Adjaosi. Apreciou Oranian como homem viril e se satisfez em sua cama, mas não gostava de seus modos jocosos e muito menos das gargalhadas estripitosas que costumava dar. Criada por um pai mais velho e homem muito sério, mas carinhoso, ela estranhava essas explosões de jovialidade de Oranian. Na cama, entregava-se com prazer, mas no dia-a-dia evitava-o.

Em poucos meses, ficou grávida e deu à luz um robusto menino chamado Favimishai. Como era uma mulher calma e aparente reclusa, procurou dar-se bem com Torosi e a bela irmã de Agodô acabou por se afeiçoar à jovem. Mas, como era uma mulher esperta, logo viu que a presença excessivamente risonha de Oranian a incomodava.

---

[12] Longa vida à sua majestade real. (Nota do autor.)

A Divina Dinastia 79

– Nosso marido é um palhaço – disse instigando Torosi, – mas é um homem viril e amoroso.

– Se fosse mais comedido seria perfeito.

– Seria aborrecido – redarguiu Torosi.

– Seu irmão é reservado e não é aborrecido.

– Eu o acho insuportavelmente velho – disse Torosi.

– Velho? Ele só tem alguns anos a mais do que Oranian.

– Digo velho no espírito. Está sempre de mau humor.

– Não é mau humor; é serenidade.

Torosi já entendera que Agodô era o tipo de homem de que Adjaosi gostava. Um homenzarrão levemente rotundo, com ar senhorial, uma expressão de serenidade e um espírito calmo.

O tempo passara e Oranian se movimentara muito nesse período. Fizera alianças com várias aldeias menores em sua região, oferecendo seu mercado e proteção. De fato, sua cavalaria fiscalizava os caminhos e um trabalho diligente exterminou os assaltantes de estrada, que tanto perturbavam as pessoas que iam ao mercado levar suas mercadorias. Com isto e mais a organização de Akessan, um jovem que viera da cidade de Ketu, que tomava conta do mercado, Oyó progrediu.

Torosi engravidou novamente e foi falar com o marido. Deu a boa nova e junto com ela uma solicitação: queria ter a criança em Empé. Oranian não gostou da ideia; não queria ficar longe dela. Todavia, Torosi foi categórica e alegando rituais próprios dos nupês, acabou conseguindo o que desejava. Mais uma vez, usando de ardis próprios das mulheres, convenceu o marido a deixar que Adjaosi a acompanhasse. Oranian não discutiu mais: mandou as duas com escolta para Empé e mais oito damas de companhia para ajudar as duas rainhas.

Para Oranian, Adjaosi era uma bela mulher que gostava de possuir, mas não tinha assunto com ela. Quanto mais se esmerava em contar casos, tentando diverti-la, mais ela se fechava num mutismo exasperante. Que fosse embora, especialmente agora que conseguira mais duas novas esposas, filhas de reis com quem fizera aliança. Tinha as duas para entretê-lo.

Naqueles idos tempos, um grupo poderoso denominado ashanti movimentou-se e entrou na região dos aliados de Oyó. Oranian reuniu sua tropa, convocou homens dos aliados e deslocou-se para interceptar os ashanti. Todavia, essa pretensa invasão foi motivo para testar as alianças que fizera. Nos vários acordos, ele se comprometera a proteger a região, mas os reis deveriam enviar um determinado número de guerreiros, além de mantimentos para sustentá-los. Qual não foi sua surpresa quando a maioria não enviou ninguém. Os que enviaram, mandaram homens velhos, bandidos que estavam presos e escravos cansados da lida diária. O único a cumprir o acordo foi Anindauê, que veio pessoalmente, trazendo dois mil excelentes cavaleiros que haviam sido treinados por amigos nupês de Oranian. Com a cavalaria de Anindauê e a sua própria, ele tinha seis mil homens bem-treinados.

Os ashanti não estavam enviando uma tropa de batalha; estavam se mudando com família, gado e tudo o que compunha sua riqueza. A migração se constituía de quase setenta mil pessoas, além de um grupo de guerreiros, que incluía cavalaria, praticamente rivalizando com os efetivos de Oranian. Mas o *alafin* de Oyó não queria fazer guerra a mulheres e crianças e pediu uma conferência de paz com os líderes ashanti, no que foi atendido. De manhã, reuniram-se numa tenda branca armada no meio do caminho para confabularem.

A dificuldade da língua foi vencida por um ashanti que falava bem o iorubá.

– Viemos em paz, *alafin*. Trouxemos nossa família e gado.

– Mas por que vieram para a terra dos iorubás?

– Nossa terra foi invadida por ventos quentes do deserto que trouxeram areia. Nosso campo virou deserto e nosso gado começou a definhar. Os animais que corriam livres pelas savanas nos abandonaram. Ou mudamos ou morreremos.

– Concordo que o assunto é premente, mas não poderão ficar na terra dos iorubás.

– Onde ficaremos, então, *alafin*?

Antes que pudesse responder, Anindauê interveio:

– Pelas bandas do rio Volta há terras boas que ninguém habita.

– E é muito longe, meu príncipe? – perguntou o intérprete.

– Cinco dias de viagem. Tenho certeza de que Oranian os acompanhará.

O interprete falou em ashanti para os chefes da nação que se deslocava e pelo menear da cabeça, pareciam felizes.

Enquanto discutiam, Anindauê sussurrou para Oranian, dizendo que aquele território era habitado por tribos fanti e que teriam de negociar com os fanti o estabelecimento dos ashanti na região. Ficariam tão afastados das terras dos iorubás que não haveria guerra. Oranian concordou.

A Divina Dinastia 81

Nas semanas que se seguiram, Oranian dispensou seus cavaleiros e os de Anindauê, e ficou apenas com sua guarda pessoal − uma centena de homens enormes cuja expressão séria desaconselhava qualquer ataque ao *alafin*.

Conversar com os fanti não ofereceu maiores dificuldades. Além de não ocuparem grande parte da região, suas aldeias eram simples e pobres. Os ashanti logo fizeram amizades e trocaram bugigangas em sinal de amizade. Um ar de felicidade tomara conta dos ashanti e até mesmo os fanti viram vantagens, pois os recém-chegados eram mais ricos em gado e mulheres. Casamentos e trocas comerciais poderiam ser realizados para benefício de ambos.

Na partida, Anindauê, cavalgando ao lado do amigo, ouviu-o dar uma gargalhada e depois falar com sua voz tonitruante.

− Você me transformou num pacificador. Nunca esperava por isso. Sempre me vi como um guerreiro.

− O verdadeiro guerreiro é um pacificador, por natureza. Mas, diga-me, meu irmão, isso o alegrou?

− Muito. Nunca me senti tão feliz. Foi muito melhor do que qualquer batalha que já venci. Foi minha maior vitória e devo tudo isso a você. Abençoado o ventre que o gerou!

Os homens falam coisas sem saber o que o futuro lhes reserva. Será que Oranian teria sempre a mesma opinião sobre a mãe de Anindauê?

41

O ventre que gerou Alufiran, o novo filho de Oranian com Torosi, sangrou muito e depois desse parto, o casal não teve mais filhos. Assim que o assunto ashanti ficou resolvido, Oranian voltou para Oyó, mas sua ausência havia sido sentida. Perdeu alguns dias para colocar a máquina administrativa em ordem. Mas ele mesmo entendeu que criara uma cidade agregando várias etnias, costumes diversos e muitas línguas. O tempo precisava de tempo para colocar as coisas em ordem e ele não dispunha de tanto tempo assim; havia muito a fazer e poucas pessoas para ajudá-lo. Após colocar a casa em dia, ele estabeleceu que Akessan seria seu principal *omodewa*; mesmo sendo extremamente jovem, era o único que tinha um tino político, comercial e diplomático para fundir, num só, os interesses conflitantes de muitos.

Outro assunto que o aborreceu e que ele não quis deixar para depois foi o fato de que quando precisou, seus aliados não o ajudaram. Isso era grave e precisava ser colocado como prioridade. Juntou quatro mil cavaleiros e partiu para uma campanha que reputava como imprescindível: a consolidação de sua posição como chefe supremo dos iorubás.

A primeira cidade a sentir sua ira foi Ibadan. O rei prometera mil guerreiros e enviara uma desculpa. Numa manhã de verão, os quatro mil soldados de Oranian adentraram a cidade sem encontrar resistência. Oranian apeou do seu cavalo na frente do palácio do rei. Entrou seguido de sua guarda pessoal: os cem de Oranian, como eram chamados. O rei foi notificado e saiu de seu quarto apenas para se deparar com um possesso Oranian.

– Você me prometeu mil guerreiros e me enviou um embaixador com uma desculpa.

– Você precisa entender que não foi possível enviar os homens no tempo exíguo que você solicitou.

– Você é que precisa entender que quando o inimigo ataca não se pode pedir para que espere enquanto se reúne o exército. Pois afirmo que você nada fez porque não quis gastar dinheiro.

– Não se trata disso. Dinheiro nunca foi minha preocupação.

– Ah, é? Então você me deve seiscentas cabeças de gado. Vou levá-las agora – e fazendo uma pausa, prosseguiu: – e não será dinheiro do povo honesto de Ibadan, mas de sua fortuna pessoal.

– Você não pode fazer isto!

– E quem me impedirá? Os seus mil guerreiros? Ou você acha que o povo de Ibadan o ama tanto assim que irá pagar a conta por você? Pois saiba que sou um homem de paz, pois se não o fosse o mataria pela traição de não cumprir um acordo. E mais; colocarei um *kakanfo* aqui para vigiá-lo e treinar os homens de Ibadan. Não quero que na próxima vez que venha a necessitar, você me mande mil estropiados e cegos. Exijo bons guerreiros e dou em troca proteção, pois se não fosse minha tropa, agora sua terra seria ashanti e suas filhas estariam na cama dos inimigos.

– Mas, Oranian...

– Não há nada que você fale que mudará minha opinião. Saiba que você é rei porque assim o desejo. Não me custa nada matá-lo e todos de sua família, e colocar alguém de minha confiança em seu lugar.

– O povo de Ibadan...

– se rejubilaria – atalhou vociferando e colocando o dedo em riste no rosto do rei. – O que é que você já fez pelo seu povo a não ser viver à sua custa? Nada! Mas eu os protegi dos haussa-fulani e agora do perigo de uma invasão ashanti. Quer perguntar ao seu povo quem é mais importante para ele? Quem é mais importante do que Oranian?

Vendo a fúria de Oranian crescer, o rei calou-se. Oranian partiu de Ibadan e deixou uma dúzia de homens para governar a cidade no lugar do rei. Continuava monarca, mas não poderia se intrometer nos assuntos da cidade. Por outro lado, Oranian trovejou uma irada ameaça: se algo acontecesse aos seus homens, arrasaria a cidade.

O mesmo fez em Ijebu-Odê, Ikijá, Igbeti, Ilorin, Ogbomoxo, Ejigbô, Ilobu, Oxogbô, Ipondá, Ilexá, Ipetu, Aramoko, Ire, Ijerô, Ila, Oká, Owo e Irawo. Em alguns desses lugares, ele foi mais brando e em outros, ele foi obrigado destronar o rei. Em Oká, o rei puxou da espada quando Oranian o recriminou publicamente. O *alafin* de Oyó se viu obrigado a lutar contra o audacioso e, com dois ou três golpes de espada, perfurou seu pulmão e depois, quando o rei caiu, ele o dizimou com uma estocada no coração. Aquilo o deixara tão irritado que deu ordens para tocar fogo no palácio com tudo dentro. Se não fosse a providencial intercessão de um de seus amigos, acalmando-o e dizendo que o novo rei precisaria de um palácio, Oranian teria incendiado pessoalmente o lugar.

Este périplo levou quase três meses. Em cada lugar ele se reunia com o conselho dos anciões e discutia a necessidade do povo. Depois disto, andava entre o povo e os escutava. Com isto, formava uma opinião sobre o que precisavam e do amor que tinham pelo rei local.

Na maioria dos casos, toleravam o monarca, porque era um destinado ao cargo pelos orixás, mas se pudessem o destronariam. O maior problema é que temiam tirar um ruim e colocar um pior. Oranian deu ordens para mudar o estado de coisas e, o povo se alegrou com os novos tempos.

42

Finalmente, chegou o dia de Oranian ir a Empé buscar suas mulheres e seus filhos, já que estavam todos lá com Agodô. Partiu com uma escolta

84   A SAGA DOS CAPELINOS

e os seus cem guardas pessoais. Assim que chegou a Empé, dirigiu-se ao palácio de Agodô e foi recebido com um mal-estar que o preocupou. O rei cumprimentou-o rapidamente e depois se enfurnou em seus aposentos para não ser mais visto. Um dos ministros de Agodô o levou até a ala das mulheres, onde estavam suas duas esposas e seus três filhos.

Para seu espanto, Torosi o recebeu com uma expressão de desdém e evitou seus beijos. Adjaosi, quando o viu, espantou-se e desapareceu atrás de um biombo.

– Vocês não parecem felizes em ver – afirmou Oranian, contrariado.

– Claro. Você some por meses e ninguém tem notícias de você. O que espera? – respondeu Torosi, amuada.

Bem que tentou explicar a necessidade de colocar a região sob controle, mas Torosi não se preocupava com assuntos de Estado. Rapidamente, desistiu de dar explicações e mudou de assunto.

– Onde está meu novo filho?

– Ele tem um nome, sabia?

– O mau humor parece que fez morada nesse palácio. Sei que se chama Alufiran. Aliás, é o segundo filho que temos e você não me dá a oportunidade de colocar o nome neles. Quando cheguei, já os encontrei com nomes nupês.

– Se quiser mudar seus nomes, você pode. Você é o todo- poderoso e pode colocar seus nomes edo ou iorubá, contudo, para mim, continuarão sendo Adjuan e Alufiran.

Isso estava se tornando cansativo e Oranian perguntou pelo menino. Torosi deu um grito, chamando por uma das damas de companhia. Assim que a moça apareceu, mandou trazerem os meninos. Em instantes, trouxe um gordo infante em seus braços, enquanto que um taludo menino de três anos a acompanhava, segurando sua saia, tentando se esconder atrás dela.

– Ele nem se lembra de você – disse Torosi.

Sem dar maior importância à esposa, abraçou o menino, que tentou se desvencilhar de seus braços, e depois foi admirar o neném dormindo no colo da moça. Achou-o lindo e mexeu na sua bochecha.

– Não mexa no menino com suas mãos sujas.

Ainda olhou para as mãos e não estavam sujas, mas esses maus- tratos estavam começando a irritá-lo. Mandou a dama embora com os dois meninos e deu-lhe ordens para chamar Adjaosi. Queria ver seu outro filho,

A Divina Dinastia

Favimishai. A moça pareceu ficar em dúvida em relação ao que fazer e pela sua expressão, Oranian detectou que havia algo de errado. Assim que ela saiu, ele se virou para Torosi, mandou que se sentasse e disse-lhe num tom firme.

– Vamos deixar de brincadeira e me diga logo o que está acontecendo.

– Você não vai gostar.

– Gostando ou não, preciso saber a verdade. Fale logo.

– A verdade é que sua mulher Adjaosi está vivendo com Agodô.

Não que Oranian tivesse grandes amores pela irmã de Anindauê, mas para todos os efeitos, pricipalmente do ponto de vista público, ela era sua mulher e lhe dera um belo menino. Por outro lado, Agodô era irmão de Torosi e ele não poderia brigar com o cunhado por causa de uma mulher.

– Você acha que ela é igual a mim, que esperei por você fielmente. Pois saiba que os dois estão apaixonados e dispostos a tudo para viverem seu grande amor.

– Eles podem estar dispostos a tudo, mas eu não estou disposto a nada. Não me faltam mulheres e igual a ela eu posso encher dez palácios. Se Agodô a deseja, que fique com ela. Aliás, algo me diz que você está por trás de tudo isto.

– Você está louco. O ciúme está desarranjando sua mente como se fosse comida estragada.

– Ciúme? De Adjaosi? Eu poderia morrer de ciúme por você, que é a única que amo. Mas nunca por ela ou por qualquer outra de minhas mulheres. São feitas para o prazer de um homem e representam importantes alianças. Já você é minha rainha, aquela por quem meu coração bate.

Que mais doce declaração de amor poderia uma mulher desejar, mesmo que o tom de fúria e a expressão de besta-fera pudesse ser amedrontador. Mas não Torosi, que se levantou, sentou no seu colo e o cobriu de beijos. Aos poucos, o marido se acalmou e que o clamor do sexo despertava nos dois. Sem se importar que alguém pudesse entrar no quarto, Oranian possuiu sua mulher com volúpia.

Naquela noite, Oranian pediu para falar com Agodô. Astutamente, o cunhado trouxe dois ministros e quatro guardas – nunca se sabe como um marido traído pode reagir.

– Parabéns, Agodô. Já soube que Adjaosi lhe deu preferência. Nada mais justo, já que é melhor ter um marido presente do que um que vive em andanças. Só tenho um pedido: quero que crie meu filho Favimishai como se fosse seu próprio filho. Todavia, ele deverá saber que eu sou seu pai, pois, quando ficar adulto, vou levá-lo a Oyó para que passe algumas semanas comigo.

Para um assunto escabroso como esse, a solução saíra melhor do que Agodô imaginara. Respirando aliviado, conseguiu até mesmo produzir um sorriso no rosto. Concordou e os dois homens tocaram as mãos três vezes em sinal de amizade e compromisso. Todavia, Agodô sentiu que já não havia mais amizade entre Oranian e ele, e entristeceu- se.

No dia seguinte, Oranian partia, levando Torosi e seus filhos para nunca mais voltar a Empé. Deixara Favimishai aos cuidados de Agodô, e algo em seu íntimo lhe dizia que o menino teria um destino grandioso. Só o tempo diria!

43

A tristeza se abatera sobre Ifé. Além da seca que castigava a região, o mercado fora suplantado por outros, entre eles o de Oyó. Algumas pessoas mais ricas mudaram de cidade e Aidô foi um deles. Foi para Oyó onde se tornou conselheiro de Oranian.

Ciente de que algo deveria ser feito para aplacar a ira dos orixás sobre a cidade sagrada, Abipa reuniu seu conselho de *omodewas*. Iriam discutir medidas para soerguer a cidade. Um deles sugeriu que se fizesse um grande festival, em que louvariam Ogun, mas também se realizariam disputas esportivas típicas de caçadores e dos guerreiros. A proposta foi aceita.

A notícia se espalhou e Oranian foi avisado. Sua primeira ideia era ir até Ifé para louvar seu antepassado, pai de Oranmyan, mas seus amigos o instigaram com uma história ou uma lenda; como saber até onde vai a imaginação popular e a verdade?

Contaram-lhe que Oranmyan morava na casa de Tsoedé e que Aburimako, o Odudua de Ifé, mandara fazer uma grande festa em homenagem a Ogun. Disfarçado com uma máscara para não ser reconhecido, já que era inimigo de Aburimako, Oranmyan foi a Ifé e tornou-se o grande vencedor do concurso.

Para Oranian, Oranmyan era seu pai espiritual, seu paradigma. Sempre que tinha dúvidas de como agir, ele se perguntava o que faria Oranmyan em sua situação e imaginava o grande Okanbi – verdadeiro nome de Oranmyan – solucionando os mais difíceis problemas. Ele tinha que ser igual a ele e já tinha feito muita coisa idêntica. Ele reunira a nação iorubá, como fizera Oranmyan. Ele vencera os haussas, como ele achara que Oranmyan fizera. Ele fundara a nova Oyó, pois a velha Oyó estava em ruínas. Ele também ganhara o *oxé* assim como Oranmyan. Sem dúvida iria a Ifé e disputaria os prêmios.

– Ora, *kabiyesi*, quem é que vai querer vencê-lo? Todas as provas serão ganhas por você, pois homem nenhum há de querer desmoralizar o *alafin* de Oyó.

– O que me preocupa – intercedeu Aidô rebatendo a alocução de Yoyejê, um dos mais fiéis *kakanfos* de Oranian, – é que Oranian tem inimigos em todos os povoados e cidades. Isso de impor a lei à força, trouxe-lhe o amor do povo, mas também o ódio de reis e príncipes. Quem me garante que no meio da multidão não há de aparecer uma mão assassina para ceifar a vida de Oranian?

– Ambos têm razão. Por isso irei como foi Oranmyan. Sob uma máscara, ninguém há de me conhecer e poderei competir sem medo de ser assassinado ou de que homens comuns cedam a vitória só para não me desagradar.

– Detesto a ideia, mas ainda é melhor do que ir de rosto limpo e ser apunhalado pelas costas.

– Entendo o medo de mestre Aidô – rebateu Toyejê –, mas posso destacar cinco guardas fiéis para vigiá-lo de perto. Poderão fazê-lo de forma discreta e irão parecer competidores.

– Que seja, mas se eles competirem, quero que lhes dê ordem para ganhar de mim. Quem me vencer receberá doze vacas.

– *Kabiyesi* enlouqueceu? É uma fortuna! – exclamou Aidô.

– Só assim se esforçarão para me vencer e só assim terei certeza de que se venci foi por meus méritos.

44

Aos trinta e dois anos, com uma vida extremamente movimentada– treinava pessoalmente seus soldados diariamente – e uma alimentação rica e balanceada – muita carne, inhame e arroz, legumes e frutas, além de mel

– Oranian era o exemplo de caçador-guerreiro. Todavia, quando se determinou a participar, mandou investigar quais eram as provas e assim que soube, dedicou-se durante três meses a um intenso treinamento. Se não vencesse, jamais se perdoaria, pois não estaria à altura de seu antepassado.

Mandou fazer várias máscaras e as experimentou. Sem saber, intuído por um espírito protetor, mandou colocar um feltro no interior para absorver o suor e para que a palha não tivesse contato com seu rosto e seus olhos. Oranmyan tivera grandes dificuldades devido ao suor e à palha nos olhos, já Oranian não teria esse problema. Deixou uma abertura para poder respirar e beber sempre que quisesse, fato que atrapalhara Oranmyan quinhentos anos antes, mesmo que não soubesse disto, mas o espírito que o protegia conhecia bem esses fatos: tinha-os vivido intensamente.

Oranian não queria que fosse obrigado a retirar a máscara no meio da competição ou impedido de participar por estar portando uma. Assim, enviou um mensageiro a Abipa para explicar-lhe a situação. O velho monarca achou a história toda deliciosa. Não só gostava de Oranian, como Oyó era quase sua única fonte de renda, já que o *alafin* lhe pagava anualmente uma taxa que lhe permitia viver bem. Obviamente deu permissão a Oranian vir incógnito e usar a máscara. Deu ordens aos seus guardas para que deixassem mascarados participarem dos jogos, mas não poderiam andar no mercado a fim de não propiciar a bandidos o uso de máscara e assaltar impunemente as pessoas. Mandou avisar a Oranian que poderia usar a máscara nas competições, mas que não a portasse no mercado – único lugar proibido para mascarados. Muito justo, pensou Oranian quando soube das recomendações de Abipa.

Quando chegou a época, Oranian e seu séquito foram a Ifé. Assim que chegou às portas, entrou incógnito, envolto em uma capa, mas sem usar a máscara. Os primeiros dias eram dedicados às festas religiosas a fim de os orixás propiciarem boa fortuna.

45

Finalmente, o grande dia chegou. A primeira competição era arco e flecha. Não era a especialidade de Oranian, mas ficou entre os dez primeiros.

A próxima competição era arremesso de pedras. Os competidores deviam lançar o maior número possível de pedras e superar uma distância mínima. Cada um recebia um saco com dezesseis pedras. O saco ficava preso na cintura, e os competidores deviam retirar as pedras e jogá-las. Era uma prova de força e velocidade, pois as pedras pesavam cerca de meio quilo cada e deviam ser arremessadas a mais de dezesseis metros. Se a pedra caísse antes, o arremesso não valeria. Para complicar, a prova durava três minutos e para poder controlar a prova, os árbitros reuniam os competidores em grupos de seis. Quando um competidor terminava um saco, devia pegar outro e continuar a jogar as pedras.

No começo, os contendores estavam cheios de vitalidade e conseguiam bons arremessos, mas depois de um minuto, a maioria não alcançava o risco e desperdiçava a tentativa. Quando chegou a vez do mascarado, conseguiu arremessar doze sacos, num total de cento e noventa e duas pedras. No decorrer do concurso, ninguém chegou à metade do que Oranian conseguira. Uma vitória tão extraordinária que havia gente comentando que era rápido como um raio. Outros diziam que era tão veloz quanto as pedras que caíam do céu e passaram a chamá-lo de *itanxan akô*, pedra dura de raio.

No segundo dia de competição houve uma prova de corrida. Os competidores deviam dar a volta ao bosque de Olokun. Não foi preciso mais do que duas voltas, e os competidores foram deixados para trás por um mascarado que parecia ter um pulmão de aço. Cada vez que passava na frente do palanque, as pessoas gritavam o seu apelido: *itanxan akô*.

No arremesso de lanças, que era uma prova de precisão, ficou em quarto lugar, perdendo para um ijexá da cidade de Ijerô. No último dia, a competição ficava restrita aos combates com espada. Os contendores iam se eliminando até que ficaram dois contendores: o mascarado e um ioruba. O gigante que ia enfrentar Oranian era um dos seus guardas pessoais, mesmo que ninguém soubesse do fato. Quando chegou na hora, a multidão gritava *itanxan akô* sem parar.

Por mais que Oranian tivesse dado ordens para que o guarda lutasse para valer, ele o amava demais para colocar a vida do *alafin* em perigo. Quando ficaram frente a frente, o guarda-costas, contrariando as ordens recebidas, prostrou-se na frente do monarca e não levantou a espada. Nesse momento, fez-se um silêncio entre os presentes: o que significava esse gesto de submissão sem mesmo trocarem um golpe sequer? Todos haviam visto o iorubá lutar e reconheciam nele o único a poder se equiparar a *itanxan akô*. Então, por que renunciava à luta sem sequer tentar?

Vendo que o guarda-costas não iria lutar, Oranian retirou a máscara. Neste instante, muitas pessoas que o conheciam, começaram a gritar seu nome. Em questão de segundos, seus seguidores o cercaram e o levantaram, festejando-o. Todavia, mesmo sabendo de quem se tratava, em vez de chamá-lo de Oranian, continuaram a gritar *itanxan akô*. A contração dessa frase originou o nome Xangô.

46

Ser amado não era o ponto mais importante para Xangô Oranian, e sim ser obedecido e respeitado. Cada vez que uma aldeia deixava de lhe pagar as taxas, mandava um contingente e sempre voltavam com os impostos devidos. Se o rei local tornava-se reticente e deixava de pagar os impostos por anos seguidos, ou não cumpria o cerimonial de vir uma vez por ano à corte e se prosternar perante o *alafin*, mandava um contingente e voltavam com o rei preso. Nesse caso, Oranian o substituía por outro, eleito pelo conselho da cidade. Raramente acontecia, já que, após o primeiro exemplo, os demais reis não se arriscavam.

Se conseguia manter a paz no império e os inimigos externos não ousavam atacá-lo, o mesmo não acontecia em casa. Seus dois filhos cresciam para serem diametralmente opostos. Adjuan demonstrava por sua rotunda figura que um apreciador da boa mesa. Já Alufiran tornara-se um vândalo, que mesmo sendo mais jovem do que o irmão, o surrava impiedosamente, arrancando lágrimas do primogênito.

Quando os dois alcançaram a adolescência, muito sofreu Oranian com as escapadas de Alufiran pela cidade, pois sempre esse arranjava encrenca. Aproveitando o fato de que era filho do poderoso Xangô Oranian, brigava com os outros adolescentes, atacava as bancas na feira, o que levava o administrador Akessan a se queixar repetidas vezes com o pai. Por mais severo que Oranian fosse com o filho, nada parecia demovê-lo de sua vontade de se equiparar ao pai e até mesmo de suplantá-lo.

Quando Favimishai estava com quatorze anos, veio passar uma temporada com Oranian. Se o moço não encontrou em Adjuan o compa-

A Divina Dinastia

nheiro ideal, em Alufiran reconheceu seu igual. Para desespero de Oranian e Akessan, juntar Favimishai e Alufiran era abrir as portas do inferno e permitir que todos os demônios passeassem livremente em Oyó.

Eram dois potentes homens, diriam seus admiradores. Ambos se pareciam como duas gotas d'água. Imensos – acima de um metro e noventa –, fortes como os búfalos e imponentes como os elefantes, os dois meio- -irmãos eram de por medo a qualquer um. A única diferença era que Favimishai tinha uma expressão séria, fruto da rígida educação de Agodô e Adjaosi, enquanto que Alufiran era jovial e, algumas vezes, debochado.

Certa feita, a bagunça que os dois armaram no mercado foi de tal ordem que Akessan, após admoestá-los em público e não conseguir acalmá-los foi reportar o fato a Oranian. O *alafin* escutou Akessan, deu- lhe razão, chamou Toyejê, seu *kakanfo* e deu-lhe rígidas instruções. Depois Oranian mandou chamar os dois vândalos.

– Favimishai, trouxe você aqui para que pudéssemos nos conhecer, mas vejo que o contato com Alufiran só fez ressaltar o que há de pior em vocês dois. Não entendo como dois príncipes se comportam como bandidos.

– Se meu pai me permite responder por Favimishai – intercedeu Alufiran e, sem esperar pela aquiescência paterna, arrematou: – somos príncipes, mas nunca iremos reinar. Portanto, o que nós resta da vida é nos divertir. Convenhamos que não há nada mais divertido do que provocar brigas com estranhos, quebrar tavernas e fornicar com belas mulheres.

Os quarenta anos de vida de Oranian lhe haviam apaziguado o temperamento explosivo. Todavia, após escutar as sandices e a forma debocahada como falara, ele levantou-se tomado de fúria.

– Pois farei de vocês reis.

Com um berro, chamou Toyejê, seu mais severo *kakanfo*, um jovem de trinta anos, guerreiro notável e parente distante, descendente do próprio Ogun.

– Toyejê, você conhece os dois meninos. São meus filhos Favimishai e Alufiran. Ficarão sob sua guarda. Quero que sejam tratados como recrutas. Você está autorizado a lhes aplicar castigos severos, inclusive bater neles se não obedecerem.

O gigantesco negro meneou a cabeça e olhou os dois moços. Sentiu na hora que tinha dois colossos a conduzir para a senda da disciplina. Mas se tinha o apoio do próprio pai e rei, ele cumpriria a missão nem que isto custasse a vida – dos moços, naturalmente, não a dele.

A primeira coisa que Toyejê fez foi dar ordens para lavarem o curral e cuidar dos cavalos. Como imaginara, os dois se recusaram. Então, chamou Alufiran e lhe deu um tapa no rosto. O rapaz reagiu de imediato e partiu para a agressão, como estava acostumado, mas Toyejê não era um vagabundo de taverna, nem um comerciante indefeso que apanhava e ficava calado. Derrubou-o com uma saraivada de potentes golpes no rosto, enquanto o chamava de bebê chorão, de menino mimado e outros adjetivos nem tão gentis. Nunca Alufiran fora tão desmoralizado como naquele dia. Caído e com a boca sangrando, o supercílio sangrando com um corte profundo e os lábios inchados, Alufiran começou a chorar. Estava com ódio de Toyejê e também de Akessan, que os havia delatado.

– Levante-se e vá cumprir a ordem que lhe dei. Cuide dos cavalos.

Favimishai achou mais prudente não teimar com Toyejê, ajudou o meio-irmão a levantar-se e foram ambos a passos acelerados para o curral onde meteram a mão na massa. Naquela noite, Torosi foi informada da surra que Toyejê dera no filho e foi reclamar com o marido.

– Dê-se por feliz que Alufiran está vivo. Outros homens não tiveram o mesmo destino nas mãos de Toyejê. Acho que está ficando mole.

– Você brinca, mas aquele alucinado podia ter matado nosso filho.

– Num ponto você tem razão: ele é mesmo um alucinado. Mas eu lhe pergunto, minha boa mulher, qual filho de Ogun não é louco?

– Você não se diz descendente de Ogun? Então, devo concluir que você é louco também?

– Sou e não sabe como. Há vezes que fico possuído de tamanha fúria que não vejo mais nada na minha frente. É bom que os dois meninos se comportem, pois senão a próxima surra quem irá dar sou eu e não serei tão complacente como o foi Toyejê.

Depois de tal resposta, meio séria, meio jocosa, de Oranian, Torosi foi embora. Não adiantava discutir com ele quando ficava possuído de seus fervores religiosos sobre seus antepassados.

Uma surra não foi suficiente para dobrar a cerviz de Alufiran, mas o tempo e a própria mãe o ajudaram a ver que ele não poderia ser um vândalo. O povo de Oyó era como se fossem seus filhos, mesmo que ele não fosse se tornar rei. Como príncipe da casa real deveria dar o exemplo e, com o passar dos anos, das constantes surras de Toyejê e dos conselhos maternos, Alufiran tornou-se um homem compenetrado de sua posição, responsável para com o povo e cordato. Do vândalo, havia se tornado de fato um príncipe.

A DIVINA DINASTIA 93

As surras de Toyejê, contudo, se haviam alertado Alufiran para dureza da vida, haviam despertado nele a vontade de se vingar daquele homem que, muitas vezes, batia no peito dizendo que ele era Ogun. Oranian entendia quando seu *kakanfo* dizia isto: representava o sangue nobre que corria nas suas veias. Entretanto, Alufiran via aquilo como uma bazófia, pois se o sangue de Ogun corria nas veias daquele *kakanfo*, o mesmo sangue corria nas suas.

Já Favimishai foi mais sábio e quando viu que seu oponente era maior, mais destro e ainda por cima tinha o aval paterno para enchê-lo de pancada, achou melhor obedecê-lo. Começou a extrair dos ensinamentos de Toyejê tudo o que lhe poderia servir para, um dia, ser monarca, pois algo em sua mente lhe dizia que devia se preparar para ser rei. Sabia que jamais seria rei dos nupês, já que Agodô tinha uma fieira de filhos legítimos à sua frente. Mas, determinado como era, queria ser rei e o seria, em sua opinião de adolescente.

Sempre que era possível, Oranian reunia seus três filhos, além de vários outros menores de outras mulheres – tinha oito filhos homens no total – e lhes ensinava a arte de reinar sobre o povo. Nessa hora, não era nem Ogun nem Oranmyan falando, mas a sabedoria milenar de Odudua, que descia sobre ele como um manto.

– Temos que governar sobre quatro pilastras – *ekadal-ené Oyó*. A primeira é a justiça. Sem ela, não há como se ter uma sociedade organizada. A segunda é a justiça. Sem ela voltaremos à barbárie, pois será a lei do mais forte e do mais arguto. A terceira é a justiça. Sem ela não teremos família, nem filhos, nem dinheiro, nem comida. Cada um irá desejar a mulher do outro, matará seu vizinho para ter sua filha, sua vaca e sua casa. A quarta e última pilastra é a justiça, pois sem ela não seremos seres humanos. Seremos iguais aos animais.

Os filhos riram da construção das palavras do pai, mas entenderam a mensagem: deviam se devotar à justiça, pois era a base da sociedade.

– Entretanto, para que as coisas funcionem é necessário governar com todos os orixás, porém é necessário estar em harmonia com dois deles: Exu e Ogun.

– Como assim, meu pai? – perguntou um dos seus filhos.

– Exu é comércio, é dinheiro, é vitalidade para realizar as coisas.

– É sexo – comentou jocosamente Alufiran.

– Também. Sem sexo não há vida, mas cuidado para Exu não dominar você. Se isto acontecer, você ficará com sexo demais na cabeça e ambição demais no coração. Tudo deve ser balanceado e é por isto que Ogun é importante, pois é o único a controlar seu irmão Exu.

– Mas por que precisamos de Ogun? – perguntou Adjuan.

– Ogun é o caminho, é *asiwaju*, é a disciplina, a vontade de realizar coisas novas e a força para consegui-las.

– Mas é também a guerra, meu pai – rebateu Favimishai.

– Por isto que não podemos deixar Ogun tomar conta de nossa alma. Você há querer guerrear e conquistar, dominar, tiranizar e ver as pessoas se dobrarem à sua vontade. Para que Ogun não se torne um louco sanguinário, é preciso dosá-lo com outros orixás que lhe darão doçura e sabedoria. Louve-o junto com Oxum, Oxalá, Yemanjá.

– Por que nos diz isso, meu pai? – perguntou o mais jovem dos filhos de Oranian.

– Todos vocês hão de se tornar reis de províncias e de cidades. Sempre deverão obedecer a Adjuan, que é meu filho mais velho e será o *alafin*, após minha morte. Todavia, há duas pessoas que vocês deverão sempre ter ao seu lado. Exu, na figura do administrador do mercado, pois é ele quem lhe trará riqueza. O outro é Ogun na figura do *kakanfo*, pois é ele que lhe dará segurança contra os inimigos internos e externos e protegerá nossa terra, o povo, o trono e a família. Nunca briguem contra o administrador do mercado e nem contra seu *kakanfo*. Sem eles, tornar- se-á impossível governar.

47

Abeokutá era a terra de Yemanjá. Os egbas haviam fugido de uma perseguição nos arredores de Ifé, muito tempo após a morte de Odudua. Estabeleceram-se e prosperaram, mas suas lendas refletiam a lenda de Asessu, agora chamada de Yemanjá, fugindo de Odudua e voltando para a casa de seu pai, Olokun, o orixá do fundo do mar. Em alguns lugares, Olokun era feminino, mas em Abeokutá, o feminino era Yemanjá – a mãe cujos filhos são peixes. Em face do exposto, em última instância quem mandava em Abeokutá era a rainha do lugar, pois nada era feito pelo rei sem a sua aquiescência.

O velho soberano morrera e Anindauê ascendeu ao trono, mas sua mãe o orientava. Ela jamais conseguira manejar o falecido rei, um ho-

A Divina Dinastia 95

mem de um temperamento aparentemente dócil, que concordava com tudo, mas só fazia o que queria. Mas, agora que o marido morrera, ela encontrou em Anindauê a docilidade almejada.

Quando chegou o dia de pagar as taxas a Oyó, ela lhe disse que pela predominância de Abeokutá na região, Oyó é que deveria pagar taxas para ter seu apoio. Se Ifé recebia taxas de Oranian, o mesmo deveria acontecer com Abeokutá. Anindauê ainda tentou discutir, mas a mãe impôs sua vontade e, pela primeira vez em vinte anos, Abeokutá deixou de pagar os impostos a Oyó.

Uma situação difícil, pois Oranian tinha amizade por Anindauê e fora casado com sua irmã Adjaosi, mesmo que agora ela estivesse vivendo com Agodô na terra dos nupês. Para não criar uma situação melindrosa, Oranian fez vista grossa. Seus espiões – e ele os tinha em todos os lugares – lhe informaram que Anindauê deixou de pagar devido às exigências maternas.

"Quem sabe se eu deixo passar o assunto e a velha morre. Depois disto conversarei com Anindauê e ele voltará a pagar", pensou Oranian, tentando encontrar uma solução conciliatória.

Todavia, num reino onde todos transitavam livremente, as estradas eram seguras devido à cavalaria de Oyó e todos se encontravam na festa de Olojó, em Ifé, para homenagear Ogun, nada ficava muito tempo em segredo. Especialmente que a velha matriarca se vangloriava de que ela, a própria representante de Yemanjá na terra, não pagava impostos. O burburinho causado por tais afirmações chegou ao ouvido dos demais reis.

Ora, cada reino tinha suas próprias lendas e o orgulho de ser de Irê, terra de Ogun, ou de Ilexá, terra de Oxalá, e assim por diante. Aos poucos, cada um começou a nutrir uma surda revolta contra Oranian. Se Abeokutá não pagava, por que deveriam pagar?

Quando os espiões informaram que, no próximo ano, muitas cidades importantes não iam pagar as taxas impostas por Oyó, Oranian chamou Aidô, seu conselheiro-mor. Explicou-lhe a situação e pediu conselhos. Após trocarem impressões, Aidô lhe disse que iria até Abeokutá conversar com Anindauê e sua mãe para tecerem um acordo. Oranian concordou.

A ida de Aidô a Abeokutá foi uma festa. O maduro *babalaô* não era um qualquer. Tornara-se um homem riquíssimo, poderoso por ter dinheiro e por ser um sábio. Além dos guardas pessoais de Oranian – que por si só já era um espetáculo à parte, já que se vestiam totalmente de negro e usavam capacetes reluzentes feitos de bronze, que brilhavam ao sol como ouro velho –, Aidô se fez acompanhar por mais de duzentas pessoas: um cortejo digno de um monarca. Pelo seu lado, Abeokutá o recebeu como se fosse o mais alto dignitário do reino, o que de fato era, e o salvador da vida de seu rei, Anindauê.

Além de dias divertidos com jogos, disputas entre guerreiros e até mesmo um desfile de beldades com a escolha da mais bela, Aidô não conseguiu muita coisa. A matriarca estava irredutível e Anindauê, que nunca fora de se opor à mãe, parecia alheio a tudo. Era amigo de Oranian e tudo ficaria bem.

– Cuidado! Vocês dois estão incorrendo num erro. Não se trata mais de um assunto pessoal entre Oranian e Abeokutá, pois se fosse, pelo amor que o *alafin* tem a seu irmão Anindauê, ele faria vista grossa. Não é o dinheiro de Abeokutá que o faz ser mais ou menos poderoso, mas a soma de todos os recursos que lhe são mandados. Não se esqueçam de que para manter a paz numa região cercada por inimigos, é preciso homens treinados que custam caro.

– Não voltarei atrás na minha decisão – atalhou bruscamente –mesmo que a divina Yemanjá me implorasse.

Assim falando, levantou-se e deixou Aidô falando sozinho, pois Anindauê ou nada era a mesma coisa: quem mandava era a matriarca.

Após o término das festividades, Aidô voltou cabisbaixo. Sua missão falhara e sua intuição lhe dizia que tempos difíceis estavam se prenunciando no horizonte. Ele tinha certeza de que Oranian não poderia tolerar tal fato; isto representaria a ruína de tudo que o construíra.

De fato, Oranian sentiu que seu poder estava sendo contestado e antes que um mal maior surgisse com a defecção de todas as cidades e vilarejos da região, arregimentou suas forças. Reuniu um exército de oito mil homens, sendo três mil cavaleiros, e dirigiu-se para Abeokutá. Se a matriarca não pagava por bem, teria que pagar por mal.

Quando Anindauê recebeu notícias de que Oranian estava se movimentando com três colunas que vinham serpenteando as savanas em direção a Abeokutá, ele se assustou e foi falar com a mãe.

– Temos de pagar ou ele vai arrasar nossa cidade.

– Por misericórdia! – exclamou a velha se balançando como se fosse uma galinha que acabara de pôr um ovo, – gerei um frouxo. Se pagarmos agora, criança mimada, teremos de pagar sempre e não quero enriquecer ninguém.

A Divina Dinastia 97

O homem ia retrucar, mas a mãe foi mais rápida e deu-lhe uma tapa na boca.

– Cale-se, seu poltrão. Resolverei tudo com meu *kakanfo*.

Saiu da sala e foi para sua própria casa, um palácio que não ficava a dever nada a nenhum outro. Chamou seu *kakanfo*, que veio todo subserviente.

– Quero que prepare um exército para enfrentar Oranian.

Se o sujeito fosse de fato um homem, diria que Abeokutá não tinha exército. Oranian estabelecera que, dentro da cidade, haveria uma pequena força para controlar o mercado, os palácios e as entradas. Somando todo mundo não se chegava a quinhentos homens.

– Minha senhora, Oranian vem com oito mil guerreiros, enquanto temos apenas quinhentos.

– Estou rodeada de frouxos e incompetentes! – vociferou a matriarca e depois num arranque de raiva, ordenou: – Convoque a população.

Duas horas depois, uma multidão estava reunida para ouvir a grande mãe de Abeokutá se pronunciar.

– Filhos de Abeokutá, o tirano Oranian deseja nosso dinheiro, nossas mulheres e nossos filhos como escravos. Ele vem com sua cavalaria, mas nós somos egbas, filhos de Oxalá e protegidos de Yemanjá. Assim como Exu Yanji[13] foi dominado por Yemanjá, faremos o mesmo com o fogo desse demônio.

Por anos, a matriarca fizera circular que ela era a protegida de Yemanjá e que a grande deusa fazia tudo o que ela desejava. Assim, o povo ignorante imaginou que poderia enfrentar o poderoso exército, bem-treinado, bem equipado e disciplinado de Oranian apenas com *ebós*,[14] fé na mãe das águas e que ela iria aparecer no momento certo para afogar o exército do tirano.

Saíram da cidade, postaram-se a pequena distância da entrada principal e com arcos e flechas, lanças e espadas, aguardaram o exército inimigo. Levaram suas mulheres e elas carregaram seus filhos, muitos ainda de colo. Quando Oranian chegou e viu aquela massa compacta, entendeu que teria que lutar contra Abeokutá. Da distância de onde estava, não podia diferenciar homens e mulheres, pois elas haviam ficado um pouco mais para trás, escondidas atrás dos maridos.

---

[13] A lava do vulcão. Reza a lenda que a lava do vulcão (Exu Yangi) se apagou em contato com as águas do mar (Yemanjá).

[14] Comidas especialmente preparadas para os orixás.

Com uma meia dúzia de ordens, mandou que seus arqueiros desbastassem as fileiras para que seus cavaleiros encontrassem brechas para uma carga. Quando as flechas de Oyó começaram a chover sobre as fileiras de Abeokutá, o povo, despreparado, recebeu a saraivada e caiu. Neste instante, Toyejê, chefe da cavalaria, deu ordens para a carga e os quinhentos metros que os separavam foram rapidamente vencidos.

Os homens de Abeokutá deram as costas quando viram a cavalaria partir para cima deles, e correram para dentro da cidade. Assim que se viraram, depararam com um muro de mulheres apavoradas. Na tentativa de fugir, os homens empurraram as mulheres. Muitas delas também correram, mas como é que mulheres gordas, algumas carregando crianças, poderiam fugir? Em questão de segundos, os cavalos de Toyejê já estavam sobre elas, atropelando e derrubando-as. Os homens, mais lépidos, conseguiram chegar às ruas, mas elas eram estreitas e com a quantidade de pessoas que acorreram, o tumulto se originou. Logo depois, os cavalos adentraram as vielas e os guerreiros, com o sangue quente, foram atropelando e ceifando tudo que encontraram pela frente a golpes de lança e espada.

Assim que a cavalaria dispersou os defensores, Oranian, montado sobre um garanhão negro, entrou na cidade e começou a ver grande número de mulheres e crianças que tinham sido atropeladas, pisoteadas, flechadas, perfuradas e cortadas a golpe de sabre. Entendeu, num átimo, que Anindauê colocara o povo para bloquear sua investida. Isso era uma covardia despropositada.

Indignado com o que achava que fora a ordem de Anindauê, Oranian deu ordens para que a infantaria entrasse na cidade. Nada poderia ter sido pior. A maioria dos infantes era a segunda linha e ganhavam menos do que os cavalarianos, a elite do exército. Assim, ao atacar, só pensaram nos ganhos advindos do saque. Assim, ao entrar nas casas, eles matavam todos que pudessem impedir o saque, e depois partiam para o roubo descarado. Para finalizar, para esconder o latrocínio, algo terminantemente proibido por Oranian e seus *kakanfos*, ateavam fogo na residência, na tentativa de esconder o crime por meio do incêndio.

Os palácios de Anindauê e da matriarca foram invadidos pela infantaria, que saqueou e matou todos que encontraram. Tanto a matriarca como Anindauê foram mortos sem nenhuma condescendência pelos infantes.

Após alguns momentos de reflexão, Oranian viu que havia desencadeado uma matança abominável e deu ordem para que parassem. En-

A DIVINA DINASTIA   99

tretanto, é fácil acordar a besta-fera que dorme no homem, mas pô-la
para dormir novamente é árdua tarefa. Somente após horas, quando
grande parte da cidade já ardia em chamas, é que os infantes se retiram
de Abeokutá, nem tanto pelas ordens frenéticas emanadas de Oranian,
mas pela fumaça e calor do incêndio.

Naquela noite, quando Oranian se reuniu com seus *kakanfos*, ele chorava como uma criança. Seus amigos tentaram consolá-lo, todavia nada
que disseram parecia aplacar sua tristeza. Continuava sentado com as
mãos segurando a cabeça, enquanto soluçava. Deixaram-no chorar até
que ele mesmo se controlou. Já mais senhor de si, perguntou pelo número de feridos e mortos de ambos os lados, pelo destino da matriarca, de
Anindauê e de outros notáveis da cidade. Espantou-se com os números
que lhe deram. Do seu lado, menos de cinquenta mortos, mas o número
de mortos e feridos do lado de Abeokutá fora muito alto. Uns falavam de
vinte mil mortos, metade da cidade, e outros falavam de quarenta mil, a
totalidade da população. Como era impossível se determinar a extensão
das perdas devido ao incêndio, Oranian tomou medidas práticas.

– Partiremos amanhã. Toyejê ficará com mil cavaleiros para reconstruir a cidade.

Passou os minutos seguintes dando orientações a Toyejê sobre o que
fazer. Deveria reconstruir a cidade, enterrar os mortos, chamar o que restava do conselho e dos notáveis, eleger um novo rei, levá-lo até Oyó para
que jurasse fidelidade ao *alafin* e deveria, sobretudo, aumentar as taxas,
pois Abeokutá deveria pagar pelo custo da guerra.

Depois de falar, caiu calado e seus amigos entenderam que queria ficar sozinho. Saíram da tenda e Oranian não dormiu naquela noite. Não
fora para isso que se intitulara senhor supremo dos iorubas. Sua raiva re-
caiu sobre a matriarca que ele conhecia bem. Aquela que fora sua sogra
deveria receber toda a culpa e seu nome, riscado dos registros. Aliás, tudo
que acontecera deveria ser riscado da história e nunca mais lembrado.
Maldito o ventre que gerara Anindauê!

Abeokutá foi reconstruída e Toyejê mandou recensear a população.
O número de mortos não fora tão terrível quantos os primeiros relatórios, mas, mesmo assim foram três mil pessoas mortas. Uma tragédia
como aquela foi rapidamente difundida entre os iorubás. Oranian não
era homem de brincadeiras e enquanto estivesse vivo, ninguém ousaria
revoltar-se contra Oyó.

Mas, o que o homem faz de bem durante sua vida, é rapidamente esquecido quando faz algo de errado, e para os súditos de Oranian, ter arrasado Abeokutá fora um ato perverso. Discussões intermináveis entre os que apoiavam sua ação e os que nela vinham um lamentável equívoco levou muitos a achar que era melhor não se ter um soberano do que ficar sujeito a um tirano sem coração.

De qualquer forma, todos achavam que enquanto Oranian fosse vivo, nada poderia ser feito, mas um homem não vive para sempre. Um dia, haveria de morrer e quem sabe como se comportaria seu sucessor? Pode ser que fosse um novo Oranian, mas pode ser que não fosse do mesmo estofo. Todos os olhos se voltaram, então, para Adjuan, o sucessor de Oranian. Pelo que se falava dele, era um obeso que adorava comer, dormir após o almoço e, muito eventualmente, fornicar com suas mulheres. Ninguém o via como um novo Oranian e seus inimigos, agora, só oravam pela morte do *alafin* de Oyó.

Todavia, ninguém se lembrava de Alufiran, o príncipe desconhecido, um simples subordinado de Toyejê, um cavalariano que participara do massacre de Abeokutá. Por que deveriam se lembrar de um homem que nem sequer morava em Oyó, pois estava participando da reconstrução de Abeokutá? Se os homens soubessem ler o futuro, olhariam-no com outros olhos.

48

Há muito tempo, o pai de Toyejê, um dos príncipes de Ogbomoxo, havia prometido ao rei de Ipondá que um dos seus filhos haveria de se casar com uma de suas filhas. A menina prometida tinha dois anos quando Toyejê já era um adolescente de dezoito anos. Obviamente, o casamento tinha que esperar o momento certo. Quando a jovem alcançou os quinze anos, o casamento foi festejado em Ipondá. Naqueles idos tempos, Toyejê já era um dos principais *kakanfos* de Oranian e tinha trinta e um anos.

Para a belíssima Yamonari, Toyejê de Ogbomoxo era um velho, mas o que fora decidido não podia ser desfeito. Após a festa, a jovem foi deflorada sem muito carinho por um bêbedo Toyejê. Não fora o que a virgem imaginara para sua primeira noite, mas para um guerreiro que dedicara

A Divina Dinastia 101

grande parte da vida aos serviços de Oranian, Yamonari fora tudo que desejara. Era uma moça meiga, cujo temperamento tranquilo o levava a crer que era feliz com ele. Moravam numa casa grande perto do *afin* de Oyó e participavam ativamente da vida social da corte. Toyejê não era um amante requintado, daqueles que fazem a corte e se preocupam com o prazer da mulher. Era do tipo prático: fazia amor quando tinha vontade. Por outro lado, gostava de variar de posições sexuais, e não se preocupava muito se a mulher gostava ou não. Para ele, tudo que ele fazia devia ser prazeroso para sua mulher. De fato, algumas vezes sua atuação era satisfatória e Yamonari o apreciava. Outras vezes, sua brutalidade e falta de atenção a machucavam e a fazia se sentir usada.

Yamonari fora criada com pessoas que viviam dizendo que era bela como um raio de sol e iria se tornar uma rainha. Quando a casaram com alguém que não era rei nem príncipe, ficou mortificada. Toda uma vida de promessas de ser a rainha de algum rei famoso e importante caiu por terra quando se casou com um simples *kakanfo*. Mesmo que um *kakanfo* fosse de grande importância em qualquer reino, para Yamonari, não passava de um brutamontes, enquanto que um rei era alguém sofisticado como era seu próprio pai.

Após alguns meses de casada, Yamonari engravidou e, no tempo certo, nasceu Avesan, nome que deram a uma linda menina. Alguns meses depois, o assunto de Abeokutá surgiu e, após a destruição da cidade, Toyejê mudou-se com sua mulher e filha para Abeokutá para coordenar a reconstrução. Alufiran recebeu a incumbência de ajudá-lo, pois Oranian via naquela oportunidade um meio de envolver o rapaz nos assuntos de Estado. Foi também nesse período que Oranian estabeleceu um casamento de conveniência e de aliança política com o rei de Ibadan e Alufiran desposou uma bela e robusta moça chamada Nkan.

Durante a reconstrução de Abeokutá, os quatro jovens conviviam em harmonia. Parecia um mar calmo, mas, sob as pequenas ondas, um verdadeiro maremoto estava se armando. Alufiran nunca aceitara o comando de Toyejê e, mesmo que, agora, o *kakanfo* não lhe desse mais tapas e o tratasse com cortesia, ele jamais o perdoara. Toyejê nem sequer se dava conta da antipatia que gerava na maioria das pessoas devido ao seu aspecto rude e aos modos grosseiros. Ele era desta forma e os outros deviam aceitá-lo como era. Seus soldados o adoravam, pois sempre cavalgava a frente da tropa no assalto, elogiava os valentes, promovia os

102   A SAGA DOS CAPELINOS

mais aptos e surrava os covardes, o que para os cavalarianos era perfeito. Confiavam nele, pois nunca mentia. Dizia na cara de quem fosse sua opinião, inclusive o próprio Oranian gostava de seus modos secos, pois sabia que se existia a dissimulação, Toyejê era desprovido dela.

Socialmente, entretanto, Toyejê era um desastre, pois não media as consequências do que falava. Alufiran aprendeu que não deveria deixar Toyejê tratar de assuntos que envolvessem política e diplomacia, já que o *kakanfo* era destituído de tais características. Todavia, Alufiran era arguto, político, diplomata e agora que deixara de ser o vândalo da adolescência, tornara-se um homem de uma simpatia irradiante e de um talento inato para conduzir as pessoas. Quando Alufiran resolvia envolver alguém em sua teia, simplesmente ninguém resistia.

A esposa de Alufiran, Nkan era uma moça alta, robusta, de corpo um pouco masculino, de voz grossa que, quando dava ordens às suas criadas, o prédio parecia tremer. Quando sorria, todos a achavam bela e afável, mas quando fechava a cara e dava seus grossos berros, dir-se-ia que o espírito de Ogun descera sobre ela. Seu rosto se transmudava para uma fácies grosseira e severa e seus olhos pareciam emitir chispas. Adorava Alufiran e se achava a mulher mais feliz por ter um marido tão bonito, importante, simpático, jovial, que a fazia rir com suas histórias picantes, e sexualmente muito ativo e carinhoso ao extremo: um homem que sabia agradar as mulheres em todos os sentidos.

Já Yamonari era, sem dúvida, a mais bela mulher da África. Após ter tido sua filha, amadureceu e tornou-se ainda mais linda. Era, entretanto, uma mulher sagaz e ardilosa. Em parte, isto era devido a sua educação, já que, desde a infância, fora alertada por sua mãe e tias de que pertencia a nobre família de Ipondá. Era filha de orixás, portanto destinada duplamente à grandeza. Seu único problema era ter nascido filha do meio de várias filhas, e como não era a mais velha, teve de se sujeitar a casar com Toyejê, mesmo que lhe dissessem que era descendente direto do famoso Ogun, irmão de Erinlê. Por ter sido criada numa casa repleta de mulheres, teve de aprender desde cedo que as mulheres devem usar suas armas para dominar os homens. As armas eram não só o corpo, pois este fenece como rosa arrancada do pé, mas a sabedoria, pois essa cresce com a idade. Em face disso, tornou-se dissimulada, sempre aparentando uma doçura, um pudor e uma tranquilidade que não tinha, mas todos juravam que era a lídima representante da temperança e do amor.

A Divina Dinastia   103

As duas mulheres davam-se aparentemente bem. Com seu jeito bruto, Nkan gostava dos modos fidalgos e suaves de Yamonari. Como era natural, tornou-se confidente de Yamonari, contando-lhe as coisas mais íntimas e secretas do reino, já que por Toyejê, jamais saberia nada. Tanta ingenuidade de Nkan abriu várias possibilidades para Yamonari, pois passou a conhecer Alufiran melhor do que a própria esposa. Tornou-se capaz de entender o que o marido falava à esposa, mas esta não entendera a essência do que lhe ia n'alma. Uma dessas coisas era que Alufiran desejava suceder o pai. Jamais dizia isso com todas as palavras, mas quando se referia ao irmão Adjuan o fazia com desdém por ser obeso e acomodado.

Numa festa, na posse do novo rei de Abeokutá, quando todos foram para Oyó para se prosternarem à frente de Oranian, o *alafin* também determinou que todos se prosternassem aos pés de Adjuan. Yamonari observou Alufiran se prosternar com o rosto mais impassível que lhe fora possível produzir, mas ela viu algo em seus olhos que interpretou como ódio. Sim, aquele homem desejava tornar-se rei, mas sabia, por conhecê-lo bem, que jamais mataria ou mandaria matar o irmão. Sabia disto nem tanto porque achava que conhecia o caráter de Alufiran, mas principalmente porque – pelas crenças religiosas dos iorubás – ele sabia que se matasse seu irmão, o espírito dele ficaria rondando e perturbando sua existência. E se havia algo que Alufiran temia, eram os famosos *egun-ibu*.[15] Não só os temia, como já alardeara o fato, certa feita, em particular, de que tinha horror a todo tipo de bruxaria.

Em sua mente arguta, Yamonari estabeleceu um plano ardiloso e passou a trabalhar para tal finalidade. Se Alufiran queria se tornar rei, ela o faria rei, mas queria tornar-se sua rainha. Afinal, não foi para isso que nascera?

49

O assunto Abeokutá estava resolvido. A cidade reconstruída, um novo rei empossado, todos voltaram a pagar os impostos, Oranian reinava absoluto e as fronteiras estavam calmas. Todavia, no coração de Oranian, Abeokutá era uma chaga aberta. De noite, sonhava com crianças e mu-

---

[15] Os trevosos espíritos das profundezas.

104　　A Saga dos Capelinos

lheres que vinham lhe cobrar a vida e acordava suado, com o coração opresso. De dia, qualquer menção a qualquer coisa desagradável o levava a se lembrar de Abeokutá, a cidade em fogo, os cadáveres de seus 'meninos' como ele chamava seus súditos. Aquilo o perturbava e o envelhecia a olhos vistos.

Já seus inimigos cresciam como as espigas de milhete no campo. Se não ousavam nada era devido a sua força militar e ao fato de que ninguém queria que sua cidade se transformasse numa nova Abeokutá. Mas as pessoas usam de todos os estratagemas para atingir seus fins e numa sociedade em que o animismo imperava, os inimigos de Oranian procuraram o caminho da magia.

Um dos maiores inimigos de Oranian era Lajuwa, um dos filhos da matriarca que conseguira fugir do assalto de Abeokutá e fora preterido para se tornar o novo rei da cidade, o que por direito seria dele. Oranian vetara seu nome, pois não queria colocar no trono um homem que era seu inimigo declarado. Lajuwa, então, procurou aliar-se a vários reis da região, mas todos lhe disseram que não ousavam ir contra a cavalaria de Oranian. Não tendo mais recursos, foi procurar uma famosa feiticeira que morava nos arredores de Ifé.

– O que me pede é um grande perigo – respondeu a feiticeira. – Oranian é protegido por Oranmyan, Ogun e Odudua. Não pode ser atingido por feitiços.

– Mas todo mundo tem pontos fracos, minha senhora – redarguiu Lajuwa. – Oranian tem que ter também.

A mulher pegou vários ossos e pediu que suas assistentes espirituais lhe respondessem. Após vários minutos de indagação, ela lhe respondeu: – As *yami-ajés* dizem que ele é indestrutível: os orixás querem que sua obra continue para o bem do povo. Todavia, Oxorongá, minha mais poderosa *yami-ajé* me confidenciou que Torosi não tem muito tempo de vida. Ela tem uma doença de mulher e poderá morrer em alguns anos.

– Se apressássemos a morte de Torosi, Oranian ficaria desesperado. Todos sabem que ele é louco pela mulher.

– Se os orixás dela permitirem, poderemos enviar uns *eguns* para apressar a morte.

– O que significa "se os orixás dela permitirem□?

– Já vi que você nada conhece do mundo espiritual. Nada pode ser feito sem que os orixás permitam e mesmo eles respondem a poderes mais altos. Enviarei os *egun-ibu* para atormentar Oranian e sua mulher, mas quero que saiba das consequências, pois eu serei mero instrumento e nada desejo para mim.

Durante alguns minutos, a mulher lhe disse que os *egun-ibu* teriam que ser alimentados periodicamente enquanto ele vivesse. O homem não levou a advertência a sério: para ele era apenas um golpe para a feiticeira continuar a ganhar o seu rico dinheirinho. Concordou e pagou.

No outro dia, uma legião de trinta espíritos tenebrosos adentrou o palácio de Oranian. Ensandecidos com a promessa de mais sangue e de fluidos que lhes davam a sensação de terem um corpo físico, eles se aproximaram de todos os que estavam no palácio.

Desses trinta, apenas cinco entendiam o que se passava; os demais eram tão animalizados que andavam como sonâmbulos. Quando os cinco líderes da malta se aproximaram de Oranian, apareceu uma luz que os cegou e eles recuaram. Este era protegido, disse um deles. Partiram para cima de Adjuan, Torosi, Oxuntoki, que era a esposa de Adjuan, e de Aganju, o filho adolescente de Adjuan. A luz não apareceu mais e eles partiram para seu nefasto trabalho. Grudaram três espíritos dementados em cada um. Viram quando esses tenebrosos se enroscaram em volta de suas vítimas como cobras num tronco, e partiram para outra atividade.

Diariamente, voltavam para ver o que tinha se passado. Os três obsessores que haviam se postado ao lado dela continuavam a sugar os fluidos vitais e Torosi estava enfraquecida. Sentia enjôos que a impediam de comer. Quando conseguia, vomitava tudo após algum tempo ou então defecava de forma líquida. Suas dores haviam aumentado de modo terrível e ela começou a sangrar tanto pelo ânus como pela vagina.

Os líderes dos obsessores notaram que Adjuan estava limpo. Nenhum dos três *eguns* que eles haviam colocado na véspera estavam presentes.

– Ele conseguiu se livrar deles.

– Observe sua cor e veja que dá para trabalhar seus defeitos ainda mais – afirmou um deles.

– Vamos deixar uma vontade de dormir e de fome. Ele vai comer e se empaturar. O porco já é gordo e vai virar uma bola de carne. Breve, o coração vai parar de bater.

Assim fizeram. Durante alguns minutos, mentalizaram uma fome terrível e uma lassidão irresistível. Ideias de sono e de pratos deliciosos e fumegantes foram introduzidas na mente de Adjuan por formas- pen-

106 A Saga dos Capelinos

samento produzidas pelos líderes. Após mentalizarem o que desejavam, foram ver a esposa de Adjuan. Os três espíritos estavam grudados nela e dava para observar nitidamente que eles sugavam suas energias de um modo tenebroso.

– Essa aí vai ser fácil. Ela é *abemulé* (médium). Vê como está perdendo forças.

O outro apurou sua visão e viu como um gás leitoso saía por vários lugares do corpo e eram quase todos sugados pelos *eguns* que eles haviam amalgamado a Oxuntoki.

Foram ver Aganju e, para surpresa deles, viram que ele conseguira acordar os três *eguns* que eles haviam colocado perto dele.

– Essa aí é forte.

– A besteira foi nossa. Devíamos ter visto que ele era um adolescente, cheio de energia e alegre. Assim que transferiu energia vital para os imbecis, eles passaram a vibrar da mesma maneira que ele e acordaram.

Assim que se aproximaram mais, os três espíritos que havia acordado, os viram e se assustaram. Saíram gritando '*egun-ibu, egun-ibu*'. De fato, a visão dos líderes, que tinham a aparência deformada e animalizada, assustou os três espíritos. Sem saberem, os líderes haviam ajudado três espíritos ainda adormecidos após a morte a despertar para uma nova vida. Eles ainda ficaram alguns momentos supervisionando a tarefa da qual foram incumbidos e depois partiram.

O estado de Torosi chamou a atenção do marido. Já havia quatro dias que ela estava sangrando, pouco, mas inelutavelmente. Era caso para chamar um *babalaô* e Aidô foi convocado. Para desespero de Oranian, Aidô tinha ido a Empé a pedido de Agodô e seu retorno estava previsto para daqui a um mês. Quem veio foi outro homem, devidamente treinado por Aidô. Ele deitou os búzios e descobriu o problema de Torosi.

Imediatamente, programou uma espécie de descarrego por meio do qual duas mulheres ajudaram a atrair os espíritos adormecidos com a ajuda dos guias do *babalaô*. Mais uma vez, sem se darem conta do que haviam feito, os líderes dos obsessores haviam possibilitado que os três espíritos adormecidos pudessem despertar sob o impacto da vibração do corpo das ajudantes do *babalaô*. Tontos e desorientados, os três foram levados embora. Todavia, a doença que Torosi iria desenvolver em alguns meses e que levaria alguns anos para vitimá-la, acelerou-se. Nos dias que se seguiram nada conseguiu estancar o sangramento vaginal e

A Divina Dinastia 107

Torosi morreu. Se olharmos pelo lado do sofrimento, a obsessão foi uma bênção, já que impediu uma longa doença que a teria devastado física e moralmente.

Dizer que Oranian ficou completamente arrasado é desnecessário. Se a ideia era levar sofrimento ao *alafin* de Oyó, o objetivo foi perfeitamente atingido. Somando ao seu complexo de culpa de ter arrasado Abeokutá e da morte de seu particular amigo Anindauê, a morte de seu grande amor só acrescentou ainda mais desespero à sua alma. Entretanto, era um homem de estofo superior. Dedicou-se a embelezar ainda mais Oyó e fez uma peregrinação a Ifé para oferecer presentes aos duzentos *eborás* da cidade.

No tumulto que se seguiu à morte de Torosi, ninguém observou que Adjuan passava parte de seu tempo a comer e assim que se empanturrava, vomitava, bebia vinho de palma e recomeçava a digerir ainda mais alimentos. Depois de repetir o estranho ritual, deitava-se e roncava como um porco por horas a fio. Oranian imaginou que devia ser a forma de Adjuan reagir à morte de sua mãe e não deu maior importância. Pensou que o tempo se encarregaria de modificar o estado anímico do seu filho.

Já a esposa de Adjuan enfraquecia a cada dia. Na loucura em que se transformara o palácio, ninguém lhe deu maior importância. Quando ela chorava sem parar e sem motivo aparente, apresentando um quadro de neurastenia progressiva, todos achavam que ela chorava a morte de Torosi, mesmo esquecendo que as duas nunca se deram bem.

Quando Aidô voltou de Empé, inteirou-se dos problemas havidos. Muito lamentou a morte de Torosi e quando Oranian pediu que deitasse os búzios para entender o que acontecera, o *babalaô* conseguiu ver o quadro todo. Um trabalho fora feito para atingir Oranian, Torosi estava predestinada a morrer e o feitiço só acelerou a resolução final. Todavia, com seu poder muito mais apurado, ele viu que Adjuan estava sob um feitiço poderoso que o levaria à morte. De fato, confirmou Oranian: seu filho havia engordado de forma absurda e passava os dias a dormir. Foi preparado um sacudimento, uma espécie de limpeza fluídica usando ervas, banhos, vegetais e animais.

Os búzios mostraram um outro problema também tão grave quanto o de Adjuan: o da sua esposa. Possuída por três *eguns* que a sugavam noite e dia, Oxuntoki depauperava tanto fisicamente como mentalmente. Todos os nervos que são energizados por fluidos vitais semimateriais estavam

108 A SAGA DOS CAPELINOS

recebendo muito menos do que o necessário. Telas fluídicas de proteção nos centros de força estavam rompidos por verdadeiros braços fluídicos que adentravam o corpo e aspiravam as energias sutis.

– A Oxum quer sua cabeça – disse Aidô, após consultar os búzios.

– Você vai raspá-la? – perguntou Oranian.

– Conhece outro meio rápido de repor o que ela já perdeu?

Que sua nora fosse ou não raspada para Oxum, para Oranian, era fato sem maior importância, mas para o marido isto significava que ele não poderia tocá-la por três meses após a cerimônia de iniciação. Portanto, ele deveria ser consultado, mas, então Oranian lembrou-se do estado lastimável de Adjuan e determinou que Oxuntoki fosse iniciada imediatamente: ele mesmo falaria com o filho.

Como o assunto Adjuan era mais rápido, Aidô mandou preparar um sacudimento. No outro dia, Adjuan foi levado até a casa de Aidô, que o conduziu ao templo, onde fazia suas mais secretas cerimônias. Mandou que dois rapazes dessem um banho de ervas em Adjuan. As ervas eram misturadas a um líquido de cheiro nauseabundo feito de várias ervas, raízes, pós e sangue. Esta mistura fétida estava coalhada de vermes que passeavam no líquido. O *abô* – o líquido em questão – foi coado num pano branco e misturado ao banho. Se os presentes tivessem visão espiritual veriam que o *abô* tinha uma vibração que entrava em choque com os fluidos vitais do corpo e sacudia todos os centros de força como se fosse um pequeno maremoto. Imediatamente, pequenas larvas espirituais pularam fora do corpo de Adjuan e se dissolviam em contato com a luz do sol.

Após o banho, Adjuan, nu como viera ao mundo, mostrando uma pança imoral que caía em cascatas, foi lavado, um pano foi enrolado em volta de sua cintura. Outra dificuldade, já que a barriga proeminente impedia. Aidô abandonou a ideia de cobri-lo depois que o pano caiu por diversas vezes. Mandou que dois ajudantes, um após o outro, se revezassem passando no seu corpo inteiro, começando pela cabeça e terminando nos pés, pipoca, grãos de milhete cozido, bolinhos de arroz- da-guiné e vários comestíveis, alguns crus e outros devidamente cozidos. No final, o próprio Aidô pegou um galo quase todo negro e o passou pelo corpo de Adjuan. Mais uma vez, se tivessem visão espiritual, veriam que uma maçaroca negra saiu da fronte de Adjuan e foi aspirada pelo animal. O galo recebeu tamanha carga energética negativa que, quando Aidô o depositou no chão, estava morto.

A DIVINA DINASTIA

– O descarrego foi efetuado com sucesso – afirmou Aidô para Adjuan, – entretanto, *kabiyesi*, o resto cabe ao senhor. Os *eguns* só estimularam o que já era parte de seu defeito. Portanto, modere-se à mesa e durma nas horas que todos o fazem. Dedique-se aos assuntos do reino. Preencha sua mente com os problemas que afligem seus súditos e trabalhe duro, pois a atividade afastará os *egun-ibu*. Caso insista em atitudes imoderadas, eles voltarão e seu destino será ficar preso numa cama com um corpo do tamanho de um hipopótamo, sendo ridicularizado pelo povo que deveria proteger.

A visão de ficar imensamente gordo e ser ridicularizado fez Adjuan tremer. Ele já sabia que as pessoas o chamavam de Dadá-Adjaká e não se importava. *Dadá* significava cabelos que crescem em tufos e são enrolados e amarrados com fitas coloridas. Era um apelido infantil, pois somente em crianças é que se enrolavam os cabelos desta maneira. Ele via neste apelido um carinho do povo para com ele, mas sabia que muitos o viam como um □criânção', mimado pelo pai e mãe. Este tremor o fez despertar para uma nova existência e ele tornou-se mais moderado em seus atos, porém continuou, ainda assim, com uma obesidade quase mórbida.

Se para Adjuan o tratamento fora relativamente fácil, para Oxuntoki o assunto demandou mais preparativos e vários rituais. Não só ela passou pelo sacudimento que Adjuan passou com pequenas variações. Como Aidô primava em aprimorar o *odu* – destino (também vibração do corpo etérico e astral) por meio de uma série de banhos que diferiam um do outro, sempre à procura da harmonização das vibrações espirituais, ele deu banhos diferentes para os dois, de acordo com seus *odus*. Antes de cada banho, ele jogava o *opelê-ifá* para ver como andavam os *odus* da bela Oxuntoki e, com isto, ele ia modificando a vibração da esposa de Adjuan para o grande ritual: o ritual de feitura.

Para uma pessoa que havia perdido grande parte de seu corpo etérico – um organismo constituído de energias semimateriais, que é uma reprodução fiel do próprio corpo físico – somente uma recarga de fluidos vitais poderia repor o que havia sido perdido. Para felicidade da humanidade, a imensa maioria não tem a característica de perder energias vitais da mesma forma que Oxuntoki, mas para aqueles que possuem tal fenômeno, so há duas formas de reposição: um retiro em lugar aprazível em contato com as energias da natureza ou a feitura do santo.

Oxum desejava a cabeça de Oxuntoki, mas Aidô não estava querendo dizer que o orixá anelava em possuir a esposa de Adjuan. Muito menos que as oferendas a lhe ser oferatdas visavam saciar uma eventual fome ou necessidade do orixá. Por ser um espírito mais evoluído, os orixás não têm necessidade de nada material, mas como era muito complicado aos próprios espíritos explicarem o processo de transferência de energia, preferiam extrenar o desejo que a filha fosse feita, ou que desejavam comer tal e tal animal. Aidô, por maior que fosse seu conhecimento, desconhecia essa transferência de fluidos que se dá entre vivos, tanto humanos como entre pedras, plantas e animais, assim como entre vivos e espíritos de vários níveis.

Quando o ritual de matança de animais se iniciou, Oxuntoki, devidamente envolvida pelo seu guia protetor que se apresentava como se fosse uma Oxum, foi sentada num pequeno tamborete. Um após o outro, os animais foram trazidos e sacrificados sobre a cabeça de Oxuntoki. Aidô se desincumbia da matança, cortando rapidamente a jugular dos animais, de forma que sofressem o mínimo possível. O sangue quente dos animais que, involuntariamente, doavam sua energia vital, tanto em forma de sangue, como principalmente em forma de ectoplasma – um fluido viscoso, leitoso e branco que vivifica não só os centros de força como todos os nervos e o próprio cérebro – para Oxuntoki foi repondo gradativamente as energias que ela havia perdido.

Este processo de choque, entretanto, exige que recebedor das energias passe por um descanso forçado. Nesses dias não pode se alimentar de carnes, tocar no ferro, ficar exposto a nada excessivamente quente como o próprio sol, fogões, fogueiras. Não pode ter emoções vivas, seja de alegria, tais como gargalhadas estrepitosas, seja de tristeza, tais como choro e lamentações. Assim, após o ritual de feitura que culminou com a morte de uma galinha de Angola sobre a cabeça de Oxuntoki, ela descansou por três meses, sem poder se sentar em cadeiras, deitar onde outra pessoa podia se deitar e passou a comer com a mão. Sua condição de princesa e futura rainha dos iorubás não lhe conferiu nenhum tratamento especial, a não ser no dia de sua apresentação, quando perfeitamente paramentada, Oxuntoki, incorporada da Oxum, dançou para os convivas e disse seu nome secreto de um modo tão rápido que ninguém entendeu – mas não era para se entender mesmo!

Após seu retiro de três meses, ela retornou ao convívio dos seus e retomou sua existência. Todavia, retornara mais consciente de suas novas atribuições como sacerdotisa de Oxum e comandante das poderosas *yami-ajés*.

50

Sobre estes fatos, Alufiran tomara conhecimento de todos os detalhes. O que antes era simples receio dos *eguns*, passou a ser verdadeiro horror. Ele era capaz de enfrentar qualquer homem num combate singular, ou caçar leões, leopardos, búfalos e elefantes, mas o mundo espiritual lhe trazia um medo irracional. Como enfrentar algo que ele não via e que tinha tamanho poder sobre homens e animais? Sim, sobre animais também, porque Aidô, certa vez, lhe contara uma história cuja veracidade tinha sido comprovada por outros, e mesmo retirando os evidentes exageros, ele ficara estarrecido.

Aidô lhe contara que dois leões machos e provavelmente irmãos haviam aterrorizados uma determinada região. Eles agiam de modo diferente dos demais leões e pareciam ter uma inteligência anormal. As várias aldeias foram diretamente atacadas e pessoas que dormiam em suas choupanas foram mortas e dilaceradas. Este fato não era normal, já que leões não entram em aldeias povoadas – os animais temem os homens. Foi reunido um grande grupo de caçadores que tinham experiência em caçar felinos. Todos acharam estranho que dois leões adultos atacassem os homens quando existia caça suficiente na região, assim como o pacífico gado era muito mais fácil de ser atacado do que a aldeia dos homens, que era protegida por cercas e guardas noturnos.

À medida que a caçada tornava-se mais acirrada, os leões tornavam-se mais argutos, emboscando os caçadores e ceifando muitas vidas. A inteligência desses dois leões era tão humana e diabólica que os mais velhos desconfiaram que eles estavam possuídos. Chamaram Aidô para deitar os búzios e descobriram horrorizados que eles eram comandados mentalmente por um grupo de *egun-ibu* que os levavam a matar humanos para roubar os fluidos vitais dos homens abatidos.

Neste instante é que os anciões se deram conta de algo terrível: todas as vítimas haviam sido dilaceradas, mas nenhuma fora devorada. Para se alimentar, os leões continuavam caçando os animais a que estavam acostumados, como gnus, antílopes e gazelas. Em suma, matavam os homens pelo prazer de fazê-lo.

Após um trabalho espiritual que afastou os *egun-ibu*, os leões nunca mais atacaram seres humanos e desapareceram na espessa savana.

A Saga dos Capelinos

Ao conhecer tais revelações, Alufiran deu-se inteira razão em temer os espíritos: como lutar contra o invisível?

51

O coração de Oranian fora atacado de forte melancolia. Sabia que tinha inimigos poderosos e nada iria mudar este cenário. Lembrava-se com amargura de Abeokutá e, muitas vezes, parecia escutar a voz de Anindauê lhe dizendo que havia mais beleza em ser um pacificador do que ser um guerreiro. Logo contra ele é que mostrara sua parte mais feroz. Mas, o golpe de misericórdia fora dado pela morte de sua amada Torosi ou Iamassê, como era mais chamada pelos seus súditos.

Já em Benin, Evian morrera e a sucessão se acirrara. Ninguém desejava aceitar o filho de Evian, Ogiemwen, e para evitar uma nova guerra civil, chamaram Oranian para se tornar seu novo *ogiso*. No início, pensou em recusar, mas depois de refletir um pouco, concluiu que seria uma mudança de ares que muito o beneficiaria. Aos cinquenta e cinco anos, colocou Adjuan como seu regente enquanto estivesse fora e partiu para Benin como uma nova ideia na mente.

Esta ideia surgira certa vez quando ele ainda era um soldado- escravo de Turanshah, no Egito. Seu regimento fora até Alexandria e acampara por dois meses na cidade enquanto Turanshah resolvia uma série de problemas de ordem administrativa no principal porto do Egito.

Alexandria já não era a cidade cosmopolita de séculos atrás, mas ainda mantinha colônias de judeus e cristãos que Turanshah, num rasgo de generosidade, permitia que tivessem sua religião e participassem do reino, não como cidadãos de primeira linha, mas com certas regalias. Numa das andanças de Oranian, ele conhecera um homem – um cristão que dizia ser gnóstico e um estudioso dos antigos gregos. Quando a grande biblioteca de Alexandria fora queimada pelos árabes, séculos atrás, alguns alfarrábios haviam sido salvos, por pura sorte: não estavam na biblioteca, mas sendo estudados em casa por um ancestral deste cristão. Isto lhe possibilitou ler no original grego antigos tratados de filosofia, astronomia, cosmologia e política. Quando Oranian o conheceu, o homem parecia furioso com todo sistema político que envolvia a nobreza e o predomínio

A DIVINA DINASTIA

de um rei. Quando Oranian lhe perguntou qual seria a outra opção, o homem discursou por horas a fio sobre *A república* do ilustre Platão, assim como obras de outros autores que defendiam um sistema chamado democracia. Ele enriquecia os dados teóricos com informações práticas, demonstrando que o governo de um só homem não era uma coisa natural, pois iria transformá-lo inelutavelmente num tirano, como era Turanshah.

Na época, jovem demais e bastante ignorante também para julgar o que o homem dizia, achou algumas coisas factíveis e outras, uma loucura que jamais poderia ser aplicada. Todavia, a semente fora plantada. Se a terra não estava ainda fértil, aquela semente ficou dormitando no fundo da mente do *alafin*. Com a idade, a experiência e uma vivência rica no governo dos iorubás, da guerra e da dificuldade em lidar com homens, Oranian começou a entender que ele também se tornara um tirano, em certos momentos, e aquilo nunca fora sua vontade: preferia ser amado e exaltado pelo seu povo.

Ao partir para Benin, Oranian ia com a vontade de implementar um sistema republicano, em que o povo teria um poder maior de decisão, com representantes escolhidos pelo povo e que pudessem, juntos, governo e povo, administrar o país. Levou junto o seu mais novo filho, já que a mãe morrera de parto junto com a criança. O seu filho mais novo chamava-se Omonoyan e tinha dezoito anos quando acompanhou o pai.

Com a fama o precedendo, chegou em Edo (Benin) como se fosse um deus. Além das festas, aqueles que poderiam obstaculizar seu desejo haviam perecido seja pela idade, seja por doenças. Da nobreza ao mais simples dos homens, todos o viam como o salvador da pátria e ele chegava, humilde, com o coração transbordante de esperança e disposto a não cometer os mesmos erros que fizera um Oyó – despotismo, violência contra os que se lhe opunham, entre os mais graves – e ouvir mais do que falar. Estaria o destino a seu favor?

52

O sentido estético havia tomado conta de Oranian. Tudo o que era belo e agradava aos olhos devia ser feito para embelezar sua terra natal. A cidade passou por uma intensa reforma, com nove portões construídos nos quais os *babalaôs* colocaram seguranças mágicas para proteger a cidade.

Esta foi, todavia, a parte mais fácil de sua reforma. Explicar ao povo que eles deviam escolher representantes por bairros e que estes homens deviam se reunir semanalmente para discutir o assunto de cada comunidade dentro de Edo, isto fora extremamente complexo. As escolhas geraram disputas e houve brigas e choques de interesse. Mais uma vez, os mais fortes saíram ganhando e quando foi feita a primeira reunião, Oranian teve a infeliz surpresa de ver que reunira um bando de pessoas que não tinham interesses reais na comunidade, mas em suas próprias projeções pessoais. Havia desde anciões até bandidos e a maior dificuldade que Oranian enfrentou foi ficar dentro da pauta que ele escolhera, pois os participantes o interrompiam a toda hora para trazer outros assuntos à baila. No meio do caos reinante, Oranian os interrompeu e lhes disse:

– Sei que nenhum de vocês está acostumado a participar do governo e que desejam dar seus pareceres e sugestões. Todavia, qualquer assunto que se deseje discutir deve ser previamente agendado para que se possa ter tempo de estudá-lo e não se tomar uma decisão precipitada. Tanto vocês como eu temos a necessidade de nos disciplinar.

Tal reprimenda foi recebida de modo glacial. Aquela que devia ser a primeira reunião tornou-se motivo para arengas e, principalmente, de dissensões. Todavia, Oranian estava disposto a treinar tal sistema de governo, pois sabia que numa sociedade que fora autocrática, não passa ao estado democrático num átimo: são necessários treino e disciplina.

Os meses correram e grupos foram sendo formados. No início, Oranian não apreciou este fato, mas após pensar um pouco, ele viu que este aspecto não deixava de ser uma boa solução, pois cada grupo havia formado uma liderança e nas discussões, apenas os líderes falavam, o que diminuía a balbúrdia. O próprio Oranian foi formando seu grupo para que, no período das votações, ele pudesse levar vantagens sobre os grupos rivais.

Numa certa época, o filho de Oranian, Omonoyan, interessou-se vivamente pela filha de Enogie de Egor, um nobre da região. O casamento entre Omonoyan e Erinwinde foi um sucesso e logo tiveram um filho, que foi chamado de Eweka. Oranian não achou apropriado que o menino fosse chamado pelo nome do fundador da dinastia dos *ogisos*, mas depois que a bela mãe lhe pediu que aceitasse a sua escolha, ele aquiesceu. Nunca soubera recusar um pedido de uma mulher bonita e ainda mais que adorava a nora que, de fato, o tratava de forma benigna e amorosa.

A DIVINA DINASTIA   115

Após quase um ano, ele sentiu que todo o grupo amadurecera, porém ele pagara um preço excessivamente alto para implantar um sistema
mais justo em que o povo era representado. Desde o início do processo,
seu peito doía e ele tinha dificuldades de respirar. Após uma extenuante
batalha verbal, seu estado de saúde deteriorava rapidamente. Os acessos
de fúria do passado estavam começando a lhe cobrar o preço. Sentia algumas vezes uma fraqueza de tal ordem que não conseguia sair da cama
de manhã e levava alguns longos minutos para se recuperar. Qualquer
esforço o levava a uma taquicardia e a ver pontos negros a dançar em
frente dos olhos.

Certa manhã, Oranian acordou e sentiu que não teria forças para
continuar sua missão. Achava, entretanto, que fizera um grande avanço.
Os grupos – futuros partidos políticos – estavam em vias de estruturação.
A cidade está embelezada e ele mandara vir muitos artesãos de Ifé que
trouxeram sua arte para Benin em busca de fortuna e fama. Após analisar seu trabalho, achou que merecia morrer em Oyó, que fora a cidade
que lhe proporcionara tudo que conseguira na vida.

Chamou Omonoyan e mais alguns de seus seguidores e conversou com
eles. Disse-lhes que sonhara que Ogun lhe aparecera e lhe dissera para
deixar tudo preparado, pois ele estava para iniciar a grande viagem. Após
as contestações de praxe, Oranian deixou seu filho em seu lugar e partiu.
Já estava por demais cansado para cavalgar e foi levado numa carroça.

Jamais saberia que o sistema que quis implantar não daria certo.
Omonoyan chegou a desistir e voltar para Ifé, mas após refletir muito,
retornou e com apoio popular deu um golpe palaciano. Ficou alguns
anos no poder e, ainda em vida, entronou seu filho Eweka, e retornou a
Oyó, onde veio a falecer muitos anos depois. Eweka reiniciou a dinastia
dos *ogisos*.

A viagem de volta de Oranian a Oyó foi pontilhada de acidentes e dificuldades. Até parecia que o destino não queria que ele chegasse a Oyó.
Finalmente, com o coração combalido e parte de sua escolta se perdendo
numa densa mata, Oranian faleceu. Os soldados se assustaram e alguns,
temendo que fossem culpabilizados pela sua morte, resolveram enterrá
-lo na floresta. Após abrirem um profundo buraco e cobri-lo com pedras,
partiram, cada um para seu canto. Somente dois homens foram contra
tal atitude, e um deles, marcou o lugar e, juntos, partiram para Oyó para
informar que o grande Oranian morrera.

116 A SAGA DOS CAPELINOS

Quando chegaram a Oyó foram falar com Adjuan e depois de informarem todos os fatos, um dos soldados, com medo de alguma perseguição pessoal do novo *alafin*, desapareceu, ficando apenas aquele que marcara o local do sepultamento de Oranian.

Adjuan pensou em mandar vir o corpo do pai, mas os preparativos para sua definitiva coroação estavam em andamento e na balbúrdia que se seguiu, acabou deixando o assunto para depois. Oranian ainda teria algum tempo de descanso na densa mata, local onde sempre se sentira bem.

Assim que morreu, Oranian se sentiu fora do corpo. Viu uma série de pessoas em sua volta e, entre eles, estava Anindauê. Ainda tonto pelo recém-desenlace, ele se dirigiu ao amigo, choroso, ajoelhou-se em sua frente e disse-lhe:

– Ó Anindauê, meu amigo e meu irmão, como pude fazer isto a você? Perdoe-me, pois a loucura se apossou de mim.

O espírito de Anindauê levantou-o, abraçou-o e lhe respondeu, quase sussurrando: – Não havia nada que você pudesse fazer. Eu é que deveria não deveria ter aceitado os conselhos de minha mãe, mas fui fraco e devido a minha indecisão, meu povo foi morto por suas tropas. Você não tem culpa. Levante-se, nobre amigo, e comece uma nova etapa de sua viagem até Olodumarê.

Levantando-se e abraçado a Anindauê, que o guiava e amparava, os dois voaram como se fossem duas grandes águias, seguidas de um cortejo de parentes, amigos e admiradores do grande Xangô Oranian. Ele morrera para a carne, mas entrara numa nova dimensão de onde observaria o terrível destino que aguardavam sua amada Oyó e seus filhos. Teria coragem de assistir impassível à tempestade que se abateria sobre Oyó?

53

Nada irritara mais Alufiran do que ver a coroação de Adjuan, seu irmão. Nem tanto porque ele intimamente desejava ser o *alafin* de Oyó, mas porque quase nenhum rei importante da região compareceu pessoalmente. Eles haviam se deslocado até Ifé, onde Adjuan ofereceu presentes aos duzentos *eborás* e recebeu do *oni* de Ifé a espada de Oranmyan

A DIVINA DINASTIA 117

como sinal de sua majestade sobre Oyó. Todavia, somente os pequenos chefes de vilarejos compareceram pessoalmente e depois da entronização é que se prosternaram aos pés de Adjuan. Quanto aos grandes reis, ou mandaram algum representante, um subalterno sem nenhuma importância, ou sequer se dignaram a comparecer.

No momento azado, Alufiran foi conversar com Adjuan.

– Meu irmão, você precisa fazer algo contra esses reis. Deve mandar nossos *kakanfos* com nossa cavalaria buscar estes reis e obrigá-los a se prosternarem aos seus pés.

– Alufiran, eu não sou nosso pai. Acho que podemos viver em paz com nossos vizinhos.

– Isto é um grave erro, Adjuan. Você é *kabiyesi* e eles lhe devem respeito e...

– Não se amofine – atalhou Adjuan, tentando encontrar uma posição confortável na cadeira, já que seu corpo saía da poltrona e ele não se achava duplamente à vontade: pela cadeira e pelas admoestações do irmão. – Respeito não se demonstra se jogando de cara no chão e intimamente maldizendo a quem se prosterna, mas é algo que sai do coração.

– Quanta ingenuidade. Você...

– Não insista.

Após tal resposta, Alufiran saiu furioso da sala. No outro dia, voltariam a Oyó e ele já imaginava os mexericos que correriam na cidade: o *alafin* foi desrespeitado pelos *onis*. Será que Adjuan não entendia que tudo estava interligado? Se não o temessem – esta é a palavra certa – eles deixariam de pagar. Sem o dinheiro das cidades como poderiam manter um exército tão poderoso? Como se defenderiam dos inimigos externos que espreitavam como leopardos à procura de uma gazela? Como poderiam manter seu estilo de vida faustoso?

De fato, Alufiran estava certo. Dadá-Adjaká, como era chamado um pouco carinhosamente e um pouco de forma debochado pelos seus modos um tanto infantil, tornou-se a piada do reino. Aquele porco gordo não tinha a autoridade de um rei. Ainda bem que aquele alucinado do Oranian morrera, pois agora seu balofo Dadá não os iria importunar mais. Estes eram apenas os mais condescendentes comentários que o povo fazia a seu respeito.

Não foi preciso mais do que alguns meses para ver que as taxas não foram pagas e nenhum rei trouxe questões importantes para serem julgadas por Adjaká, como ele gostava de ser chamado. Por outro lado, duas aldeias vizinhas entraram em conflito e mais de vinte homens morreram nas escaramuças que se seguiram. Adjaká não se importou e nem ao menos mandou sua cavalaria por ordem e paz na região como também não mandou um *omodewa* mediar a questão.

Mais uma vez, Alufiran interpelou seu irmão e mais uma vez recebeu uma série de desculpas que demonstrava que Adjaká estava mais preocupado com o cardápio do seu jantar do que com os problemas do reino. No meio da conversa, Alufiran disse-lhe: – Escute, Adjuan...

– Prefiro que me chamem de Adjaká – atalhou com um sorriso de bonomia no rosto.

– Este é outro problema. Esse seu nome é ridículo, indigno de um *alafin*. Você deve ser chamado de Xangô e todos devem lhe chamar de *kabiyesi*.

– Mas que sandice, Alufiran. Eu não sou nosso pai para ser chamado de Xangô. Este foi um título que ele ganhou no festival de Ifé. Quanto a obrigar a pessoas a me chamar de *kabiyesi* é totalmente errado. Eles me chamarão do que desejarem, pois não sou diferente deles em nada.

– Mas você não entende...

– Você é que não entende que eu não sou Oranian. Aliás, tenho pensado muito nisto e resolvi que vou diminuir nosso exército para apenas mil homens.

– Mas você ficou louco? Você vai dispensar cinco mil homens que foram treinados para serem o melhor exército para ficar apenas com mil homens?

– As rendas diminuíram e não podemos sustentar tantos homens ociosos que passam o dia treinando. Não há guerras e mil homens é mais do que suficiente para nos proteger.

Neste instante, Alufiran tomou-se de uma raiva louca. Levantou- se e saiu. Sentiu que se ficasse mais um minuto naquela sala, estrangularia o irmão com suas próprias mãos. Ao sair, quase esbarrou em Yamonari que escutara tudo atrás de um reposteiro. Aliás, marotamente a mulher ficou no caminho de Alufiran para que ele a encontrasse.

– Irritante, não é, meu príncipe?

– Como?

– A atitude de seu irmão.

– E o que você entende disto?

A Divina Dinastia

– Entendo que o destino pregou uma peça a Oranian. Em vez de lhe dar um rei, deu-lhe um sucessor que prefere a boa mesa a governar. Se o destino tivesse sido mais venturoso, você teria nascido primeiro e evitaria o enfraquecimento de Oyó.

Alufiran a olhou com admiração. Conhecia-a há anos e a desejava, por ser uma mulher esplendorosa. Nunca se aventurara a conquistá-la por temor a Toyejê e também porque ela nunca demonstrara especial interesse neste sentido.

– Entretanto, meu príncipe, o destino não é imutável e os grandes homens fazem seu próprio caminho. Pense bem, pois ainda é tempo de impedir uma loucura.

– E o que a bela Yamonari propõe?

– Nada que meu senhor já não tenha pensado. Todavia, a única coisa que o impede de agir são os seus escrúpulos para com o juramento que fez a seu pai quando ainda estava vivo de que sempre apoiaria Dadá-Adjaká. Mas, pense bem, pois acima dos escrúpulos de um homem está o bem-estar de todo um povo.

Após falar isto, ela sorriu, despediu-se com um sorriso cativante e saiu andando pelo corredor, sabendo que Alufiran a estava comendo com os olhos. Aquilo a deixou excitada e, mesmo sem sentir, andou ainda mais devagar, rebolando seus quadris provocativamente. Quem resistiria à mulher mais linda da África?

54

Latosisa era um guerreiro excepcional que se destacara como comandante da cavalaria de Oyó. Ainda no tempo de Oranian fora promovido diversas vezes até se tornar um *kakanfo*. Quando Toyejê se tornou o chefe supremo do exército, Latosisa foi promovido a *kakanfo* da cavalaria, praticamente o segundo homem mais importante do exército de Oyó.

Como descendente longínquo de Ogun pela família de Irê, era um primo afastado de todos os reis e do próprio Toyejê. Vinha da cidade de Ibadan e tinha por Toyejê uma admiração pela sua coragem e tirocínio em batalha. Ambos se respeitavam, mesmo que socialmente o convívio fosse quase impossível: dois bicudos não se beijam. Duas pessoas excessivamen-

120   A Saga dos Capelinos

te francas não podem ficar juntas, pois nenhum dos dois irá abrir mão de seu ponto de vista. Todavia, em combate eram perfeitos, pois ambos sabiam o que o outro pensava e agiam num conjunto quase telepático.

Certa vez, observando Latosisa, Yamonari viu um olhar de profundo desdém que ele fez quando alguém se referiu a Dadá-Adjaká. Matreira, aproveitando a ocasião festiva, ela lhe perguntou sua opinião sobre o desmantelamento do exército que Adjaká queria promover. Sua resposta jocosa deu-lhe uma pista de quem poderia ajudar Alufiran e quem não o apoiaria. Ele respondeu: – Seria mais fácil castrar todos os homens, pois assim quando os haussa-fulanis invadissem a nossa terra, só encontrariam mulheres e eunucos, como é o caso de nosso *alafin*.

Somente um guerreiro sem nenhum pejo e medo de ser preso afirmaria tal sandice, mas ele demonstrou que era contra Adjaká e que via no rei um eunuco – o que de fato virtualmente era devido a sua obesidade. Já Yamonari sabia que seu marido Toyejê apoiava a legalidade: jurara para Oranian obedecer Adjaká quando este se tornasse rei e o faria, mesmo que o *alafin* de Oyó mandasse que ele se jogasse de cabeça num despenhadeiro.

Dois dias depois do encontro de Alufiran com Yamonari na saída da câmara do rei, ele procurou pela bela esposa de Toyejê, dizendo que precisava falar com ela.

– Jamais falarei com meu príncipe em particular no palácio. O que falamos naquele dia foi uma temeridade. Já pensou se alguém nos ouvisse?

– E se nós nos encontrássemos num lugar reservado fora do palácio? Tenho uma casa perto do mercado que está desocupada. Podemos nos encontrar lá e discutir alguns assuntos.

– Que assuntos um príncipe teria com uma simples mulher?

– Não seja modesta. Você é uma princesa da casa de Ijexá e o que desejo discutir com você são assuntos de Estado.

– Se o assunto é referente a Oyó, o encontrarei de bom grado.

Marcaram para aquela mesma tarde. Antes de se encontrar com Alufiran, Yamonari se banhou, se perfumou com perfumes de flores e enfeitou seu cabelo com tranças. Colocou um vestido longo, mas que tinha uma abertura na lateral de tal forma que quando se sentava, suas pernas ficavam parcialmente à mostra.

Na hora marcada, ela adentrou por uma porta lateral e encontrou- se com Alufiran, que a conduziu para um aposento no interior, bem guardado dos olhos de estranhos.

A Divina Dinastia

– Sua conversa muito me intrigou, Yamonari. Diga-me: você acha que o povo me apoiaria no trono?

– O povo apoia qualquer um da casa real. Para ele tanto faz ser Adjaká ou Alufiran, desde que seja um Xangô. O que você deve procurar é o apoio do exército. Se eles lhe apoiarem, tudo poderá ser realizado.

– E o exército irá apoiar-me?

– O exército são os *kakanfos* e só há três que podem ter voz ativa. Um é Matalumbe, chefe da guarda real. Este nunca apoiará as pretensões de nenhum outro que não seja Adjaká. É amigo de infância e foi colocado nesta posição pelo próprio rei, mas ele comanda apenas duzentos homens que guardam o palácio. Se ele for sobrepujado, poderá ser enviado para o exílio junto com Dadá-Adjaká, pois você não poderá jamais matá-lo: ele é seu irmão e o sangue dele iria manchá-lo para sempre.

– E seu marido? Ele me apoiaria?

– Claro que não. Ele o despreza. Diz sempre que já deu muitos tapas na sua boca para que se calasse. Mas, cuidado, é outro que não deve ser morto, pois os homens o adoram e mesmo sendo grosso como um búfalo, os homens confiam nele, já que ele os conquistou pela sinceridade.

– Então, jamais poderei tomar o trono de Adjaká.

– Poderá e deverá se souber usar de um ardil. Latosisa o admira e detesta Adjaká: chama-o de eunuco. Acha a dissolução do exército uma loucura e sabe que ficará sem emprego, sem poder e sem fama, pois ninguém precisa de três *kakanfos* para liderar mil homens.

– Então, pela sua opinião, posso contar com Latosisa.

– Sim, mas é preciso mandar Toyejê embora para que não atrapalhe os seus planos. Mande-o numa missão nobre e ele irá sem pestanejar.

– Não há mais missões nobres hoje em dia.

– Como é que não resgataram o corpo de nosso amado pai Oranian? Como é que vocês podem deixá-lo apodrecer no meio da mata quando seu legítimo lugar seria em Oyó, onde seria honrado e receberia comida e bebida para que não sinta nem fome nem sede na grande viagem? Que tipo de filhos são vocês?

Que mulher matreira, pensou Alufiran. Tão diferente da ingênua Nkan, que se desdobrava em querer agradá-lo, mas só o fazia sentir repulsa pelo excesso de mimo e zelo.

– Entendi. Mas diga-me algo que está me confundindo: o que será de você quando eu destituir Toyejê de seu posto à frente do exército?

– Entenda bem, meu senhor, que Toyejê não deve ser morto. Os soldados ficariam indignados e é difícil comandar homens que irão odiá-lo.

– Não morro de amores por Toyejê, mas não o matarei: lhe darei missões longínquas para que não me aborreça.

– Assim ficarei muito só – disse Yamonari, colocando em seu rosto uma expressão aparentemente tristonha, e cruzando as pernas de tal forma que parte de sua perna ficasse à mostra. Alufiran levantou-se de onde estava e sentou-se ao seu lado, passando o braço em torno dela.

– Eu estarei ao seu lado para confortá-la enquanto seu marido se ausentar.

– Sua presença sempre será um refrigério para minha alma, mas um amigo jamais poderá substituir um marido para certas coisas – afirmou, baixando os olhos, como se tivesse possuída da mais profunda vergonha.

Alufiran passou a mão em suas pernas desnudas. Que pele macia e cheirosa. Imediatamente excitou-se, mas a mulher reagiu calmamente, retirando sua mão.

– Mas você é um homem casado. Nkan é a sua esposa e você tem várias outras que o ocupam todo o seu tempo.

– Nada representam para mim, minha bela.

– Mas representam para mim. Como poderei ser sua rainha, sabendo que você tem tantas mulheres em seu harém e não consegue sequer dar conta de todas?

Ao dizer isto, ela passou a mão no rosto de Alufiran num gesto carinhoso e levantou-se, ajeitou seu vestido de forma pudica e encaminhou-se para a saída. Alufiran ficara tremendamente excitado, quase esquecendo o assunto principal, que era destituir seu irmão e tomar o trono. Aquela mulher o deixava louco e ele passou a mão em seu membro intumescido na tentativa de apaziguar seu desejo.

– Ainda vou ter esta mulher, nem que seja a última coisa que eu faça.

55

Ter a certeza do apoio de Toyejê e de alguns outros nobres de Oyó era fundamental. A própria Yamonari lhe dera uma lista de pessoas que eram favoráveis a uma substituição, assim como de uma minoria, que

A DIVINA DINASTIA

achava que a pacifica administração de Adjaká era melhor do que a forma guerreira pela qual Oranian conduzira os assuntos do reino.

Quase todo dia, Alufiran se encontrava com Yamonari e lhe dava pequenas missões tais como descobrir se algum nobre em especial era favorável a um golpe palaciano ou se ficaria repugnado por uma ação mais drástica. A bela mulher aproveitava seus conhecimentos e conduzia a conversa de forma sempre cuidadosa e matreira. Os nobres não eram como Latosisa e Toyejê, que se abriam, mas ela era uma mulher que sabia ler as menores expressões que os olhos, o canto da boca ou os cenhos cerrados pudessem falar.

Nos seus encontros diários, ela sabia relatar sua opinião e também deixar Alufiran cada vez mais enlouquecido de paixão por ela. Certa vez, Yamonari amarrou um pano em seus seios e, no momento certo, deixou que escorregassem, deixando parte de seus seios à mostra. Alufiran aproximou-se dela e quis tocá-los, mas ela, de maneira pudica, se cobriu rapidamente. Dera apenas uma pequena amostra do que ele poderia ter e mais uma vez, o príncipe de Oyó ficou perdido em seus sonhos concupiscentes pela por ora inalcançável Yamonari.

Todavia, quanto mais ela se eximia de lhe proporcionar uma tarde cheia de amor, mais ele se afastava de Nkan e de suas outras mulheres. Nkan notou-lhe a frieza e como era amiga íntima de Yamonari, perguntou-lhe o que deveria fazer para reconquistar o amor de Alufiran.

– Qual é o homem que resiste aos encantos de uma mulher que deseja se oferecer a ele? Coloque uma roupa que mal cubra suas formas, deixando à mostra seu sexo e seus seios. Precipite-se languidamente sobre ele, desfile para que ele veja suas formas e deixe-o enlouquecido e depois, assalte-o, procurando pelo seu sexo e faça aquilo de que todo homem gosta.

– Isto dará certo? Eu sempre fui tão recatada. Nunca me expus assim para ele.

– É por isto que ele perdeu o fogo por você. Muitos anos de casamento fazem com que eles procurem por outras.

– E você faz isto com Toyejê?

– Meu bem, se eu não fizesse isto e muitas outras coisas, ele já me teria trocado por outra.

– É mesmo? Diga-me o que você faz para excitá-lo.

Durante alguns bons minutos, Yamonari sussurrou coisas que ela dizia fazer para excitar seu marido. Usou para tal sua imaginação, já que,

124 A SAGA DOS CAPELINOS

de fato, não fazia nada daquilo. Pelo contrário, evitava o marido o mais que podia. Nkan escutou as pretensas técnicas que Yamonari dizia usar para incendiar seu marido e ficou excitada só em pensar naquelas coisas deliciosas de que já escutara falar, mas que jamais ousara fazer com seu marido, por mais que ele já tivesse solicitado.

Uma mulher experiente saberia que certas coisas devem ser evitadas, pois podem ser contraproducentes, mas Nkan, além de ser uma mulher apaixonada pelo marido, não era assim tão sagaz para ver que as técnicas propostas por Yamonari exigiam um corpo perfeito, o que não era mais o seu caso. Anos de excessos na mesa transformaram-na numa obesa matrona, cujos seios e nádegas estavam sendo vencidos pela maior de todas as forças: a da gravidade terrestre.

Naquela tarde, Alufiran recebeu Yamonari em sua casa e perguntou-lhe sobre certos nobres, os últimos de que ele ainda tinha dúvidas. A bela mulher contou-lhe tudo e como parte de seu plano, fora vestida com uma túnica feita de linho egípcio praticamente transparente. Chegara coberta por uma capa que a escondia dos olhos das pessoas e, ao adentrar na casa, retirou-a e colocou-a numa cadeira. O impacto sobre Alufiran foi imediato: ela estava virtualmente nua. Ele podia observar seus seios em forma de pêra, firmes e empinados. Ela fez questão de andar na sua frente e ele pôde apreciar suas ancas largas e suas nádegas fartas e bem torneadas. Como é que um homem podia falar de coisas sérias se uma mulher esplendorosa estava ao seu alcance?

Nesta tarde, ele se aproximou cheio de desejo e a agarrou, implorando que deixasse tocá-la. Ela resistiu um pouco, mas deixou-se desnudar enquanto o homem a beijava nos lábios e passava a mão em seus seios. Depois, negaceou novamente, mas vendo que ele estava quase fora de si, deixou que ele a beijasse nos seios. Sentiu a mão dele levar a sua mão para tocar no seu sexo e por várias vezes, negaceou até que tocou suavemente em seu pênis intumescido. Sentiu-o e ficou satisfeita com seu tamanho nem tão exagerado, mas também nada desprezível, mas assim que sentiu que o homem iria penetrá-la, empurrou-o com vigor, vestiu-se apressadamente e lhe disse enquanto saía.

– Nosso dia chegará, mas não serei sua como uma rameira, escondida dos olhos de todos.

Assim que ela disparou porta afora, Alufiran notou que ele tremia da cabeça aos pés: jamais vira uma mulher que o tivesse deixado em tal

A DIVINA DINASTIA 125

estado de excitação. Se ele não conseguisse tê-la, ele iria acabar tendo um ataque de loucura e a possuiria à força. Decidido, concluiu que na próxima vez, ou ela se entregava a ele por bem, ou a estupraria.

Naquela noite em suas acomodações, Nkan, a legítima esposa de Alufiran, decidiu que seguiria as instruções de Yamonari à risca. Adentrou o quarto seminua e languidamente mostrou-se ao marido. No inicio, Alufiran não entendeu aquilo a que a esposa se propunha, mas, meio pasmo, observou quando aquela mulher gorda, desajeitada, com os seios caídos, o olhar incendiado, começava quase uma dança voluptuosa. Não acreditava em seus olhos. Seria possível que a sua esposa tivesse enlouquecido ou será que estivesse possuída por tenebrosos espíritos? Quando ela se voltou para ele, deixando-o ver suas nádegas, ele tomou um susto. Como ultimamente raramente a visitava, não se dera conta de como estava decaída e feia. Comparando inconscientemente sua mulher com Yamonari, ela não só perdia de longe como também se tornara ridícula e digna do mais profundo desdém.

Naquele instante, acreditando estar agradando o marido, ela avançou sobre ele, disposta a pôr em prática todas as técnicas que Yamonari havia lhe ensinado. Quando ela disparou para cima do marido, ele se assustou ainda mais. Para ele, parecia uma bufala no cio atacando com os chifres abaixados, dispostos a dilacerá-lo. Ele se empertigou e quando, desajeitada, o joelho de Nkan atingiu seus testículos, ele urrou de dor. A mulher, com seus cento e tantos quilos o derrubou, sobre a cama e imediatamente partiu para a felação, uma das técnicas que Yamonari lhe dissera para fazer. Era demais! Cheio de dor, indignação e de horror pela mulher, Alufiran a empurrou com violência. Ela perdeu o equilíbrio e estatelou-se no chão.

– Você é doida? O que deu em você?

Assustada com a reação violenta do marido, ela choramingou: – Só quero lhe agradar.

– Vá agradar ao diabo, sua vaca gorda. Saia já do meu quarto, sua idiota!

Pela expressão de ódio misturado com a dor intensa nos testículos, Alufiran parecia estar possuído do mais negro desdém que alguém podia externar. Aquilo chocou profundamente Nkan; jamais imaginara que ele reagiria desta forma. Subitamente entendeu o motivo da rejeição: realmente tinha engordado e não se preocupara com sua silhueta. Ele tinha razão: ela se tornara uma vaca gorda e ridícula. Ao tomar consciência do fato, ela explodiu num choro envergonhado e saiu correndo seminua até seu quarto. Num misto de vergonha, por ter sido tão vilmente rejeitada pelo esposo e de ódio, por ter se tornado um ser tão abjeto aos olhos de seu amado, Nkan jurou para si mesma que mudaria de estilo de vida: voltaria a ser a bela mulher que já fora, mas nunca mais um homem a trataria com desdém novamente. Se o fizesse, ela o mataria e uma jura de Nkan não era um assunto para ser tratado de forma ligeira. Saberia Alufiran lidar com a fúria de uma mulher desprezada?

56

Medo é a palavra exata para exprimir o que Alufiran sentia em relação a Toyejê. A reação daquele homem era imprevisível e como guerreiro era invencível, mas, pior do que isto, era que a soldadesca o acompanhava em tudo. Se ele quisesse, poderia tornar-se *alafin* de Oyó e todos o apoiariam, seja por bem, seja por temê-lo. Era preciso descartá- lo de vez, mesmo que tivesse jurado a Yamonari que não faria mal ao seu marido.

A pessoa certa para ajudá-lo nesta tarefa era Latosisa; descobrira por intermédio de Yamonari que o *kakanfo* anelava pelo posto do seu chefe e, sobretudo, estava precisando de dinheiro. A mulher descobrira tal fato pela esposa de Latosisa, uma princesa egbadô que se queixava de que saíra do palácio do pai para um casebre horroroso – um exagero, mas as reclamações da bela esposa o faziam desejar ganhar mais e viver ainda mais condignamente do que já vivia.

Quando Alufiran botou Nkan para correr do seu quarto, ele se decidiu. O irmão havia mandado embora parte do exército e as notícias que corriam entre as cidades iorubás é que ninguém mais pagaria as taxas anuais. Além disso, os espiões informaram que os haussa-fulani estavam novamente em pé de guerra, prontos para invadir o sul: ou ele agia agora ou acordaria com um haussa-fulani cortando seu pescoço.

Convocou Latosisa para uma reunião secreta e abriu seu coração. Disse-lhe tudo e falou quem estava do seu lado e quem estava contra ele. Quando chegou ao assunto Toyejê, foi de uma sinceridade implacável. Afirmou que era preciso matar o chefe do exército, pois este jamais apoiaria um golpe de Estado dado por ele. Por outro lado, disse-lhe que

A DIVINA DINASTIA					127

amava Yamonari e era correspondido por ela. Toyeje precisava ser eliminado para poder se casar com ela. Depois de expor estas particularidades que nada tinham a ver com o golpe palaciano, concluiu que falara demais, mas como sempre tinha um plano alternativo, se Latosisa não o apoiasse, amanheceria assassinado por um dos inimigos do *kakanfo*.

Arrematou toda sua conversa com promessas: tornar-se-ia o *kakanfo* chefe do exército. A outra oferta: se eliminasse Toyejê, receberia a sua casa, ou seja, a grande mansão do príncipe Alufiran, a maior residência após o palácio do *alafin* de Oyó. Os olhos de Latosisa brilharam e ele meneou a cabeça em assentimento. Perguntou quando o golpe se daria e Alufiran respondeu-lhe que seria na próxima reunião dos ministros a se realizar em quatro dias. Antes disso, contudo, ele teria que enviar Toyejê numa missão. Assim, enquanto Toyejê estivesse viajando, Latosisa e um grupo de fiéis o emboscariam e o matariam. Trariam as vestes ensanguentadas do *kakanfo* e diriam que ele foi morto por animais, ou algo parecido. Por alguns minutos, discutiram o assassinato do chefe de Latosisa.

Uma das preocupações de Latosisa era referente ao destino de Dadá-Adjaká, pois uma grande parcela do povo o amava e se ele fosse morto, as pessoas poderiam se revoltar. Alufiran jurou que nunca mataria seu irmão, mas o exilaria na cidade de Igboho – um vilarejo melhorado, onde ele poderia ser o *oni* do local, sob a supervisão de uma pequena força de guardas. Viveria o resto de sua vida tranquilamente com seu dinheiro, família, amigos e correligionários, que seriam exilados com ele. E, então, voltando ao assunto Toyejê, Alufiran foi taxativo.

– Este é o único que deve ser morto. Enquanto ele viver, Yamonari não poderá ser minha.

Latosisa perguntou-se quais seriam os verdadeiros motivos que moviam Alufiran. Seria ambição, patriotismo ou pura concupiscência? Ou tudo junto, numa mistura comburente?

57

Convencer Adjaká em mandar Toyejê para trazer o corpo de Oranian foi mais fácil do que pensara: o irmão estava de bom humor e aquiesceu de imediato. Pelo seu lado, Toyejê recebeu a incumbência com o peito estufado de orgulho. Nada mais dignificante do que ir buscar o corpo de seu mestre e amigo, o homem que ele mais admirava e amava. Seria uma missão maravilhosa.

Ele quis levar duzentos homens, mas Alufiran disse que era um exagero: que levasse apenas uma pequena escolta para não chamar a atenção da missão, que devia ser a mais discreta possível. Explicou-lhe que, infelizmente, os inimigos de Oranian eram muitos e poderiam atacar seus despojos para impedir um sepultamento digno. Era preferível que tudo fosse feito na calada da noite e depois que o corpo já estivesse em Oyó, uma grande celebração seria organizada para honrar Oranian. No fundo, Alufiran desejava dar um sepultamento grandioso ao Xangô Oranian, mas jamais com o corpo recuperado pelo odioso Toyejê.

Na véspera da reunião do conselho, Toyejê partiu com seis homens, duas carroças e o único homem que sabia onde Oranian estava sepultado. Não chegaram a andar mais do que duas horas quando, subitamente, os homens da escolta agarraram Toyejê e o subjugaram. O único a ser apunhalado foi o guia, o único a conhecer o local preciso onde Oranian fora enterrado, pois ele não fazia parte do grupo que Latosisa articulara para dominar o *kakanfo*. Não feriram Toyejê, mas amarraram seus braços nas costas enquanto outros oito homens saíam do mato. Entre eles, ele viu Latosisa se aproximar e nada entendeu de imediato. O que significava isto?

Com um comando, Latosisa mandou que seus homens se afastassem, pois queria conversar a sós com Toyejê. Durante alguns minutos explicou que Alufiran estava para dar um golpe de estado, depondo Adjaká e desejava que ele, Toyejê fosse morto. Não mencionou, todavia, que Adjaká seria exilado para Igboho. Toyejê não podia entender o motivo dele ser o único a ser morto.

– Por quê? Será que seu ódio por mim é assim tão grande?

– Não, meu primo, é o amor dele por Yamonari que é imenso.

Pela expressão de pasmo, Latosisa entendeu que Toyejê nada sabia do caso de sua esposa com Alufiran. Repetiu o que o príncipe lhe contou a respeito do caso de amor que vinha mantendo – parte verdade, parte mentira já que os dois pretensos amantes nunca haviam se amado de fato. Mas isto era um detalhe que Latosisa desconhecia. Toyejê ficou profundamente magoado tanto com um como com o outro. Em sua mente, via Alufiran ainda como seu aprendiz, um homem que deveria aprender

A Divina Dinastia

o valor da disciplina, como lhe fora recomendado por Oranian. Mas jamais esperaria isto de sua esposa, uma mulher cuja doçura não encontrava paralelo com nada neste mundo e de uma beleza de alma incomparável. Neste instante, sob o impacto de uma realidade que desconhecia, entendeu que se equivocara em relação à sua esposa. Não passava de uma mulher ambiciosa e tinha certeza de que não era por amor que procurava Alufiran, mas atrás de riquezas, poder e reconhecimento público. Isto sim, ela sempre demonstrou gostar. Antes, era apenas a esposa do chefe do exército, mas agora seria a rainha dos iorubás – quanta honra!

– Então, por que não me mata logo?

– Por quem me tomas? Você acha que vou me vender e matar meu primo, um descendente de Ogun, nosso pai, por causa de uma casa e o posto no exército que, mais cedo ou mais tarde, ia ser meu mesmo, já que sou seu sucessor natural? Nada disso. Vou participar deste golpe não só para impedir que outro alucinado tome nosso lugar e jogue o exército contra o povo, mas também para me proteger. Se eu não concordasse, você acha que estaria vivo? Alufiran tem espiões e assassinos que estão em vários lugares. Nada mais fácil do que ser esfaqueado no meio da noite.

Ao ver que Toyejê concordava com ele, arrematou:

– Pois é, se eu não me aliasse a ele, você acha que nós dois estaríamos conversando?

– Só não entendo por que ele não mandou seus assassinos me matar?

– E ter o exército todo contra ele?

Meneando a cabeça, Toyejê perguntou: – E o que você pretende fazer?

– Para todos os efeitos, matá-lo. Os soldados voltarão para Oyó e dirão que você foi morto por um animal selvagem numa caçada. Mostrarão suas vestes cheias de sangue e levaremos algumas partes de seu corpo triturado pelos animais para dar maior credibilidade à história. Usaremos o corpo daquele infeliz, mas é fundamental que você desapareça. Não poderá ficar andando por aí e nem ir para lugares onde as pessoas o conheçam. Mude o cabelo, coloque uma roupa de leproso (coberto com palha-da-costa) e fuja. Se você for visto e Alufiran souber que continua vivo, minha vida e dos soldados que estão aqui não valerão nada. Você concorda em fazer o que lhe digo?

– Traga-me minha espada e jurarei por Ogun.

Latosisa trouxe a sua espada e ele beijou a ponta da espada. Em seguida, deu ordens para desamarrá-lo. Mandou que tirasse a roupa e trocou suas vestimentas com o único que fora morto e disse-lhe: – Vá e esqueça Oyó. Fuja e arranque Yamonari do seu coração: ela não o merece.

– E minha filha?

– Juro proteger Avesan.

Latosisa ficou olhando Toyejê desaparecer pela trilha estreita que cortava a savana. Seu coração estava apertado e falava consigo mesmo e com seu orixá Ogun, pedindo perdão pelo ato que cometera, mas, no fundo, achava que tinha protegido seu primo e que Ogun deveria estar satisfeito.

Mandou os homens se afastarem uns duzentos metros e ficaram esperando que os carniceiros fizessem seu trabalho. Em questão de minutos, o céu se encheu de abutres, que mergulharam em direção ao cadáver. Logo depois, quando já estavam bicando freneticamente o corpo, apareceu um grupo de hienas e de chacais e ficaram os três grupos dilacerando o corpo com voracidade e lutando entre si. Quando aquilo que fora um ser humano estava bastante trucidado, Latosisa ordenou e os homens atacaram os animais com flechas e golpes de lança. Após afugentar os lixeiros da natureza, eles pegaram o corpo em frangalhos, colocaram-no na carroça e partiram de volta para Oyó. Absolutamente ninguém poderia reconhecer Toyejê naquela maçaroca de carne a caminho da putrefação.

Com o rosto quase impassível, Latosisa observou o cadáver para ver se havia a possibilidade de alguém dizer que não se tratava de Toyejê e concluiu que, pelo estado do corpo, podia ser qualquer um. Lembrou- se de que o morto fora um soldado valente e que fizera parte da guarda pessoal de Oranian. Fora assassinado para que Toyejê pudesse viver, mas ele sabia que o *egun* dele o perseguiria na outra vida. Jurou que daria apoio à família e levaria comida, bebida e flores ao seu túmulo, mas sua consciência pesava. Depois, sacudiu todos os pensamentos negativos, pois tinha que se preparar já que, no outro dia, Alufiran daria seu grande golpe de Estado.

58

O conselho se reunia de oito em oito semanas e discutia os assuntos de Estado. Naquele dia, todos estavam extremamente abatidos: a notícia da morte de Toyejê, além do estado irreconhecível de seu cadáver, deixara os que o viram em estado deplorável.

A DIVINA DINASTIA   131

– Temos que sepultar Toyejê com honras de grande guerreiro –disse Alufiran, com os olhos molhados de lágrimas.

Todos concordaram. As exéquias foram marcadas para o outro dia.

Adjaká ia puxar o primeiro assunto, quando Alufiran o interrompeu:

– Sinto muito em lhe dizer isto, meu irmão, mas você não tem estofo para ser nosso *alafin*. Nós decidimos que você irá para Igboho, onde poderá passar o resto de seus dias em perfeito conforto, com sua família e amigos.

Houve um 'oh' de surpresa entre os presentes, mas dos dez membros, sete estavam a par do que Alufiran iria fazer. Os demais três e mais Adjaká é que reagiram com espanto.

– Você deve estar brincando ou então enlouqueceu de vez – reagiu Adjaká, rindo. Era óbvio que não acreditava que Alufiran o destronaria. – Suponho que é você quem irá assumir meu lugar, não é?

– Não estou brincando nem estou louco. Sua administração está nos levando à ruína e eu não posso permitir que a obra de nosso pai seja enxovalhada por alguém que prefere comer, dormir e se divertir. Os negócios de Estado são um assunto sério para os quais você demonstrou não ter apetite.

– E quem é que vai me tirar do trono? Lutarei até a morte.

– Não seja dramático, meu irmão. O que faço não me dá nenhum prazer, mas é uma necessidade que se impõe e suplanta meus desejos pessoais. Não tente resistir que todos aqui estão contra sua permanência.

– Isto é uma mentira – disse levantando-se de sua poltrona. Virando-se para os demais membros, perguntou: – Quem deseja minha partida que se levante? Quero conhecer os traidores.

Neste instante, Alufiran olhou sério para os seus adeptos e eles se levantaram, demonstrando patentemente que desejavam a sua partida. Quando o *alafin* viu que tinha minoria, pois somente Akessan, Matalumbe e seu camareiro estavam ao seu lado, ele ainda tentou uma última cartada.

– Tenho certeza de que o espírito de Oranian deve estar desgostoso com esta atitude – e, virando-se para Matalumbe, o chefe da guarda real, ordenou-lhe: – Chame seus guardas e prenda estes homens.

Imediatamente, Matalumbe levantou-se e chamou seus guardas, mas quem atendeu o chamado foram oito soldados de Latosisa. Assim que eles entraram no salão, o *kakanfo* ordenou-lhes:

– Prendam Adjaká, Akessan, Matalumbe e Ibiapura. Escoltem-nos até suas casas e mande os demais soldados ajudarem a carregar as carroças. Eles partirão hoje. Trate-os bem, mas, se reagirem, podem usar de força.

Ninguém entrava armado no salão, portanto não havia como reagir àqueles brutamontes selecionados por Latosisa, mas Akessan sempre fora um homem disposto a ir até as últimas consequências e tentou reagir. Um dos soldados, usando de uma pesada clava, o derrubou com um golpe na cabeça. Ver Akessan caído foi o suficiente para que Adjaká se encolhesse e seguisse os seus captores de cabeça baixa. Se alguém pudesse entrar em sua mente, encontraria vergonha, pusilanimidade e estupor mesclados de forma inextricável.

O resto do dia foi motivo para assombro para a população. Muitos ao saberem da deposição de Adjaká se rejubilaram; a maioria concordavam que era inepto para ser rei. Uma malta acorreu para ver Adjaká ser levado embora e, como sempre acontece nessas horas, alguns aproveitaram a ocasião para tripudiar do infeliz, chamando-o de nomes inconfessáveis e fazendo troça de sua desgraça. Adjaká parecia em estado de choque. Aquelas pilhérias quase não eram escutadas pelo homenzarrão, que chorava e soluçava como um bezerro que houvesse sido afastado das tetas de sua mãe.

Para as famílias aterrorizadas dos depostos, só havia uma coisa a fazer: seguir os chefes de família e rezar para que a soldadesca mantivesse as pessoas afastadas. Provavelmente, o único a demonstrar uma altivez como se nada daquilo o atingisse foi Aganju, filho de Adjaká, um jovem de vinte e dois anos, que partiu levando sua mulher e filhos. No seu olhar lia-se claramente o desejo de se vingar da afronta do tio e, se dependesse dele, ele voltaria um dia para retomar o que era seu, já que ao destronar Adjaká, Alufiran lhe tirava também o direito sucessório.

– No momento certo – pensou Aganju –, voltarei e Oyó estará aos meus pés e hei de segurar em minhas mãos a cabeça de Alufiran.

59

Em Kano, a capital dos haussa, as notícias de que Oyó havia desfeito seu exército foram recebidas com alegria. Os jovens guerreiros cientes de que Oranian já não mais existia e que o *alafin* de Oyó era um obeso que preferia empanzinar-se a guerrear, abriu novas perspectivas. Como não desejavam atacar Oyó e ter os nupês como seus inimigos, acharam

A DIVINA DINASTIA 133

melhor organizar uma incursão às terras de seus antigos rivais na região. Sabiam que Agodô era um homem velho, de setenta anos, e que não tinha mais o apoio do temível Oranian e era hora de mostrar que as forças de Alá eram mais poderosas do que os feiticeiros negros.

Em Empé, havia muitos anos que Favimishai, o filho de Oranian, levava uma vida insípida e vazia. Mesmo tendo o *status* de príncipe, era visto como um estranho, a não ser por Agodô, seu padrasto. Todavia, como era um homem de opiniões fortes e as externava com sabedoria, os demais filhos de Agodô apenas o toleravam.

Quando os haussas investiram nas terras dos nupês, Agodô imediatamente reagiu e formou sua força de defesa. Enviou seu filho mais velho, Olomi, para guerrear contra os invasores. Favimishai foi como o comandante de um destacamento de cavaleiros, mas o colocarem atrás, na reserva, para que toda glória recaísse sobre Olomi.

Os haussas haviam modificado grandemente seus métodos de guerrear. Haviam trazido uns mamelucos do Cairo, que lhes ensinaram a usar os cavalos, a se organizarem e a atacarem de forma coordenada. Já não ficavam numa posição meramente defensiva, esperando que o inimigo os atacasse.

Quando as forças de Olomi encontraram os haussas, eles foram surpreendidos com movimentos rápidos de enlaçamento, ataques e recuos táticos e uma chuva de flechas e lanças que não esperavam. Quando a vanguarda de Olomi se viu cercada pelos haussas e começou a ser dizimada, Favimishai lançou um ataque relâmpago para salvar Olomi. Conseguiu a muito custo retirá-lo das mãos dos haussas e junto com o que sobrou de seus cavalarianos, fugiu, seguido de alguns nupês.

Reuniu os nupês e disciplinadamente os levou de volta até cruzarem um rio e sempre com os haussas em seu encalço, conseguiram formar uma linha de defesa, usando o rio como escudo. Os haussas tentaram atravessá-lo, mas a chuva de flechas fê-los desistir. Podia não ter sido uma vitória avassaladora dos haussas, mas pela quantidade de nupês mortos, não se podia duvidar de que uma ou duas batalhas semelhantes iriam devastar o exército de modo irrecuperável.

Quando Olomi retornou a Empé, contou ao pai uma história totalmente diferente. Disse que Favimishai lançou-se num ataque alucinado e quando se viu cercado, ele, Olomi foi obrigado a salvá-lo. Por causa disto, perdeu um grande contingente de pessoas. Agodô escutou Olomi e depois,

134 A SAGA DOS CAPELINOS

em particular, ouviu a versão de Favimishai. Mandou vir vários chefes de esquadrão e ouviu suas versões. Depois de escutar as várias versões, concluiu que Olomi mentira. Mas o que fazer? Punir o herdeiro? Impensável!

Os haussas vadearam o rio num lugar onde não havia nupês e atravessaram num lugar propício. Rapidamente vieram em direção a Empé. Agodô montou seu cavalo, chamou Favimishai e deu ordens a Olomi para que protegesse o trono. Foi a forma que Agodô encontrou para afastar o filho do comando e, na hora da batalha, entregou o comando a seu enteado.

Favimishai preparou uma emboscada. Num ponto do planalto do Jos, onde as ondulações escondiam bem suas forças, ele preparou uma carga frontal de cavalaria. Assim que eles chegaram a menos de cinquenta metros – a distância que os haussas costumavam atirar suas flechas – eles deram meia-volta e saíram correndo como se estivessem fugindo dos haussas. Os mais jovens guerreiros haussas viram nisto a oportunidade de persegui-los e se lançaram numa corrida desenfreada atrás deles. Por mais que os chefes haussas gritassem para manter as fileiras coesas e não corressem atrás dos nupês, no calor do combate, eles não escutaram. Caíram na armadilha e foram ceifados por uma chuva de flechas.

O grosso da força haussa, então, movimentou-se lentamente pela savana para enfrentar os lanceiros a pé. Quando menos esperavam, a cavalaria de Favimishai atacou a retaguarda e atravessou o campo de batalha dividindo as forças dos haussas em pequenos grupos. Na sua cavalgada, mataram muitos haussas e num golpe de sorte, mataram os principais chefes. Estando acéfalos, os haussas começaram a bater em retirada. Foi quando Favimishai lançou seu ataque total. À vista do grosso dos quatro mil nupês trouxe pânico às forças haussas e eles debandaram na mais completa confusão. Durante duas horas, os nupês os perseguiram e mataram muitos deles. Os nupês aprisionaram um grande grupo de guerreiros para serem trocados num tratado de paz que, inevitavelmente, viria.

A entrada triunfal de Agodô em Empé só não foi mais festejada porque logo se espalhou a notícia de que o verdadeiro vencedor fora Favimishai. Olomi não escondeu seu ódio a Favimishai e vociferou pelos corredores que ainda mataria aquele intrometido. Agodô entendeu que, um dia, teria que afastar os dois homens ou então eles acabariam por se matar. Naquele momento, todavia, ele não tinha a menor ideia de como proceder. Será que o tempo lhe diria?

60

O fogo na savana é uma das coisas mais perigosas que os homens e animais podem enfrentar e foi um incêndio que empurrou Toyejê para Igboho. Chegou antes mesmo da comitiva de Adjaká ser trazida por uma forte escolta de cavalarianos de Oyó. Cioso de que não deveria ser reconhecido, adentrou na aldeia e logo arranjou pouso a casa de um *babalaô* local, um *ajé* de aldeia, e que simpatizou com sua figura alta e máscula.

Observando o jovem, Toyejê notou que ele era esguio, com formas quase femininas, uma voz fina, mas gentil e seus modos podiam ser afetados, mas eram suaves. Além do mais, a comida que ele ofereceu a Toyejê foi classificada como uma das melhores que jamais havia provado. Toyejê, mesmo reconhecendo a preferência sexual do jovem pelos maneirismos, achou que aquele seria o local perfeito para se homiziar. Ele poderia dar proteção ao *babalaô* – o homossexualismo sempre foi malvisto em todos os lugares e poderiam abusar de sua fragilidade, já que o jovem não era muito forte – e receberia do jovem casa e comida, que era tudo o que ele anelava.

Qual não foi seu susto quando viu seus antigos comandados trazendo Adjaká e toda sua comitiva? Escondido, ele viu, para seu maior assombro, numa carroça atrás de Adjaká, Nkan e várias concubinas de Alufiran. Será que o novo *alafin* mandara embora todas as suas esposas? Depois se lembrou de Yamonari e seu sangue ferveu: a traidora conseguira que o idiota do Alufiran dispensasse todo o seu hárem para que ela reinasse absoluta. Acalmou-se e observou. Viu quando quase todos os guerreiros foram embora no outro dia e soube, pelo *babalaô* que o *oni* local tinha se tornado responsável pela guarda de todos. Ele havia chamado os homens e lhes dera as boas-vindas. Informou que não tinha como vigiá-los. Deviam, portanto, jurar que não fugiriam, ou então ele teria de contratar guardas e o custo sairia do bolso deles. Adjaká e os demais juraram.

Como era de se esperar, Onipedé, o jovem *babalaô*, tomou-se de amores por Toyejê, especialmente quando o guerreiro lhe trouxe carne de gazela caçada por ele. O moço preparou um repasto digno de um rei, já que cozinhava de forma exímia. Após tal fato, sempre agradando o guerreiro, conseguiu o que desejava: fazer de Toyejê seu amante. Numa conversa, Onipedé lhe disse que se ele desejasse ter uma mulher, ele não o impediria: só lhe pedia que não tivesse outro efeminado como amante. Toyejê concordou com os ditames do moço.

Igboho não era nenhuma cidade grande como Oyó para engolir uma pessoa. Após alguns dias, mesmo Toyejê sendo cauteloso para não ser visto, acabou por encontrar Akessan no mercado. Ambos, pressentindo o perigo de serem vistos, marcaram um encontro secreto e, às escondidas, os dois se encontraram e conversaram. Akessan contou- lhe todos os fatos que levaram à queda de Adjaká. Por seu lado, ele reportou o que Latosisa fizera ao salvá-lo de morte certa. Toyejê lhe disse onde estava morando e Akessan lhe disse que deveriam esperar o momento certo, pois mesmo exilados, poderiam trabalhar para um dia retomar o poder. Ambos se mostraram dispostos a agir no momento azado, desde que tivessem os meios para tal. Mas, por enquanto, deveriam ficar quietos. Existe um tempo para tudo e o momento agora era de se fortalecer.

61

Depois de ser entronado em Ifé por Obalokun, o novo *oni* de Ifé, a primeira medida que Alufiran tomou foi se intitular Xangô. A segunda medida foi instituir uma nova forma de governo. Um seletíssimo grupo de seis homens chamado de *oxoruns* – ministros de estado – iriam ajudá- lo a administrar o reino e eram os únicos que tinham acesso direto a ele. O mais velho dos *oxoruns* era considerado como o primeiro dos ministros e discutia em particular os assuntos políticos com Xangô, sendo conhecido pelo cognome de *axamu*. Depois vinham seis *agbakins*, que eram conselheiro de guerra e de segurança interna do reino. Os *agbakins* também eram os responsáveis pelo culto a Oranian, o pai e grande mentor de Xangô. Depois vinham os *alapinis*, os *laguna*, os *akiniku* e os *asipa*, que tinham respectivamente as funções de exercer o ritual dos *egungun* (ancestrais), embaixadores, os ouvidores do reino e, por último, os tesoureiros de Oyó.

Outra medida imediata que Xangô mandou executar foi reaparelhar o exército e ampliá-lo. De uma pequena força de mil homens, ele mobilizou mais de seis mil homens, trazendo guerreiros pagos de todas as aldeias. Durante algumas semanas, Latosisa os preparou para se tornar uma força de combate respeitável. Assim que Latosisa achou que eles es-

A DIVINA DINASTIA 137

tavam prontos, Xangô mandou-os para a região de um dos reis que não havia comparecido à sua coroação.

Somente o rei de Egbadô não viera, pois os demais, alertados de que Xangô não toleraria desobediência, tiveram o bom-senso de comparecer e de se prosternarem aos seus pés e jurarem obediência. Aproveitaram para pagar as taxas atrasadas e trouxeram ricos presentes. Já o rei de Egbadô recusou-se a comparecer. Sem outra opção para não abrir um perigoso precedente, Xangô teve que enviar Latosisa para Egbadô e colocar a região inteira sob sua lei. Deu ordens para que prendessem o rei e trazê-lo encarcerado para Oyó.

Quase sem encontrar resistência, Latosisa prendeu o rei e o levou a ferros para Oyó. Xangô fez questão de julgá-lo e mandou arrestar todos os seus bens, rebanhos e mulheres. As suas riquezas aumentaram os seus bens, mas quase não foram usados para seu consumo, pois as suas despesas com o exército haviam aumentado grandemente.

Os seis meses de viuvez de Yamonari haviam se passado e ela foi devidamente entronizada como rainha de Oyó, mesmo que já tivesse frequentando o leito de Xangô desde o dia em que Adjaká fora exilado de Oyó. Na opinião de Xangô, ele fizera um grande negócio: a mulher era mil vezes melhor do que sua imaginação podia ter calculado. Ela fazia coisas que ele nem imaginava serem possíveis, e não era só uma questão de técnica, mas de cheiro e de pele, pois isto é o que alucinava o novo *alafin*.

Para Yamonari era a consecução de seus sonhos. Ser rainha era fundamental para sua mente e seu coração. Fora criada para ser uma rainha e nunca aceitara nenhum posto subalterno. Por outro lado, usando de artimanhas femininas, conseguia que Xangô lhe desse presentes de todo tipo. Eram casas que ela alugava. Eram joias que ele mandava vir de todos os lugares possíveis para agradar sua esposa. Eram túnicas, sedas, linhos, algodões, tecidos que enchiam um quarto só para a rainha. Mas, Yamonari era uma mulher prática e tinha empregados que cuidavam de vasto rebanho de cabras, carneiros e gado, pois ela sabia que riqueza deve ser diversificada. Tão astutamente gerenciava seus bens que se tornou, em poucos anos, mais rica do que o próprio Xangô. Sabiamente, suas propriedades não se localizavam apenas em Oyó, mas em Ipondá, Ogbomoxo e Ibadan. Ela sempre dizia para sua filha Avesan que nunca se deve colocar todas as galinhas no mesmo galinheiro, pois se a raposa atacar e comê-las todas, a pessoa ficará pobre. Sábia decisão!

138 A SAGA DOS CAPELINOS

Avesan estava se tornando uma moça encantadora. Não tinha a mesma beleza da mãe, pois o sangue de Toyejê era forte nela. Estava crescendo e era extremamente magra, mas demonstrava pelos traços do rosto que viria a ser de uma beleza agressiva. Seu sorriso, sua gargalhada estrepitosa e seus modos eram uma mescla de Toyejê e Yamonari. Algumas vezes tinha a sensualidade da mãe e outras vezes a terrível franqueza do pai, que a fazia beirar perigosamente a inconsequência. Aos quatorze anos chamava a atenção e estava ansiosa por se tornar mulher, porque, matreira como era, havia observado em segredo sua mãe fazendo sexo com Xangô. Após ver, por várias vezes, os dois se amarem, ela também passou a desejar experimentar as delícias do sexo. Todavia, algo a impedia de se libertar: o rígido controle de Yamonari. Ela sabia que uma moça de sua posição deveria ser vista como virtuosa ou jamais se casaria com um príncipe.

Esta vigilância implacável e as reprimendas maternas levavam as duas a discussões intermináveis. A mãe lhe dizia que ela deveria ser mais discreta, só falar após muito refletir e portar-se com decência. Já a moça era desabrida e falava o que lhe vinha à mente, namoricava com todos os homens que a atraía e não fazia segredo de seus pequenos romances. Todavia, ciente de que não deveria avançar certos limites, refreava seu instinto e seu intenso desejo de se tornar mulher, ficando somente nas preliminares, não permitindo que os jovens a penetrassem. Todavia, afora este fato, Avesan era uma moça que levava tudo aos limites máximos, portanto já experimentara um pouco de tudo em matéria de sexo, desde que não houvesse penetração. Assim como a mãe, Avesan desejava casar-se com um rei e se tornar tão importante quanto sua mãe havia se tornado.

A importância de Yamonari ia muito além dos presentes e das atenções que Xangô lhe dava. Como ela tinha acesso a ele quando assim desejasse e afora ela, somente os *oxoruns* podiam conversar com ele, as pessoas importantes preferiam procurá-la para obter certos favores e a presenteavam com valiosos presentes, que ela transformava em residências em várias outras cidades. Xangô fazia vista grossa, pois além de amar a mulher, só cedia naquilo que lhe interessava. Por outro lado, a usava para se manter informado sobre certas partes da sociedade a que jamais teria acesso: as mulheres dos nobres, pois sabia que todos os homens abrem seu coração com as esposas e elas revelavam tudo a Yamonari.

Era cobra engolindo cobra: cada um usando o outro no que tinham de melhor e também de mais pérfido.

62

Nada podia ser mais melancólico do que a reunião de Adjaká, Akessan e Aganju. O tom era ditado pelas intermináveis lamúrias de Adjaká, lastimando-se e quase chorando sobre seu destino. Aliás, nos últimos seis meses não fizera nada a não ser se queixar e se empanturrar a ponto de ter engordado ainda mais. Deixara sua aparência decair e suas mulheres o evitavam, nem tanto para ter sexo, pois isso era algo que ele mesmo não procurava, mas para não ouvir suas queixas sobre as causas de sua derrota.

Naquela tarde chuvosa, com o céu coberto prenunciando grossas chuvas, os três homens, mais uma vez, se reuniram e voltaram a debater a situação. Tanto Akessan como Aganju, o jovem filho de Adjaká eram partidários de que deviam fazer algo, enquanto que o deposto monarca era contra qualquer coisa.

– Não podemos dar a Alufiran qualquer motivo para que nos tire os poucos privilégios que temos – afirmou Adjaká.

A imediata reação de Aganju foi perguntar quais os privilégios e Adjaká responder que, bem ou mal, viviam confortavelmente em excelente residência, comendo do bom e do melhor e com liberdade de ir e vir, desde que ficassem restritos a cidade de Igboho.

– Uma gaiola dourada – retrucou Aganju.

– Melhor do que a terra fria a cobrir nossos cadáveres.

Akessan, que ficara escutando, entrou na conversa. Sempre fora um homem polido, de modos calmos, mesmo que fosse apenas um manto para esconder o vulcão que dormitava no interior. Naquele dia, seu bom humor chegara aos limites e sua entrada não podia ser mais brusca.

– Vocês dois estão parecendo duas lavadeiras discutindo. De que adianta se queixar do destino e você, Aganju que adianta vir com sua raiva e passar o resto da tarde se repetindo, ameaçando fazer isso e aquilo com Alufiran. Se temos de agir, temos de nos preparar.

Os dois homens o fitaram surpresos. Adjaká não tinha, entretanto, forças para retrucar e o tom mais severo do amigo só fez que tivesse vontade de chorar. Já Aganju rebateu no mesmo tom:

– Preparar como? Não podemos sair daqui. Todo dia os guardas vêm checar se estamos.

– Não há jeito. Temos que nos conformar – disse Adjaká.

140 A SAGA DOS CAPELINOS

– Não vou deixar meu tio reinar enquanto passo meus dias nesse buraco. Vou sair daqui e matá-lo.

– Meu jovem, acalme-se – disse Akessan num tom paternal. – Essa deve ser a última coisa a ser feita. Como bem disse, a guarda vem de manhã para ver se continuamos aqui. Sua ausência seria notada. Um alarme seria dado e todos os guardas do reino estariam atrás de você. Além disso, a guarda de Xangô é forte. Não há como matá-lo.

– Mesmo que você conseguisse matar meu irmão, quem lhe diz que o povo irá devolver o trono? – perguntou Adjaká. – Vi como me apuparam no dia que sai de Oyó. Jamais vou esquecer disso. Sempre achei que o povo me amava. Diminui os impostos, reduzi o exército para que as despesas não fossem pesadas e os tratei com bondade. O que recebi em troca? Os piores vitupérios que um homem pode ouvir. Me chamaram de...

– Adjaká, pelo amor de Oxalá, pare com essas lamúrias – interrompeu Akessan, e mudando de tom, virou-se para Aganju, disse- lhe: – Concordo que devemos fazer algo, mas nada deve ser feito de modo intempestivo. Tudo deve ser arquitetado. Pense bem, o que move o mundo?

– Dinheiro.

– E onde se consegue dinheiro?

– Nos negócios.

– Então esse deve ser o nosso caminho. Fazer negócios para voltarmos a ter dinheiro. Com isso podemos comprar o que quisermos, inclusive a liberdade e o trono de volta.

– Você está sonhando, Akessan – comentou Adjaká. – Não temos dinheiro para fazer negócio, nem podemos sair daqui para comprar e vender. Estamos exilados.

– Por onde andam seus filhos? – perguntou Aganju a Akessan, aparentemente mudando de assunto.

– Quando de minha prisão, dois fugiram para Ketu onde temos família. Abipa fugiu para Ifé e é o único que me manda notícias.

– Será que Abipa não nos ajudaria? – perguntou Aganju.

Akessan levantou-se e se serviu de um pouco de vinho de palma. Olhou para o horizonte como se procurasse por respostas e depois, sem se virar para Aganju que aguardava sua resposta, disse:

– De todos os meus filhos, o único em que confio é Abipa. Os dois que foram para Ketu só querem saber de si próprios, o que acho até natural. Mas Abipa não é um líder. É inteligente e muito simpático, o que é uma arma fascinante para se fazer negócios e convencer pessoas, mas seu defeito é não conseguir ver um palmo além do nariz. É muito bom para executar ordens, mas para planejar algo que exige mais tirocínio é deficiente. Precisaria ter alguém que pudesse conduzi-lo.

– Eu o conduzirei – disse Aganju.

– Como, se está aqui? Não confio em nenhum mensageiro. Todo mundo é corruptível.

– Não perca tempo, meu filho. Temos de nos contentar e aguardar o desígnio dos orixás. Se for da vontade deles, tudo correrá a contento.

– Precisamos de dinheiro, disso não tenho dúvidas – comentou Aganju sem sequer se dar o trabalho de retrucar ao pai. Parecia estar falando mais para si do que para os dois homens. – Com dinheiro, podemos contratar mercenários e tomar o poder.

– Formar um exército? – perguntou Akessan. – Isso custará uma fortuna e, além disso, precisará de um bom *kakanfo*. Sem alguém para liderá-los será perda de tempo e de dinheiro. Xangô tem o melhor exército sob o comando do excelente Latosisa. Quem você acha que poderá derrotá-lo? O único homem que podia enfrentá-lo era Toyejê, mas está morto.

– Assim como todos nossos sonhos – acrescentou Adjaká de modo fatalista, levantando-se para ir embora.

Aganju ficou olhando seu pai se afastar, jogando seu corpanzil de um lado para o outro. Dinheiro; esse era o caminho da vitória. Mas como consegui-lo já que estavam reduzidos a apenas o suficiente para se manterem?

63

A situação de Favimishai piorara muito após uma tentativa de assassiná-lo. Tudo começara como uma briga por um assunto sem importância. A faca penetrara no peito do homem, mas por sorte ou destino, resvalara e não penetrara até o coração. Agodô soube do fato e chegou à conclusão de que deveria mandar Favimishai para outras terras, ou um dia, conseguiriam matá-lo.

Como mandar embora um filho sem que ele se sinta rejeitado? Como mandar embora alguém tão importante que os guerreiros mais jovens

142 A SAGA DOS CAPELINOS

respeitavam e amavam? Como protegê-lo de tribos primitivas que poderiam matá-lo?

Essas perguntas atormentavam Agodô e ele solicitou os serviços de Aidô. O *babalaô* deslocou-se com sua comitiva até Empé e deitou os búzios.

– Muito interessante, mas os búzios dizem que Favimishai é Sapata Ainon (dono da terra – Obaluaê).

– Como assim? – perguntou Agodô. Claro que ele conhecia o orixá Obaluaê e sabia que, há muitos séculos, sua tribo fora uma dissensão das pessoas de Okê Itaxe, a terra de Obaluaê Kohosu. Mas como um homem podia ser Sapata Ainon, ou seja, um orixá, isto ele não conseguia entender.

– Eu também não sei, mas posso lhe dizer o que os búzios disseram: ele é Sapata Ainon, e é só.

– E disseram mais alguma coisa?

– Sim, disseram que você deve favorecer a sua partida com alguns guerreiros que quiserem acompanhá-lo.

– Este é o problema, Aidô. Não posso dispor de nenhum deles. Os haussas podem me atacar a qualquer momento.

– Não o atacarão se fizer um tratado de aliança com Alufiran.

– Com Alufiran? O filho de Oranian? Mas o rei não é Adjuan?

– Era. Ele foi destronado por Alufiran. Aliás, cuidado ao tratar com ele: faz questão de ser chamado de Xangô.

– E Xangô faria um tratado comigo?

– Você é tio dele, por misericórdia. Além do mais, Oranian sempre falou bem de você para os seus filhos. Sempre disse que se não fosse pelos nupês, ele jamais teria conseguido ser o que foi. Por gratidão e respeito, ele fará aliança com os nupês, especialmente contra os haussas.

– Você poderia parlamentar com ele?

– Considere feito – respondeu Aidô com sua elegância toda peculiar.

– Digamos que ele faça um acordo comigo contra os haussas, todavia não posso incentivar que os nupês saiam de sua terra para irem, Olodumarê sabe aonde, se instalar. Seria uma temeridade por dois aspectos. Primeiro, porque não posso perder gente de meu povo; já somos poucos para fazer face aos haussa-fulanis. Depois, imagine se a maioria resolver ir com ele, como ficarei? O que entregarei ao meu filho como herança? Uma terra vazia de gente?

Entendendo o problema de Agodô, Aidô jogou os búzios e aguardou a resposta dos orixás. Ela veio sob a forma de um enigma.

A DIVINA DINASTIA   143

– Os orixás dizem que esta situação será resolvida por Xangô.

– Não sei como.

– Também não sei, mas aguardemos o momento, pois os orixás nunca me enganaram. Se eles falaram no jogo de búzios é porque há de acontecer.

64

Para alguns, Xangô não era Oranian. Eles sabiam que o falecido *ala-fin* era dado a acessos de fúria e suas decisões eram emocionais. Não era bom para a saúde de alguém estar contra o turbulento Oranian. Num momento ele era o mais simpático dos homens – e quando estava neste estado, ninguém era mais encantador do que ele – e no outro, podia se enfurecer e mandar degolar seus inimigos. Já Xangô era um homem moderado. Apresentava-se sempre risonho e mesmo quando ameaçava, era melífluo e simpático. Em vez de ameaçar com morte, ou outras agonias terríveis, ele falava de forma mansa.

– Tenho certeza de que posso contar com sua amizade, caro amigo. Ficaria extremamente vexado se descobrisse que você deixou de pagar suas taxas anuais por causa de algum impedimento. Você não tem ideia de como ficaria mortificado em perder sua estima por causa de algumas poucas cabeças de gado ou uns quilos de ouro. Meu amor pelo seu povo, pela sua cidade e pela sua real figura jamais poderia ser abalado pelo descumprimento de tais banalidades.

Que forma elegante de tratar a pessoa! Não havia ameaças ostensivas, mas para bom entendedor, suas palavras eram fogo que saía de sua boca. Porém, nem todos eram bons entendedores; pois acostumados com a rispidez de Oranian, alguns achavam que Xangô era um homem fácil de ser enganado. Um ou outro deixava de pagar as taxas e depois descobriam que até mesmo na guerra, Xangô era um homem de grande fineza.

– Meu caro amigo, que imensa decepção você proporcionou ao meu coração compassivo. Depositei em você toda a minha confiança, mas por razões que me escapam, você deixou de honrar um item tão pouco importante de nosso acordo. Afinal, caro irmão, como posso confiar em você, agora que me traiu por causa de dinheiro, uma coisa tão insignificante em face de nosso intenso amor? Veja o que me obrigou a fazer.

Terei que lhe pedir que tire sua própria vida para que eu possa proteger sua família.

E quando o rei gritava por clemência ou lhe dizia que jamais repetiria tal feito ou que não se suicidaria, Xangô lhe dizia com sua voz grave, num tom lamuriento: – Oh, meu irmão, como é cruel a posição em que você me colocou! Se eu deixar que você viva, o povo dirá que Xangô é um fraco e que não chega sequer aos pés do grande Oranian. Por outro lado, se eu mandar matá-lo, terei que matar toda a sua família, pois certamente hão de querer se vingar de mim. Serei chamado de sanguinário por causa de uma lastimável falta sua. Acha isto justo? Já se você tirar sua própria vida, sua família será protegida. Dou-lhe minha palavra de que não serão molestados e nem sua riqueza será tirada, a não ser o que me deve. Sua memória será honrada.

Que opção um homem tinha em tais circunstâncias? Suicidar-se.

Mas um rei que se matava desgraçava sua família em termos de continuidade e de herança do trono. Desta forma, Xangô tinha que colocar em seu lugar um outro rei que lhe jurasse vassalagem. Mas, fiel à sua palavra, ele não molestaria a família do suicida, porém a exilaria do reino. Não é seguro ter um vespeiro em sua própria residência!

65

Ter um *kakanfo* jovem e impetuoso como Latosisa tinha suas vantagens, mas também suas desvantagens. A vantagem é que ele estava sempre disposto a colocar algum vilarejo sob sua tutela ou treinar sua tropa à perfeição. A desvantagem é que ele estimulava os soldados a enriquecer com o botim das conquistas, o que exigia que Xangô expandisse permanentemente seu território. Paz não podia estar na ordem do dia do exército.

Pelo seu lado, outras ingerências entravam em cogitação. Yamonari, que tinha interesses financeiros variados na terra dos ijexás – sua própria terra natal – aborreceu-se quando um rei local lhe cobrou uma fortuna pela pretensa proteção de suas vastas propriedades que incluíam casas, gado e até mesmo um vilarejo, onde todos eram seus vassalos.

Não é preciso ter muita imaginação para ver que a mulher se queixou ao marido e este viu uma oportunidade de colocar a terra dos ijexás de

A Divina Dinastia   145

vez sob sua tutela. Desde tempos imemoriais que os ijexás tinham uma relativa liberdade. Eram descendentes dos igbôs e cultuavam Oxalá, e muito eventualmente uniam-se sob o comando de Oranian e depois de Xangô para defender-se contra inimigos externos. Mas, por uma série de acordos, não pagavam as taxas anuais de forma regular e elas vinham em forma de presentes ocasionais. A excessiva independência dos ijexás passou a incomodar Xangô, pois seus custos com o exército estavam se tornando gigantescos.

Com a queixa de Yamonari pelo exagero que o rei da região estava lhe cobrando, Xangô enviou um dos seus *agbakins* – conselheiro de guerra – conversar com o rei. A situação era simples: deviam pagar as taxas anualmente com um acréscimo anual até que, no sexto ano, estariam pagando o dobro. Naturalmente, as propriedades de Yamonari teriam isenção de impostos por se tratar de figura nobre da casa real. Para horror de Xangô, o rei mandou o *agbakin* estripado e com seu pênis decepado enfiado na boca. A resposta era guerra.

O exército de Latosisa movimentou-se em peso e os ijexás se uniram e fizeram alianças com algumas tribos igbôs mais ao norte. Conseguiram juntar quase vinte mil homens armados até os dentes para enfrentar os seis mil de Latosisa. A vanguarda do *kakanfo* de Oyó informou com grande detalhamento a força dos ijexás. Latosisa reuniu seus chefes e discutiram o assunto. Ser suplantado por três não era o problema para as forças de Oyó, desde que soubessem conduzir a batalha de forma organizada.

Enviando vários grupos de cavalarianos, Latosisa mandou que levantassem os aspectos do território, pois a disposição do terreno era determinante para uma boa batalha. No final da manhã, um dos grupos voltou e lhe relatou que existia uma planície entrecortada por um riacho não muito fundo, mas de tal natureza que os homens atravessando as águas ficariam com elas até quase na cintura, na parte mais funda. Por outro lado, pequenas matas se espalhavam pelos dois lados do riacho; um local propício para o que Latosisa queria. Só restava atrair o inimigo para esta localidade e os fazer lutar.

Pela direção para a qual os ijexás estavam indo, era preciso fazê- los dar uma guinada e para tal, Latosisa usou parte de sua infantaria. Gritando e gesticulando, eles atraíram a atenção dos ijexás, que logo se posicionaram para o ataque. Quase desacostumados à guerra e com uma fusão de grupos de várias cidades e vilarejos, além de igbôs, que nunca

146 A SAGA DOS CAPELINOS

haviam lutado junto com os ijexás, eles vieram em peso para cima da infantaria, que fugiu aparentemente apavorada com tamanha carga. Com isto, Latosisa atraiu o exército ijexá para onde queria.

Posicionando seus excelentes arqueiros logo depois do riacho e mostrando parte de sua infantaria, ele fez com que os ijexás se precipitassem para cima deles. Ora, para que eles pudessem alcançá-los era preciso atravessar o riacho. A carga dos ijexás diminuiu de velocidade assim que eles entraram no riacho, já que no meio da travessia, a água chegava à cintura, impedindo que corressem. Arrastando-se para atravessar o riacho, os ijexás foram recebidos por uma chuva de flechas. Os que estavam na frente eram atingidos e caíam na água, dificultando a marcha dos que avançavam. Por outro lado, não tinham como recuar, já que uma massa compacta de ijexás vinha atrás. Em questão de minutos, o riacho ficou coalhado de corpos de guerreiros ijexás. Os que não entraram na água, estacaram e ficaram horrorizados em ver seus amigos serem abatidos por certeiras flechas. Os poucos que conseguiam atravessar, encontravam os infantes de Latosisa postados com suas lanças e morriam trespassados por elas.

Quando uma grande parte do exército ijexá estava entretida em tentar atravessar o riacho numa extensão de quase um quilômetro, saído de uma mata atrás dele, a cavalaria de Oyó deu conta do resto. O pavor e o susto de serem atacados por trás por homens a cavalo que os perfuravam com lanças e os flechavam, fizeram com que o miolo do exército ijexá debandasse e eles correram para se esconder nas florestas.

Já as duas pontas que não haviam sido atacadas pela cavalaria, que se concentrara no centro, viram-se divididas. Mas, mesmo assim, sem muita noção do que estava acontecendo, continuaram a cruzar o riacho. A ala direita conseguiu atravessá-la e um furioso corpo-a-corpo se estabeleceu numa das pontas do campo de batalha. Já a ala esquerda não conseguia atravessar o riacho que, naquele lugar além de ser mais fundo, também possuía uma correnteza que atrapalhava a travessia. Flechados e desmoralizados, recuaram. Nesta hora, a cavalaria que tinha desbaratado o centro, atacou a ala esquerda e um combate entre infantes ijexás e cavalarianos de Oyó se estabeleceu, sem nenhuma vantagem aparente para nenhum. A infantaria de Oyó aproveitou que sua cavalaria estava engajada com a ala esquerda dos ijexás, atravessou o riacho e engajou-se contra a infantaria. Durante quase uma hora, os dois grupos se enfrentaram, mas devido à maior disciplina dos Oyó, eles prevaleceram.

A DIVINA DINASTIA   147

Já a ala direita de Oyó, sem apoio da cavalaria, começou a fraquejar sob o impacto do maior número de guerreiros ijexás e igbôs. Nesta hora, Latosisa, vendo perigar sua vitória, chamou sua reserva de guardas reais e os lançou contra a retaguarda dos ijexás que lutavam contra a sua ala direita. Foi o suficiente. Os cavalarianos acostumados a lutar com arco e flecha sobre cavalos, seguindo o modelo dos bahris que Oranian introduzira, dizimaram os ijexás e eles debandaram em total confusão, sendo perseguidos de perto pela cavalaria dos guardas reais, a tropa de elite que Oranian montara.

Uma vitória de Oyó, sem dúvida, mas cujo custo em vidas foi alto. Latosisa mandou contar seus homens mortos ou gravemente feridos e viu que perdera mais de mil e quinhentos homens. Já os ijexás haviam perdido, entre mortos, feridos e aprisionados, cerca de seis mil homens. Bem ou mal, eles ainda tinham quatorze mil homens que podiam se reagrupar. Deste modo, com medo disto, Latosisa deu ordem para que sua cavalaria se concentrasse a encontrar, perseguir, matar ou aprisionar os fugitivos. Reunindo sua infantaria, dividiu-a em três grupos de mil homens e os mandou para três direções diferentes para cortar a eventual retirada de grupos de ijexás e igbôs.

Esta segunda parte da operação – perseguição e aprisionamento dos guerreiros – foi fundamental. Na debandada, os ijexás, após correrem do campo de batalha, foram se encontrando e, mais calmos, foram se reunindo em pequenos grupos. Os pequenos grupos se encontravam uns com os outros e como gotas que vão se juntando, iam formando poças de água maiores. Antes que um lago pudesse se formar, os cavalarianos os atacavam, os flechavam ou os trespassavam com lanças e, no calor da escaramuça, muitos se rendiam. Com isto, os ijexás foram incapazes de se reagruparem e de partirem para novo ataque.

A entrada de Latosisa nas várias cidades ijexás colocou um fim na guerra. Já sem ter ninguém para resistir, os reis se rendiam e pediam clemência. O rei que estripara o enviado de Xangô foi, por sua vez, estripado e seu pênis arrancado quando ainda vivia e enfiado em sua garganta da mesma forma que mandara fazer com o *agbakin* de Xangô. Sua família foi feita prisioneira e sua riqueza dividida entre os soldados, enriquecendo-os ainda mais. Para um soldado de Oyó que sobrevivesse à guerra contra os ijexás, a fortuna estava assegurada, pois a região era rica.

Um problema, entretanto, afligia Latosisa: ele tinha mais de oito mil guerreiros aprisionados. Mandou os igbôs para suas casas, mas manteve

148 A SAGA DOS CAPELINOS

os chefes igbôs para que suas aldeias soubessem que não deviam mais se meter com o poderoso Xangô, ou seus chefes seriam mortos. Mesmo assim, ele ficou com cerca de quatro mil guerreiros ijexás de variada procedência em suas mãos. Mandou um mensageiro informar a Xangô que destruíra o exército ijexá, mas que estava com quatro mil guerreiros e mais duas mil pessoas de famílias importantes dos ijexás prisioneiros. O que deveria fazer com eles? Tinha receio de libertá-los e, com isto, propiciar que se unissem e, no futuro, o atacassem novamente.

Alguns dias depois, o mensageiro voltou com Salê Kuodi, o principal *oxorun* do reino (alguns chamam de *baxorun*) e uma escolta de duzentos homens. Salê dirigiu-se a Latosisa, cumprimentou-o pela retumbante vitória e disse-lhe:

– As ordens de Xangô são de levar todos os prisioneiros e entregá-los ao seu irmão Favimishai.

66

Não é preciso muito para entender que atrás disto estava o dedo de Aidô. Quando Xangô recebeu a mensagem de Latosisa, ele ficou em dúvida. Não era um homem que amava a guerra e não queria que as pessoas o achassem um louco sanguinário. Mas libertar a nata dos guerreiros ijexás era pedir por uma nova guerra, e isto ele não desejava. Chamou Aidô. Não foi sequer preciso jogar os búzios. Na presença de Salê Kuodi, o mais importante aliado de Xangô e seu principal *oxorun*, Aidô lembrou-se do pleito de Agodô; ter gente suficiente para levá-los para terra distantes de Empé e fazer de Favimishai um rei. Xangô achou a ideia excelente, pois assim reforçaria seu tratado de paz com seu tio Agodô, favoreceria seu meio-irmão Favimishai e se livraria de perigosos inimigos do seu reino.

Com que alegria Agodô recebeu aquela massa de imigrantes forçados, mas Favimishai não teve tanta felicidade em ver aqueles homens revoltados e expulsos de suas casas. Por mais que Salê e Latosisa tentassem lhe explicar que, sob seu seguro comando, ele teria gente suficiente para montar um reino, ele não se convenceu facilmente.

– Na primeira oportunidade, eles me degolarão e fugirão.

A Divina Dinastia

149

– Sim – concordou Latosisa – mas a sua esperteza, será levá-los para um lugar distante, onde não poderão fugir de volta para suas casas. Se você coloca-los em perigo, eles terão que se unir sob seu comando, pois acima da raiva de serem comandados pelo filho de Oranian e meio- irmão de Xangô, eles terão que lutar pelas suas vidas.

– Isto me parece uma loucura despropositada.

– Pelo contrário, meu filho – intercedeu Agodô. – Em sua aparente insânia, Latosisa lhe deu o caminho da aceitação. Se você os comandar para a segurança, no meio do perigo, eles hão de ver que você é um grande rei e que vale a pena servi-lo.

Dando uma gargalhada, Salê complementou: – Somente um Ogun poderia pensar nisto. Mas não é que ele tem razão? Com tribos inimigas rodeando-os e querendo seu sangue, eles não terão tempo para pensar em revoltas e fugas. Você se tornará querido.

– Devo estar mais louco do que Latosisa para aceitar uma ideia tão estapafúrdia como esta. Mas, diga-me, Latosisa, você que sempre tem ideias loucas; para onde devo levá-los?

– Não há terra mais perigosa do que a região entre os rios Ouemé e Agbado, acima dos primitivos mahis.

A resposta de Latosisa deixou Favimishai aturdido e, vendo que nenhum dos presentes entendia o motivo, ele explicou que os povos primitivos que viviam acima da terra dos mahis eram caçadores de cabeça e faziam sacrifícios humanos. Contudo, um grupo treinado para a guerra poderia facilmente sobrepujá-los. Além do mais, a terra era boa, com rios e riachos, boas savanas e abundante caça, e as tribos rivais não eram tão numerosas assim.

Após escutar Latosisa, sempre com seu ar sério, afirmou: – Que seja, vamos até lá. O que pode me acontecer? Ou serei degolado pelos ijexás que estarei conduzindo ou perderei a cabeça para os nativos.

Sempre com seu jeito meio debochado e brincalhão, Latosisa redarguiu: – Não seja pessimista, Favimishai. Você é filho de Oranian e sua cabeça foi feita para portar uma coroa. Você será Sapata Ainon (o rei da terra – Obaluaê).

Surpreso com a afirmativa do *kakanfo* de Oyó, Agodô lembrou-se do que Aidô falara há alguns anos: Favimishai era Sapata Ainon. Será que era isto que Aidô se referia? Neste instante, ele teve certeza de que tudo correria a contento, mas pela expressão de desânimo de Favimishai, ele sabia que seu enteado não tinha esta mesma impressão. Quem estaria certo?

67

Os meses se arrastaram, mas Aganju não se entregara ao desespero. Exercitava-se todos os dias e, com isso, mantinha seu volumoso corpo em bom estado. Fizera amizades com alguns guardas e o deixavam praticar arco e flecha, correr pelas matas e nadar no rio, apenas um riacho praticamente sem correnteza.

Mas, como bom estrategista que era, passava mais tempo pensando em como retomar o poder do que em atividades idílicas. Após uns meses, procurou Akessan, dessa vez, sem a presença lacrimosa do pai.

– Tem tido notícias de Abipa?

– A última vez que me mandou notícias estava em Ifé trabalhando com um primo, um rico mercador. Isso faz mais de três meses, mas imagino que deva continuar por lá. Por quê?

Durante um bom tempo, Aganju expôs seu plano. Akessan o escutou sem interrompê-lo. Era complicado. Dependia de tantas variáveis e de um sigilo absoluto. Mas Akessan imaginava que eram apenas devaneios de um jovem de vinte e três anos. Realizá-lo era quase impossível, até porque exigiria a presença física de Aganju na sua realização. Deveria dizer isso ao jovem?

– O que acha? – perguntou Aganju.

– Como plano é complicado. Exige uma atividade tão secreta, a qual não acredito que os participantes sejam capazes de exercer. Em suma, tem tudo para falhar.

– Pelo contrário, nada mais empolgante do que pertencer a algo tão secreto.

– Pode ser, mas terei que ver para crer. Só não entendi por que não irá revelar aos participantes sua verdadeira natureza.

– Se souberem que desejo angariar fundos para destronar Xangô, poderão me trair. Mas como irei apresentar isso de outro modo, será para eles motivo de brincadeira e de realização pessoal. Não quero que saibam que estou por trás disso.

A Divina Dinastia   151

– Mais uma dificuldade, Aganju.

– Não como pretendo fazê-lo. Mesmo que algo vaze, será visto como uma brincadeira de adolescentes, algo em que não há risco e que não oferece perigo a ninguém.

– Entendi, mas só há um obstáculo: como poderá liderar algo estando confinado a Igboho?

– Já planejei tudo. Aguarde e verá.

68

Mandado embora por Xangô, Nkan havia se transformado numa pessoa amarga. No início, satisfez sua frustração comendo como uma louca e engordou ainda mais, mas a partir de um comentário de uma das ex-esposas de Xangô, que lhe fazia companhia no exílio, ela se deu conta de que estava por demais jovem para se entregar ao desânimo. O comentário fora de que uma das roupas que ela trouxera simplesmente não cabia nela. Fora uma peça de vestuário que ela ganhara do pai quando ela se casara com Alufiran, mas a amiga disse-lhe, rindo, que nem que todos os orixás descessem do *orun*, ela conseguiria entrar naquela túnica. Mesmo que não fosse uma afronta, aquilo mexeu com seus brios e ela se lembrou, com raiva e vergonha, o dia em que ela se oferecera, cheia de volúpia, a Alufiran e que ele a mandara embora, chamando-a de vaca gorda. Pois faria de tudo para perder peso.

Sem nenhum método, começou pelo exagero de não comer. Todavia, no terceiro dia, vencida por uma fome excruciante e uma fraqueza que ameaçava derrubá-la, ela se entregou aos prazeres da boa mesa. Humilhada pela sua própria fraqueza, virou-se para uma das exiladas e disse-lhe:

– Nunca vou conseguir ficar sem comer.

– Para quê? Nunca reconquistaremos nosso lugar junto a Alufiran.

– Nem eu quero. Desejo que morra na ponta de uma forca. O que quero é perder peso para ficar bonita para mim, não para nenhum homem; eles não merecem. Gostaria de ficar magra como aquele rapaz ali – disse apontando para um dos empregados, que estava trabalhando no pátio.

152 A SAGA DOS CAPELINOS

– Também ele passa o dia trabalhando. É um tal de carregar água, levar peso de um lado para o outro e ainda por cima, no final do dia, ele brinca de luta com seus amigos.

– Sabe que é uma boa ideia – afirmou Nkan, sorrindo com aquela expressão de quem tinha descoberto o caminho para resolver seu problema.

– O quê? Carregar água e trabalhar o dia inteiro? Você não irá tolerar tal rotina nem um dia. Eu, pelo menos, não aguento nem um minuto.

Os dias que seguiram foram de grande estafa para Nkan, mas, aos poucos, ela conseguiu o que almejava. Inicialmente, falou com o moço para que ele lhe desse as mesmas tarefas que ele fazia. Em estado de completo estupor, ele aquiesceu: não era louco de discutir com a patroa.

Carregar água do riacho, ir até o mercado e carregar fardos de inhame ou de milhete, ou outras coisas que eles compravam para nutrir as pessoas da casa, além de varrer a residência foram tarefas encaradas como completa loucura pelas amigas. Mas, quando lá pelo final da semana, Nkan resolveu lutar junto com os rapazes, então elas tiveram certeza de que a loucura fizera morada definitiva na cabeça de Nkan.

Os homens acharam que Nkan a gorda seria fácil de derrubar e de fato, nos primeiros dias, sem o conhecimento da técnica e com os músculos doloridos de tanto esforço, Nkan não foi páreo para nenhum deles, a não ser um magricela, que se tornou motivo de deboche dos amigos. Todavia, Nkan passou a se sentir mais forte, mais segura e com o decorrer dos meses, a atividade física lhe fez imenso bem. Sua eterna prisão de ventre se resolveu sem precisar tomar chás amargos e moer raízes que só pioravam seu estado geral. Já não bufava para andar e quando os rapazes se juntavam para correr, mesmo sendo a última a chegar, Nkan também se aventurava na corrida pelos campos. Logo ganhou fama no vilarejo de ser louca ou pior, de ser uma mulher apreciadora de outras mulheres. Só estas duas explicações justificariam sua atitude tão masculinizada. Entretanto, motivada por outras ideias que não o sexo, ela passou a perder peso a olhos vistos, fortalecer sua musculatura e, por incrível que pareça, vencer os rapazes na luta livre. Como era alta e se tornara forte, Nkan era capaz de derrubar um homem de tamanho médio com certa dificuldade – no início –, mas, após aprender a técnica da luta de modo empírico, tornou-se uma oponente de valor.

Todos os dias, Nkan tentava vestir a mesma túnica que dera origem aos seus novos e estranhos hábitos e, infelizmente, a roupa negava passagem ao seu corpo ainda um tanto obeso. Mas, um dia, após quase um ano de intensa e contínua atividade, a túnica amanheceu de bom humor e permitiu que o corpo de Nkan deslizasse para dentro dela. Ela olhou a amiga que fizera o comentário e lhe disse: – Não há nada que eu queira que não consiga.

– Então, consiga um homem. Bem que você está precisando: anda com um mau humor intragável.

– Nunca mais me entregarei a um homem.

– Então arranje uma mulher – disse-lhe a amiga desaforadamente.

– E eu sou mulher de gostar de mulher? Você é louca ou o quê? Gosto de homem, mas não confio em nenhum deles.

– Você deve esquecer Alufiran, minha amiga, ou você nunca sera feliz. – Nunca esquecerei a humilhação e a desonra a que ele me submeteu. Um dia, ele há de me pagar tudo o que me fez.

– Que nos fez.

Se Xangô escutasse o tom de ódio de Nkan, ele tremeria; não se deve jamais subestimar uma mulher rejeitada, quanto mais uma que era uma feiticeira, mesmo que ela não soubesse ainda de seus poderes.

69

Fazer uma incursão de três mil soldados à terra dos baribas, apenas para colher um botim, foi considerado uma estupidez sem par por Latosisa. Mas Xangô tinha outras ideias em mente; precisava pagar seus soldados e premiá-los. Ou tirava ouro de seus cofres ou arranjava uma forma de locupletá-los com dinheiro alheio. Optara em atacar os baribas, mesmo que Latosisa achasse que não se deve cutucar o tigre com vara curta.

Os baribas eram um grupo primitivo, mas aguerrido, e sua terra era péssima para a cavalaria. O excesso de morros e de florestas dificultaria o desdobramento de sua força militar, reduzindo as lutas a simples escaramuças. Contudo, a única coisa boa era a quantidade de gado que eles criavam. Realmente, se eles conseguissem levar seu gado, os soldados teriam muito dinheiro e a soldadesca estava se tornando gananciosa e insatisfeita apenas com o atual soldo.

154 A SAGA DOS CAPELINOS

Ele partiu à frente de seus soldados, mas seu coração estava amargurado; algo lhe dizia que não seria tão venturoso quanto o fora nas outras vezes. Atravessar todo o norte, vadear os rios e ainda ter que parar para caçar e suprir a tropa com inhame, já que Xangô não permitira que eles levassem alimentos, foi só o início do sofrimento.

Quando chegaram à terra dos baribas, eles foram logo avistados. Era óbvio que um grupo tão grande era fácil de ser localizado e os baribas puderam vigiá-los o tempo todo. Cada vez que chegavam a uma aldeia, ela estava deserta. O gado, ou fora morto e jogado nos poços de água, ou simplesmente desaparecera nas espessas florestas.

Em outros tempos, Latosisa adentraria a mata atrás dos baribas, mas agora já não tinha apetite para tais aventuras. Tornara-se um homem rico e seu harém aumentara, além de ser pai de muitos filhos. Sua casa fora acrescida com as casas vizinhas para dar lugar a tanta gente e não só ganhara muitos prêmios do próprio Xangô, como também se associara com vários homens ricos e ganhava muito dinheiro com o comércio. Já não era apenas um simples *kakanfo*, mas tornara-se um *oyó-mesi*, um membro da corte de Oyó, um *oxorun* de Xangô. Para que arriscar tudo por uma aventura na qual não acreditava? Jogaria seguro.

Resolveu fazer um estratagema para enganar os baribas. Mandou uma parte de sua tropa fazer de conta que estava voltando, enquanto que a outra metade se escondeu. Se Latosisa estivesse tratando com pessoas normais, sua tática poderia ter dado certo, mas ele estava mexendo com os baribas, que além de conhecerem seu território como a palma da mão, eram feiticeiros. Seus *ajés* logo descobriram o ardil. Mandaram algumas pessoas voltarem para uma das aldeias, sabendo que Latosisa estava de olho. Os baribas aparentando descuido trouxeram parte do gado e Latosisa atacou. Quando achou que ia meter a mão na riqueza dos baribas, eles apareceram de todos os lados. Com parte de sua tropa distante e somente com metade de seu efetivo, teve que enfrentar um número tão grande de inimigos que, numa contagem rápida, conclui que estava enfrentando dez baribas para cada soldado. Só havia um caminho: lutar de volta a Oyó.

Dos mil e quinhentos homens que faziam parte de seu grupo, apenas duzentos conseguiram se juntar à tropa principal. Assim que conseguiram, os sobreviventes montaram junto com os demais e partiram a galope, com os baribas a pé gritando as piores obscenidades que eles jamais

A DIVINA DINASTIA 155

haviam escutado. Aos berros, os baribas prometiam fazer com eles coisas tão hediondas e inconfessáveis que esporearam os cavalos para que corressem como o vento. Latosisa vinha no grupo, com um corte profundo no braço causado por uma espada e uma pancada no queixo, que lhe arrancara dois dentes. Por sorte eram dentes do fundo da boca, pois senão ele ficaria com um buraco na parte da frente completamente indecoroso para um valente *kakanfo* de Oyó.

A entrada em Oyó só não foi um desastre pior do que a própria excursão, porque Latosisa ciente de que chegar em aparência tão lastimável lhe traria desonra e falatório, preferiu entrar escondido de madrugada enquanto a cidade dormia. Foi direto para sua casa onde suas mulheres cuidaram dele, enquanto ele chorava envergonhado. Fora sua primeira derrota. Como será que Xangô reagiria a tal desastre?

70

Em sua atividade diária, Aganju sempre aproveitava para nadar. Naquele dia, sempre acompanhado dos dois guardas que fizera amizade, dirigiu-se ao riacho. Um dos guardas lhe disse para não entrar naquele dia; as águas estavam por demais turbulentas e a correnteza forte devido às chuvas dos últimos dias. Aganju riu e respondeu que era ótimo nadador. Ora, sempre que Aganju nadava na frente dos guardas – nem sempre isso acontecia – fazia questão de ser o mais canhestro possível. Assim, os guardas, sem querer ofendê-lo e acreditando que era apenas um nadador que conseguia manter a cabeça para fora da água, voltaram a preveni-lo do perigo. Aganju jogou-se na água, rindo e fazendo pilherias.

Em questão de momentos, ao atingir a parte mais funda, começou a se debater. Sumiu e voltou a tona por uma duas vezes, enquanto a correnteza, de fato bem mais forte do que o normal, o arrastava. Na segunda vez, já distante uns trinta metros dos guardas, levantou os braços, gesticulou freneticamente e gritou qualquer coisa que os guardas interpretaram como um pedido desesperado por socorro. Todavia, os guardas além de não serem bons nadadores, não tinham a menor intenção de se enfiarem em águas turbulentas para salvar Aganju. Correram pela margem, gritando para que voltasse.

156 A SAGA DOS CAPELINOS

Na terceira vez que Aganju desapareceu nas águas, não retornou. Os guardas, feitos dois malucos, corriam para cima e para baixo nas margens, gritando seu nome e procurando ver voltava à tona. Depois de uns dez minutos, sem ver o corpo do príncipe, concluíram que a fatalidade baterá a porta de Igboho: Aganju morrera afogado.

Enquanto um deles ficava a postos para ver se recuperava o corpo do infeliz, o outro correu até o palácio do rei local para informá-lo da tragédia. O *oni* do lugar não ficou muito emocionado; era um a menos para vigiar. Todavia, mandou seu segundo-em-comando informar a Adjaká do ocorrido.

Antes de informar ao exilado monarca que seu primogênito morrera nas águas do riacho, o segundo-em-comando foi até as margens se certificar de que realmente o jovem perecera. O guarda que ficara o tempo todo disse que o corpo não aparecera. Então, os cinco homens, ou seja, os dois guardas, o segundo-em-comando e mais dois guardas adicionais resolveram descer a correnteza para ver se o corpo não estava jogado em alguma ribanceira ou agarrado às pedras mais abaixo. Vasculharam todo o local por duas horas e não viram sinal de Aganju. Convencidos de que o príncipe tivera infausto fim, dirigiram-se à casa de Adjaká para lhe dar a notícia.

A reação de adjaká não podia ter sido mais aterradora. O obeso deposto ficou lívido, questionou-os detidamente para se certificar de que o filho de fato se afogara e tudo isso feito aos gritos de desespero. Quando ficou convencido de que perdera seu primogênito, o homenzarrão caiu num choro convulsivo que atraiu a corte.

Suas esposas, inclusive a mãe de Aganju, assim como Akessan e a própria esposa de Aganju, chegaram e assim que foram tomando consciência do foto, cada uma caía no pranto mais convulsivo possível. Aganju sempre fora amado por todas as mulheres de Adjaká; sempre as tratara com fidalguia e grande respeito. Sendo amado, sua morte foi profundamente sentida.

Akessan ainda pensou que todos os planos de Aganju tinha ido água abaixo, literalmente. Uma lástima que alguém tão inteligente tivesse uma morte tão trágica. Após dar as sinceras condolências ao pai e à mãe, virou-se para fazer o mesmo com a esposa de Aganju. Notou então que algo estava errado. A mulher gritava de dor, sendo amparada por várias outras mulheres, mas não havia uma lágrima sequer a lhe rolar as faces.

A Divina Dinastia

Ou a mulher não amava seu marido – uma possibilidade bastante real numa sociedade em que os casamentos reais eram arranjados – ou Aganju não morrera e sua mulher sabia do fato.

Dois dias depois, a notícia da morte chegou aos ouvidos de Xangô. Ficou chocado, pois conhecia o jovem desde o dia que nascera, mas seu pensamento era pragmático. Era uma sombra a menos a empanar o brilho de seu reinado. Não pudera mandar matar seu irmão e seu sobrinho, mas se os orixás pudessem levá-los para o *orun*, ele não ficaria nem um pouco contristado com o fato.

Quase uma semana depois, Akessan teve a oportunidade de se encontrar com a esposa de Aganju. Aproveitando o momento em que não havia ninguém que pudesse ouvi-los, o maduro administrador do mercado perguntou:

– Para onde foi Aganju?

– Ora, meu velho – retrucou a jovem, chamando de velho no sentido de respeito pela sua pessoa –, só pode ter ido ao *orun* em companhia de Oranian.

– Mulher, apenas confirme com a cabeça o que eu lhe perguntar. Está bem?

A esposa meneou em concordância.

– Aganju foi para Ifé se encontrar com meu filho abipa?

A mulher meneou novamente a cabeça e depois se apressou em partir a fim de evitar mais perguntas.

– Garoto danado, será que conseguirá articular tudo que pretende?

71

Enquanto Latosisa entrava em Oyó furtivamente, como se fosse um ladrão, Favimishai movimentava-se, finalmente, com seu grupo misto de ijexás, além de exilados de várias procedências e alguns nupês que quiseram acompanhá-lo.

Levara quase um ano para se preparar. Muitos dos que haviam lhe sido entregues estavam doentes ou feridos, de tal modo que seria uma temeridade partir para uma longa viagem. Por outro lado, um grupo assim tão grande devia sair prevenido contra todo tipo de situações. Para

158 A SAGA DOS CAPELINOS

que pudessem levar bastante comida e gado, foi necessário que plantassem, colhessem e estocassem grãos suficientes para uma longa travessia. Ao chegarem de seus variados locais, não tinham trazido nenhum gado: o que eles tinham antes da guerra fora tomado pelos soldados de Oyó. Assim, tiveram que comprar, por meio de troca de grãos, todo o gado de que teriam necessidade para se implantarem em terra nova.

Ciente de que teria que enfrentar tribos primitivas e aguerridas, Favimishai constituiu um pequeno, mas bem armado exército e os treinou durante algum tempo. Sabia que era uma temeridade, pois assim como poderiam se defender dos ataques dos nativos, eles também podiam se voltar contra ele e matá-lo. Tendo que correr o risco, ele instituiu uma guarda pessoal de nupês, seus amigos de infância que haviam demonstrado desejo de segui-lo. Não era apenas uma questão de amizade, mas também de oportunidade. Como não eram filhos de destaque em suas famílias, jamais teriam chances em Empé. Já na terra nova, poderiam se tornar pessoas ricas e importantes. O risco, portanto, seria compensado pelas futuras riquezas.

Mas, mesmo com todos os cuidados e planejamentos, o ano que eles passaram em Empé foi terrível. Os nupês os viam como inimigos e os vigiavam de perto. Algumas mulheres, especialmente as mais jovens e bonitas, casaram-se com nupês, o que trouxe desonra e desgosto a suas famílias. Jovens se meteram em arruaças e alguns foram mortos pelos nupês. E para complicar, Agodô teve que arregimentar comida, vestuário e gado para que eles pudessem sobreviver naquele ano, já que chegaram arruinados.

Quando, finalmente, a grande coluna com quase vinte mil pessoas se movimentou, Agodô respirou aliviado, mesmo que seu coração se entristecesse já que nunca mais veria seu enteado. Já Favimishai saiu de Empé com a mente aturdida com a quantidade de problemas que cada pessoa lhe trazia. Era uma carroça que quebrara. Era uma discussão a respeito de gado, de mulheres, de armas e de grãos, que ele tinha que mediar e, com tino político, agradar a todos.

Durante meses, eles caminharam lentamente. Atravessaram o rio Níger sem maiores problemas já que traziam grandes balsas desmontadas em carroças e as montavam para a travessia e, quando esta terminava, era novamente desmontada e colocada nas carroças. Um dos soldados de Latosisa foi o guia; ela não só conhecia os caminhos que levavam à re-

A DIVINA DINASTIA   159

gião que o *kakanfo* sugerira, como dominava várias línguas e os estranhos hábitos dos povos. Graças a este guia, várias tribos locais permitiram a passagem da caravana sem obstaculizar ou cobrar pedágio.

Finalmente, após seis meses de extenuante viagem, Favimishai chegou à região e seu guia veio falar com ele.

– Meu rei, parto amanhã.

– Já assim tão cedo? Fique mais um tempo conosco.

– Prefiro partir amanhã enquanto ainda tenho minha cabeça nos ombros.

– Peço-lhe que fique mais um mês comigo, pois irei precisar de seus conhecimentos da região e da língua dos nativos.

O homem meneou a cabeça em assentimento, mas dava para ver que ficava contrariado. Mas, logo depois, ele perguntou a Favimishai o que ele pretendia fazer, agora que chegara ao destino. Na realidade, ele pensara em várias opções, mas não se decidira por nenhuma. Desta forma, convocou imediatamente seus auxiliares e tiveram a primeira reunião na nova terra. Favimishai colocou imediatamente o maior problema deles.

– Temos duas opções em relação a nossa segurança. A primeira é que podemos construir nossa cidade e ficarmos orando aos orixás para que ninguém nos ataque. A segunda é estabelecermos vários grupos e sondar a região, localizar as tribos que podem nos atacar e tentarmos um acordo com elas.

– Acho que a segunda opção é válida, mas não deveríamos tentar estabelecer amizades com tribos que cortam cabeças e fazem sacrifícios humanos – respondeu um dos nupês.

– Por que não? – perguntou um outro presente.

– Primeiro, porque não confio em gente que corta cabeça dos outros e muito menos em gente que faz sacrifícios humanos.

A resposta tinha um duplo sentido, pois muitos dos igbôs e alguns dos ijexás que tinham vindo exilados com Favimishai tinham este hábito. Os próprios edos do qual viera o falecido Oranian faziam sacrifícios humanos de forma constante. Já os que descendiam de Odudua e seu vasto grupo migratório haviam abandonado há muitos séculos este costume hediondo e viam naqueles que ainda praticavam tais ritos, povos primitivos em quem não se podia confiar.

Entendeu a dubiedade do comentário e antes que uma discussão se estabelecesse, Favimishai interveio: – Só vejo então a única possibilidade que nos resta: a guerra total. Atacaremos todas as aldeias, mataremos os homens, aprisionaremos as mulheres e dominaremos a região. Antes que cortem nossa cabeça, cortaremos a deles.

Para homens que vieram o tempo todo temendo as tribos primitivas, atacar e matar os nativos era a melhor opção. Em sua opinião, para que esperar que eles atacassem, se podiam se aproveitar da vantagem de surpreendê-los e destruí-los antes que pudessem fazer qualquer coisa?

72

Lutar tornara-se um esporte divertido para Nkan. Aprendera a técnica com os homens e se atracar com eles era, além de saudável – dera-lhe uma figura mais esbelta – também prazeiroso: subjugá-los e sentir-se viva.

Em Igboho, ela se tornara uma figura conhecida. No final da tarde, uma pequena multidão se juntava para assistir Nkan duelar com os homens. A maioria vinha para ridicularizá-la, mas após vê-la derrubar e imobilizar os oponentes, eles mudavam de opinião.

Se isto lhe dava satisfação, maior prazer lhe dava imaginar como iria se vingar de Alufiran, que agora todos chamavam de Xangô. Sabia que não poderia sair de Igboho e, mesmo se conseguisse, não poderia simplesmente entrar no palácio do rei e aplicar-lhe uma monumental surra, mesmo que este fosse o seu maior desejo. Ela tinha que encontrar um outro meio e, após conversar com suas amigas de exílio, e ver que todas gostariam de ver Xangô humilhado, uma delas saiu-se com uma solução típica de uma sociedade que cultuava uma forma de xamanismo: o uso de magia.

– Eu se fosse você iria visitar Onipedé. Dizem que ele conhece feitiços terríveis.

– Se você quiser, eu a levo lá. Já usei seus serviços e ele me parece um bom *ajé* – afirmou sua outra amiga, uma das ex-mulheres de Xangô.

O que ela tinha a perder? Se desse certo, devastaria Xangô. Se não desse certo, ela haveria de encontrar outro meio.

A choupana de Onipedé ficava no meio de uma mata, logo na entrada da cidade. Naquele dia, seu amante Toyejê tinha saído para caçar e

A Divina Dinastia   161

quando Nkan chegou, ela não o viu. Foi apresentada ao feiticeiro pela amiga. Ele lhe sorriu e a mandou entrar, ofereceu-lhe algo para beber e foram deitar os búzios, enquanto que a amiga esperava numa sala contígua. Ele falou de generalidades, coisas que qualquer um falaria, descrevendo sua personalidade. Depois disto, entrou num terreno mais perigoso, falando que ela sentia falta do amor de um homem e que se tornara masculina devido à aversão que ela possuía por um certo homem. Nkan adquiriu confiança nele e abriu seu coração. No final do jogo adivinhatório, ela confessou que queria se vingar de Xangô e que estava disposta a qualquer coisa. Ele jogou mais algumas mãos e depois lhe disse: – Nem você nem ele estão prontos. Ele, porque ainda tem a proteção de muitos orixás e você, porque precisa passar por uma preparação.

– Farei qualquer coisa para me vingar. Você não pode fazer algum feitiço?

– Os búzios me disseram que eu não conseguirei jamais atingi-lo, mas você poderá.

– Como vou fazer isto se não conheço quase nada destes assuntos?

– Por isto que eu lhe disse que você deve se preparar. Se quiser, eu a prepararei, mas saiba que isto tomará algum tempo. Você tem paciência?

– Não! Quero me vingar agora, mas se o caminho é este, eu vou arranjar paciência em algum lugar.

– Compre paciência com outras atividades. Faça sexo.

– Isto vai ser difícil: não tenho a menor vontade de me deitar com um homem e muito menos com mulheres.

– Daremos um jeito nisto, pois para você ser uma verdadeira feiticeira e conseguir poderes para estropiar Xangô, terá que usar a força do seu sexo.

– Não entendo. O que uma coisa tem a ver com a outra?

– Confie em mim e você saberá o que eu quero dizer com isto. Nkan saiu em parte satisfeita, pois confiara em Onipedé, mas em

parte frustrada; queria vingança imediata. Todavia, comprometeu-se a vir diariamente a partir do outro dia para se preparar. Assim como conseguira derrubar homens maiores do que ela e imobiliza-los, ela haveria de aprender a ser uma feiticeira; não havia sacrifício suficiente para ver Xangô derrotado.

162 A SAGA DOS CAPELINOS

73

O reino estava aparente apaziguado e mesmo que Xangô tivesse repreendido Latosisa pela sua malfadada incursão à terra dos baribas, ele não o puniu. Todavia, a fama de Latosisa decrescera muito após a derrota e ele andava preocupado com seu futuro; sabia como Xangô podia ser intolerante com a derrota dos outros.

Por outro lado, a bela Avesan, filha de Yamonari alcançara a idade de casar, mas se negava a fazê-lo. Não havia candidato que a sensual Avesan não recusasse, alegando qualquer pretexto. Como quem estava desejando ver a filha casada era Yamonari, cada vez que Avesan recusava um pretendente, a bela rainha ficava furiosa. Não o demonstrava abertamente, já que sabia controlar suas emoções, mas vez por outra, discutia de forma acirrada com a filha.

Já a bela menina de dezesseis anos matinha sua virgindade por algum mistério da natureza, pois sempre que podia, atracava-se com algum jovem, levando-o à loucura, mas jamais se deixando penetrar. Ela dizia que quem iria tirar sua virgindade seria alguém muito especial, mas não revelava quem poderia ser tal homem de imensa sorte.

Quase sempre de manhã, Xangô gostava de ficar ao sol, esquentando seu corpo. Nessas horas, na intimidade de seu pátio particular, ele ficava de tanga, apreciando o calor do sol e pensando nos assuntos do reino. Avesan descobrira a hora certa em que seu padrasto gostava de relaxar e adentrava como uma tempestade de verão, tirando o homem de seus devaneios.

Faceira e brincalhona, ela se jogava no pescoço de Xangô e beijava suas faces suadas. Depois, num ritual que se repetia quase diariamente, ela sentava numa de suas pernas, com metade de uma nádega descansando sobre o membro do homem e falava de todos os assuntos que lhe vinham à mente. Matreira, ela excitava Xangô, sentindo seu pênis enrijecer-se e como falava rápido e sem parar, mexia-se sobre a perna dele de um lado para o outro. Como era normal, as iorubás virgens andavam com uma tanga curta e os seios à mostra. Assim, Avesan aproveitava este desfrute para roçar seus seios rijos e empinados no peito de Xangô. Ela sentia o homem arfar, enquanto ele parecia se divertir com suas conversas tolas. De propósito, ela roçava suas pernas e nádegas sobre a perna de

A DIVINA DINASTIA 163

Xangô, enquanto que uma parte dela quase rebolava sobre seu membro intumescido.

Enlouquecido com este pequeno jogo, Xangô arfava pesadamente e quando estava a ponto de agarrá-la, muito espertamente, ela se levantava, despedia-se com um beijo nas faces dele e saía do pátio. Enquanto ia saindo, ela abanava a curta saia, para cima e para baixo, dizendo que estava morrendo de calor e que iria tomar um banho para se refrescar. O simples balançar da saia mostrava parte do belo traseiro da moça, o que levava Xangô à completa loucura. Cada dia que passava, ele já aguardava as brincadeiras de Avesan.

Quando Avesan se afastava, Xangô ficava triste. Lembrava-se de que os orixás não lhe haviam enviado nenhum filho. Os *babalaôs* lhe haviam dito que se tratava de uma praga de Adjaká, mas ele não acreditava nesta hipótese, pois antes mesmo de pensar em destronar seu irmão, ele já não tinha sorte. Várias de suas mulheres haviam ficado grávidas, mas não conseguiram levar a gravidez a termo. Outras tiveram filhos, mas morreram logo após o parto. A culpa só podia ser das mulheres, pensava ele. Quem sabe se com Avesan, ele não teria mais sorte? A moça era jovem e de uma vitalidade assustadora. Poderia lhe dar os filhos de que ele precisava para continuar sua descendência na Terra. Após sua morte, Oyó iria precisar de outro Xangô.

74

Com um ardor digno de uma crente, Nkan ia todos os dias à casa de Onipedé. Toyejê esquivava-se dela: não queria ser visto. Não tinha certeza de que ela não o denunciaria, mas após conversar com Onipedé e lhe explicar quem era e de onde a conhecera, o jovem *ajé* disse-lhe que nada temesse: Nkan odiava Xangô quase tanto quanto ele.

Desde que Toyejê se instalara em Igboho, ele mudara muito. Nem tanto em termos físicos, mas principalmente no comportamento. Já não era mais o poderoso *kakanfo* de Oyó, e nem frequentava a corte de Oranian e de Adjaká. Tornara-se um homem comum e sabia que, quanto mais discreto, melhor. Vestia-se com roupas simples, caçava sozinho e quase ninguém o conhecia. Por outro lado, já não tratava as pessoas com ares sobranceiros e dentro de suas limitadas possibilidades, procurava ser simpático, mesmo que sua expressão severa e seus olhos duros não o ajudavam muito a adquirir a amizade das pessoas. Depois que o conheciam até que mudavam de ideia, vendo nele um homem digno de confiança. Aos poucos, Toyejê procurava sorrir mais e ser menos carrancudo.

Em termos de sexo, Toyejê também sofreu uma mudança radical. Antes era um homem preocupado com seu próprio gozo e nunca lhe passara pela cabeça que a mulher deveria ter prazer. As mulheres que ele tivera haviam sido sagazes; quando não alcançavam o orgasmo, fingiam. Assim, ele se achava um exímio amante. Todavia, quando aceitou ser amante de Onipedé, ele descobriu que lhe faltavam atributos para ser considerado bom na arte de dar prazer aos outros. Após alguns dias com o jovem adamado, reclamou docemente de seu desempenho.

– Você é por demais bruto. Você se comporta assim com as mulheres?

– Elas nunca reclamaram.

– Não seriam loucas, mas você não é meu marido e nem eu dependo de você para sobreviver. Gosto de você porque é um belo homem, mas tem se mostrado insensível e bruto. Amor é algo que é feito a dois. Para você, parece até que eu sou um pedaço de carne, mas para seu espanto, seu Ogun destemperado, eu até posso ser uma pessoa de carne, mas também tenho alma. Sexo é feito para se atingir a alma daquele que a gente ama e não apenas o corpo.

– O que você quer dizer com isto?

Durante alguns minutos, Onipedé lhe explicou que doçura e carícias com as mãos e com o olhar também eram importantes. Não era um afetado falando, mas a alma de uma mulher que explicava ao grosso Toyejê a importância de ser meigo, de ter consideração e ser envolvente. Por mais que Toyejê achasse aquilo tudo uma perda de tempo, resolveu pôr em prática, com uma vizinha que vivia sorrindo sempre que ele passava a caminho do mercado ou da mata em suas caçadas semanais. Descobriu espantado que o resultado foi além da conta. Sendo calmo, meigo, olhando nos olhos da mulher e fazendo suas mãos passearem pelo seu corpo, Toyejê recebeu de volta um carinho e uma atenção que jamais recebera de nenhuma outra mulher antes. Depois disto, foi se esmerando e se tornando um excelente amante.

Certo dia, Toyejê saiu para caçar e teve sorte; conseguiu uma gazela pertinho de sua casa, o que era um fato raro. Assim, ele destrinchou o

A Divina Dinastia

165

animal, levando somente as partes que lhe interessavam e deixando o resto da carcaça para os abutres e outros carniceiros. Ao chegar cedo a casa, assim que entrou no pátio interno, viu uma cena que lhe chamou a atenção.

Ciente de que não haveria ninguém para perturbá-los, Onipedé resolveu preparar um banho de ervas em Nkan. Isto não só a limparia de fluidos indesejados, como também abriria sua mente para outras dimensões. Mandou que uma de suas assistentes desse o banho em Nkan, em plena luz do sol, pois este era um banho que devia ser tomado por volta de meio-dia. Nkan despiu-se e começou a tomar o banho quando, naquele momento, ela viu entrar um homem que ela não reconheceu de imediato. Assustada, cobriu com a palma da mão direita seu sexo e com o braço esquerdo seus dois seios.

Neste instante, Toyejê entrou e viu Nkan tentando se cobrir e quase não a reconheceu. Lembrava-se de uma Nkan obesa, matronal, que caminhava pesadamente nos corredores do palácio de Alufiran e o que estava vendo era uma mulher de corpo forte, mas bem proporcionado, de ossos largos, de musculatura estriada e bem definida. Ela ainda mantinha certas partes do corpo com razoável volume, tais como as coxas e nádegas, mas já não eram semelhantes a duas toras de madeira. Pelo contrário, eram bem-feitas e sensuais. Não era a Nkan que ele conhecia.

Quando Nkan o reconheceu, ela deu um grito de terror. Ao sair de Oyó, ela soubera que Toyejê fora devorado por feras e seu corpo irreconhecível fora enterrado com honras de Estado. Só podia ser o seu *egun*.

Imediatamente, a assistente a cobriu e Toyejê precipitou-se para acalmá-la.

– Quieta, Nkan, acalme-se.

– É você mesmo, Toyejê? Você não está morto?

– Mais vivo impossível!

Rapidamente, Nkan vestiu-se e sentou-se no tamborete mais próximo, enquanto Toyejê entregava as partes da gazela que ele largara no chão, quando a mulher gritara de medo, para uma das assistentes de Onipedé. Sentou-se à sua frente e relatou-lhe o essencial. Por sua vez, ela demonstrou, após ficar mais calma, que estava feliz em vê-lo: era um rosto conhecido no meio daquele mundo de desconhecidos.

– Você entende que não pode contar para ninguém que estou aqui. Só você e Akessan sabem que estou vivo.

Passaram quase uma hora, colocando as notícias em dia, e quanto mais Nkan falava, mais Toyejê se sentia atraído por ela. Ela era uma mulher volumosa, mas terrivelmente sensual e ele estava disposto a aliar- se com ela contra seu desafeto comum. Após conversarem bastante, Nkan disse que teria que partir, mas que voltaria outro dia, pois estava aprendendo muitas coisas novas e interessantes com Onipedé.

Na saída, Toyejê insinuou-se de forma um pouco mais veemente e apertou o braço dela, sentindo-lhe a rigidez e a suavidade da pele.

– Espero ansiosamente que você volte.

Num gesto brusco, quase instintivo, Nkan puxou o braço do aperto suave de Toyejê e o olhou seriamente. Meneou a cabeça numa despedida quase formal e partiu. Neste instante, Toyejê sentiu que Nkan seria uma conquista muito difícil. Para sobrepujá-la, ele teria que ser muito arguto, ou a mulher o recusaria. Como bom guerreiro, resolveu conhecer bem o terreno para não se lançar num ataque frontal e ser derrotado. Sentiu que Nkan teria que ser conquistada de um modo diferente das demais mulheres, mas estava disposto a tudo, em verdade, para tê-la em seus braços. Ele ainda se perguntou se aquilo era concupiscência ou seria aquilo que ele nunca experimentara e os outros chamavam de amor?

75

Aquela figura barbuda e com os cabelos crescidos em desalinho, aparecendo no escuro de uma das ruas de Ifé assustou Abipa. O jovem pensou em reagir e puxar de sua adaga, mas a figura lhe falou:

– Calma, Abipa, sou eu, Aganju.

Aí que Abipa se assustou ainda mais. O reino fora informado da infausta morte de Aganju no rio que margeava Igboho. Só podia ser seu *egun*. Misericórdia!

– Deixe de bobagens – disse o homem embrulhado num surrado manto marrom. – Não estou morto – e tocou no seu braço para prová- lo.

Ao se certificar de que era realmente Aganju e que ele estava vivo, abraçou-o. Uma amizade de infância não é algo que se esquece e Abipa só não o beijou nas faces porque o homem fedia horrivelmente.

A DIVINA DINASTIA   167

– Venha para minha casa, Aganju.

– Shh, Aganju morreu. Chame-me Imateko.

– Imateko?

– Acorda Abipa. Imateko ou você acha que tive esse trabalho para me denunciar de forma tão fácil. E também não vou para sua casa, vestido como um mendigo e fedendo feito um porco. O que iria dizer ás suas mulheres? Venha você para minha casa.

Abipa o seguiu para a parte pobre de Ifé praticamente sem falar nada. Entrou num casebre de palha cujo odor de mofo tomara conta. Imateko acendeu uma lamparina e sentaram-se em dois tamboretes tão instáveis que Abipa achou que fosse se estatelar ao chão.

Aganju, doravante chamado de Imateko, passou algum tempo explicando como enganara os guardas, como viera parar em Ifé por um longo caminho e como passara três dias vigiando-o para ver se o amigo abipa não estava sendo, por sua vez, também vigiado. Faziam três meses que sua morte fora decretada e nesse período trabalhara em pouco de tudo, carregando sacas de grãos, capinando roçados e cuidando de cabras e ovelhas.

– Que horror! – exclamou Abipa.

– Que nada, fortalece o espírito.

Quando imateko estava absolutamente certo de que Abipa não estava sendo vigiado, resolveu entrar em contato com ele.

– E agora? O que pretende fazer?

– A primeira coisa é arranjar um emprego para ganhar decentemente a vida, e nisso você vai me ajudar. Serei um amigo de primo seu de Ketu que veio lhe procurar.

– Bem que preciso de alguém para me ajudar nas contas. Nunca foi meu forte.

– Contas é minha especialidade. Sempre pensei que se um dia me tornasse rei não seria enganado por alguém que sabe manipular as contas. Eu mesmo o farei.

Abipa, então, lhe fez a pergunta crucial: por que fugira de Igboho?

– Não queria ficar preso feito um passarinho numa gaiola. Sou muito jovem para ter apenas uma mulher e mais nada. Quero esquecer que sou príncipe e ganhar dinheiro com comércio. Quando tiver rico, então poderei viver como sempre quis: à larga.

– E o império de Oyó.

168 A SAGA DOS CAPELINOS

– O que se pode fazer agora, meu caro Abipa? Xangô governa e o povo o ama. Ele que fique no trono que eu vou viver como um príncipe sem ter a responsabilidade de governar.

– Você mudou muito, Agan... Imateko.

– A vida muda a gente, caro Abipa. Há os que se adaptam e os que morrem. Prefiro viver.

76

Armados de longas varetas, os habitantes de Ejigbô tinham por hábito lutarem uns contra os outros no festival dedicado a Oxaguiã. A lenda que motivara esta frenética luta era que um velho amigo de Oxaguiã, chamado Awolejê, chegou na cidade e ninguém o conhecia. Ele se dirigiu aos guardas e perguntou por *Giyan* – o comedor de inhame pilado. Ora, se havia um apelido que Elemoxó, o nome deste rei, detestava era de ser chamado de comedor de inhame pilado. Imediatamente, os guardas bateram nele com suas varas e o prenderam. Assim que o levaram perante o rei, este pediu que os guardas o desculpassem e Awolejê concordou, desde que anualmente, as pessoas de Ejigbô se batessem com varas, dando origem ao famoso festival.

A festa era particularmente mais aguda entre os moradores de dois bairros: Oxolô e Okê Mapô. Numa das festas, houve uma cruel batalha entre os dois grupos, a ponto de haver mais de duzentos mortos e oitocentos feridos, alguns gravemente. Como o rei de Ejigbô não tinha como impedir que eles se matassem, já que sua guarda pessoal era constituída de gente de todos os bairros, inclusive dos dois mais violentos, ele pediu ajuda a Xangô.

Um pouco antes da festa, Xangô determinou a Latosisa que levasse sua cavalaria, cerca de três mil homens, e impedisse que os seguidores de Oxaguiã se matassem. Latosisa obedeceu e partiu, disposto a impedir um morticínio, mas ciente de que teria que usar de boa política, pois senão seus soldados é que matariam as pessoas, o que não resolveria o problema.

Ao chegar a Ejigbô, Latosisa foi recebido com frieza por todos. Afinal, ele fora o vencedor da batalha que derrotara os ijexás, entre eles um grande agrupamento vindo de Ejigbô. Todavia, a derrota contra os

A Divina Dinastia 169

baribas transformara Latosisa num ser humano mais humilde. Ter sido derrotado por gente primitiva tirara-lhe a empáfia e ele refletira muito sobre a impermanência das coisas. Um dia, você é louvado e no outro, apupado. Portanto, ninguém é melhor do que outro, apenas as circunstâncias é que organizam as coisas para que um seja vencedor e outro nem tanto – para ele, não havia derrotados na batalha da vida.

Chamou os principais líderes dos dois bairros e lhes disse que este ano, o festival seria um pouco diferente. Em vez de lutas campais com varas curtas, que acabavam descambando para luta com espadas e lanças, seria adotada uma vara bem longa. Latosisa sabia que tal vara doía muito, não se partia com facilidade e quem recebesse uma varada, perdia totalmente a vontade de lutar: o ardor era insuportável, mas não matava. Ele sabia bem disto, pois o exército de Oyó usava tais varas para surrar soldados recalcitrantes. Mandou preparar várias varas, mas foi sábio o suficiente para dizer que qualquer pessoa portando lanças, arco e flecha e espadas seria preso e só seria libertado após a festa, com o pagamento de uma multa equivalente a três bezerros – uma fortuna.

O mais difícil foi dizer à sua cavalaria que eles teriam um papel diferente. Ali, em Ejigbô, eles não eram soldados, mas policiais – uma atividade incompatível com o treinamento dado aos soldados. Um soldado é feito para ser violento, enquanto que um policial está ali para coibir a violência. Com sabedoria, ele escolheu os mais velhos e treinados de seus soldados para policiar as ruas, enquanto que os mais jovens e aguerridos ficariam nos limites da cidade como reserva estratégica, para serem chamado apenas numa emergência.

Na véspera do festival, Latosisa inventou mais um ardil. Toda a população sairia numa grande procissão em louvor a Oxaguiã e mandou avisar que trouxessem flores brancas, viessem vestidos de branco e não portassem armas, apenas os homens e as mulheres idosas poderiam carregar pequenas varas – *isan* – que usariam para chamar os ancestrais de forma que pudessem participar da festa.

No outro dia, o próprio Latosisa e seus soldados vestidos de branco acompanharam a procissão. Ele, como guerreiro, também queria louvar o grande Oxaguiã, chamado por todos de *Adjagunã* – cão de guerra (guerreiro) terrível. Após a procissão, os jovens se bateram com as longas varas e viram que aquela flagelação tinha uma grande vantagem: ninguém morrera. Todavia, alguns vergalhões daquela vara eram tão profundos que nunca mais saíam ou levavam anos para desaparecer. Passou a ser a marca de um guerreiro que participara com louvor no festival para Oxaguiã.

No final do dia, quando todos comeram, dançaram e os orixás os visitaram e dançaram com eles, Latosisa, feliz por ter se desincumbido com sabedoria de sua missão, ia se recolher quando foi interrompido por alguém que ele jamais poderia imaginar: Avesan.

A bela jovem adentrou o palácio com ar espavorido e cansado, e disse, antes de cair ao chão prostrada de exaustão:

– Latosisa, leve sua cavalaria e salve Xangô de morte certa.

77

Naqueles idos tempos, um príncipe não é alguém cujo rosto fosse conhecido. Poucos eram os súditos que tinha o privilégio de conviver na intimidade de reis e da família real. Portanto, Imateko nunca foi confundido com Aganju, especialmente após deixar o cabelo e a barba crescerem, mesmo que estivessem bem aparados. Conseguira boas roupas, mas sem chamar demais atenção. Após um bom banho e ter mudado de residência, já não fedia a mofo e ao cheiro acre de suor. Falava pouco, escutava muito e se fazia de bobo quando lhe convinha.

Em meses de trabalho no mercado e nos depósitos de mercadoria em que Abipa ajudava a administrar, Imateko aprendera a fundo o negócio e quem eram as pessoas importantes. Aos poucos, seu plano foi se consolidando. Se antes existia na teoria, agora chegara o momento de pô-la em prática. O primeiro a convencer seria Abipa e ele aproveitou um momento do próprio negócio para introduzi-lo à sua ideia.

– Esse negócio que fizemos foi excelente. Compramos por um preço baixo e éramos praticamente os únicos a ter inhame. Por isso, o vendemos a excelente preço.

– É a regra dos negócios – comentou Abipa.

– Mas já pensou porque conseguiu fazer esse negócio?

– Sorte, imagino.

– Sorte não tem nada a ver com isso, Abipa. Foi informação. Pelo fato de seu amigo lhe informar que os ijexás foram derrotados e os campos de cultivo do inhame terem ficado abandonados, pudemos desejamos.

A DIVINA DINASTIA 171

– De fato, aquela informação foi providencial.

– Agora, você imaginou uma rede de pessoas nos informando sobre todas as coisas do império?

– Absolutamente fantástico, mas irrealizável. Como montaríamos uma rede dessa natureza?

Nesse instante, Aganju foi lhe explicando sua ideia. Aos poucos, o jovem filho de Akessan foi entendendo ao que se propunha Imateko. Na medida em que Abipa foi captando a ideia, ele foi iluminando seu rosto fino com um sorriso matreiro.

– Entenda bem, Abipa. Não temos pressa. Devemos fazer as coisas com calma, analisando cada candidato com cuidado. Quando abordamos alguém devemos estar bem informado sobre o que ele quer e não sobre o nós queremos. Temos de lhe oferecer a concretização de seu sonho e não de meu ou seu sonho.

– Entendi aonde quer chegar. Com essa rede imensa de informantes de alta categoria a quantidade de negócios que todos seríamos capazes de fazer é praticamente ilimitada. Ficaríamos imensamente ricos.

– Não. Nossa sociedade é que deve ficar imensamente rica e não uma única pessoa ou um pequeno grupo.

– Agora não entendi.

– Se você ou eu ficarmos ricos demais chamaremos a atenção sobre nossas pessoas. Seremos vítimas de bandidos ou de extorsões. Os próprios participantes iriam ficar enciumados. Dirão: dou informações e quem se locupleta é Abipa. Continuo pobre e Abipa ainda mais rico. Não! Em hipótese alguma. Nossa sociedade é que irá se tornar forte e poderosa. O dinheiro é de todos e servirá para fazermos negócios e todos lucrarão.

– Mas os membros não irão ganhar nada de imediato?

– Claro. Cada negócio dará seu lucro específico e quem der a informação receberá sua paga, mas teremos um fundo comum em que acumularemos uma saca em cada vinte. Com isso, em alguns anos, teremos uma fortuna.

– Entendo. E pelo que me falou, isso será usado para gerar ainda mais negócios. Só não entendi como.

– Quantas vezes você tem um bom negócio e não pode fazê-lo porque lhe faltam os recursos. Nesse caso, emprestaremos o dinheiro aos nossos associados e eles farão bons negócios. Pagarão-nos com o lucro das transações e mais um pequeno interesse. Algo realmente pequeno e não o que os agiotas normalmente cobram.

Abipa perguntou como funcionaria essa rede de informações e como administrariam os recursos. Imateko foi lhe detalhando. Cavaleiros trariam as informações verbais – os iorubas não tinham escrita – para Ifé diretamente para eles. Em Ifé, eles concentrariam todas as informações, o dinheiro e fariam a iniciação do candidato.

– Iniciação?

– Sim, Abipa. Iniciação. Como toda sociedade secreta, temos de ter uma iniciação em que o candidato se compromete com o sucesso da sociedade, com seus segredos e sua mística.

Abipa entendeu o conceito. A pessoa não era apenas convidada a participar de uma rede de informações sobre tudo que acontece no reino. Iria ser membro de uma fraternidade. Seria parte de uma confraria cujo objetivo era proteger seus membros e apoiá-los nas horas difíceis. Já não era qualquer um, mas membro que o tornava importante.

Para tal, Aganju só desejava os filhos menos importantes das pessoas mais proeminentes do reino. E nesse ponto, Abipa entendeu perfeitamente o conceito. Normalmente os filhos de esposas secundárias e concubinas não eram valorizados nas casas paternas. Não tinham direito a nada a não ser o que o pai lhe desse. Ressentiam-se dessa posição subalterna e a maioria não podia fazer nada a respeito; submetiam-se ou partiam de casa, que eram casos raros. Ao agregá-los, a sociedade dava chance não só de enriquecimento e a consequente liberdade, como sendo filhos de pessoas importantes ouviam ou tinham acesso a informações privilegiadas.

Mesmo que fosse um processo lento, Aganju imaginou que o processo de arregimentação não seria tão vagaroso, pois só se admitiriam pessoas indicadas pelos demais membros. Mas a palavra final e o convite seriam sempre feitos por Aganju ou Abipa. No início, podia ser lento, mas após o primeiro ano, o processo cresceria de modo exponencial. Em três ou quatro anos a sociedade açambarcaria todo o reino e, quiçá, os reinos vizinhos.

– E qual será o nome de nossa sociedade secreta?

– Ogbonis (companheiros).

78

Pragmático e cada vez mais rico, Aidô continuava a aconselhar Xangô com seu jogo de búzios. Numa pachorrenta tarde, quando estava dormindo, foi acordado por uma gritaria. Levantou-se furioso da cama e foi ver do que se tratava. Seus empregados estavam tendo uma altercação verbal com um soldado e todos pararam de discutir quando Aidô entrou no pátio.

– Será que um homem não pode mais dormir numa tarde quente como esta?

– Perdoe-me, *babalaô* Aidô, mas seus empregados não quiseram me deixar entrar. Trago mensagem importante de Favimishai.

– Misericórdia! De Favimishai! Entre e conte-me tudo.

O homem entrou na sala e Aidô mandou providenciar comida e água; o homem confessara que estava há dois dias sem comer e beber nada. Cavalgara como um raio para trazer uma mensagem de seu chefe. Trouxeram-lhe água imediatamente e ele bebeu lentamente para acostumar o corpo à falta de líquido. Enquanto a comida não era servida, o soldado contou a história toda. Quando Favimishai chegara à terra dos decepadores de cabeça, ele fez uma reunião com seus chefes e decidiram destruir todos os nativos para não correrem o risco de serem atacados.

Desta forma, o exército de Favimishai atacou todas as pequenas aldeias e surpreendendo-os, destruiu-os com facilidade. O morticínio foi algo de inconcebível, nas palavras do soldado. Eles mataram não só os homens como, após certo tempo, assassinaram também as mulheres e a maioria das crianças. No início, aprisionaram as mulheres, mas como elas eram muito primitivas e ninguém entendia o que falavam, as próprias esposas dos imigrantes pediram aos maridos que se livrassem delas. Acabaram matando-as a sangue frio, assim como aos filhos de mais de quatro anos. Só sobreviveram alguns poucos bebês que algumas mulheres acharam que podiam ser criados como seus próprios.

Assim que a comida chegou, o soldado comeu vorazmente, enquanto Aidô digeria o que ele relatara até então. Depois de se fartar, ele prosseguiu. Contou que Favimishai arrasou a terra e não deixou nenhum dos cortadores de cabeça vivos. Seu plano agora era descer mais ao sul e arrasar todas as aldeias da região, não deixando ninguém com vida. Contudo, após dominar a área e construírem uma série de aldeias, sendo que a mais importante era chamada de Pingini Vedgi, uma terrível doença atacou a todos. O próprio Favimishai estava muito doente e lembrando--se de Aidô, mandou chamá-lo para que curasse todos os seus.

– Como é o nome do povo que você chama cortadores de cabeça?

– Eles se chamam de ewes.

Assim que ouviu o nome do povo, Aidô deu um pulo da cadeira e exclamou: – Misericórdia! Vocês estão matando meu povo.

Virou-se para um dos seus assistentes e mandou que empacotassem suas coisas. Partiria assim que o sol raiasse. Iria não só para salvar Favimishai como também ao povo que ele pertencia. Sem sabê-lo, Aidô havia soltado sobre os seus um terrível flagelo – Favimishai e o seu exército – e agora, cabia a ele consertar seu erro.

79

Enquanto Xangô estava reinando absoluto em Oyó, Adjaká amargava seu exílio em Igboho. Ele e Akessan tinham de viver juntos, e o antigo monarca se queixava diariamente ao amigo de sua triste sina. Fora traído pelo próprio irmão, ele que jamais havia feito mal a nenhum ser humano. Sua figura tornara-se lastimável; engordara ainda mais, bebia vinho de palma até cair e não cuidava mais de sua aparência. Ao beber muito, começava a chorar, com grossas lágrimas a correr-lhe pelo rosto gordo e sebento, enquanto tentava arrancar os tufos de cabelo com as mãos crispadas de raiva.

Após aturar tudo o que pudera, Akessan, um dia, revoltou-se com esse estado de coisas e passou em Adjaká a maior descompostura que alguém podia passar.

– Você não passa de um *dadá* (criança com tufo de cabelo na frente) chorão. Jamais um apelido foi tão bem dado a alguém. Você passa o tempo todo se lastimando, como se o destino tivesse sido traçado por alguém que resolveu puni-lo. Ora, você se diz um *alafin*, mas se comporta como um idiota. Veja sua figura, parece um hipopótamo. Você passa o tempo comendo como um louco, bebendo feito um furibundo e lastimando--se como uma velha rabugenta. Ora, homem, você é o senhor do seu *odu* (destino). Transforme-se e você transformará sua derrota em vitória. Você pensa o quê? Acha que aquele elefante pomposo que ousa se intitular de Xangô, não irá se enforcar com a sua própria corda? Você o acha um grande rei? Contudo, se você se preparasse, mudasse sua aparência, voltasse a ser um homem, pois agora não passa de um porco que nem banho toma, os iorubas voltariam a segui-lo.

– Isso não é mais possível.

– Claro que é. Saiba que seu filho Aganju está vivo e articulando um plano que se der certo, você voltará a ser o alafin de Oyó.

Adjaká sentiu uma tonteira e ficou boquiaberto. Akessan o abanou. Estava lívido. Akessan então lhe contou tudo. Explicou que o jovem tivera que agir dessa forma, pois se informasse aos seus familiares o que pretendia fazer a reação à sua morte não convenceria ninguém. Uma alegria foi tomando conta de Adjaká, mas Akessan lhe disse para continuar seu luto. Disse-lhe que recebera informações de um mensageiro especialmente enviado por aganju para lhe reportar seus últimos feitos. Falou dos ogbonis e de como ainda era algo incipiente, mas que poderia dar certo no decorrer dos anos.

De repente, Adjaká lembrou-se de ter sido chamado de hipopótamo e de porco.

– Está tudo certo, mas você ousou me chamar de hipopótamo e de porco? Como ousa?

– Isto mesmo. Reaja! Não diga apenas que não é um hipopótamo e um porco. Prove-o! Emagreça! Quem é que vai seguir um rei que não consegue sequer andar direito? Quem é que vai querer um rei que fede e que baba como um cão doente quando está no último estado de embriaguez? Ninguém, ninguém mesmo.

Adjaká balbuciou, baixinho, envergonhado:

– O que é que devo fazer?

No auge do paroxismo de sua fúria, Akessan ordenou-lhe:

– Primeiro, pare de se lastimar. Pare de comer. Pare de beber. Aprenda a lutar. Corra e cace. Torne-se um guerreiro. Pare de pensar que está derrotado e que o destino lhe foi cruel. Tome o destino em suas mãos e torne-se um Xangô igual ao seu pai Oranian.

Falando isto, deu as costas e deixou Adjaká sozinho.

Nos dias que se seguiram Adjaká foi 'digerindo' as palavras de Akessan. Começou por tomar um banho e tonsurar completamente a cabeça.

176 A SAGA DOS CAPELINOS

Não bebeu mais vinho de palma. Começou a andar e convidou Akessan para acompanhá-lo e, um dia, perguntou-lhe, de chofre:

— Você é meu amigo, Akessan?

O homem respondeu-lhe, sério, olhando-o bem nos olhos:

— Não. Eu sou amigo de mim mesmo.

Adjaká ficou-o olhando sem saber o que dizer. Akessan abriu um sorriso encantador, e ao mesmo tempo, desconcertante, e complementou:

— Não acredite em ninguém que lhe diga que é seu amigo. O verdadeiro amigo não fala, age. Portanto, sou amigo de mim mesmo. Quero que volte a ser *alafin* de Oyó, pois assim eu recuperarei minha antiga posição. Eu gostava de ser o dono do mercado. É onde corre o dinheiro e isso é poder. — Akessan parou por um instante e mudando de tom, continuou a falar: — Saiba que, com o plano de Aganju, podemos ficar muito ricos. Podemos comprar um exército e tomar o poder, mas para isto você tem que se preparar. Você tem que se tornar um rei de fato, e não um arremedo de palhaço de que todos acham graça.

— Pare. Não irei tolerar que me achincalhe novamente.

— Muito bom. Isso mesmo, o rei tem que impor respeito. Não pode ser achincalhado por ninguém. Muito menos em público. Agora vamos caminhar, pois andar faz bem à mente e ao coração.

Os dois homens caminharam.

Durante meses, Akessan foi treinando Adjaká a caçar, correr atrás dos animais, nadar por rios fundos. Adjaká perdeu peso, pois dos quase cento e quarenta quilos que havia alcançado, após anos de exercícios e treinamentos quase militares que Akessan impusera, se estabilizou nos noventa quilos. Com isso, voltara a dar felicidade às suas esposas. Voltara a frequentar o leito de suas mulheres com assiduidade.

Agora o resto era esperar o momento certo.

80

Ao ouvir que Nkan lutava como se fosse um homem, Toyejê vestiu uma roupa surrada e cobriu sua cabeça com um pano escuro e foi ver com seus próprios olhos as maravilhas que falavam dela. Incógnito e escondido no meio das pessoas que foram vê-la, ele a observou. Guerreiro

A Divina Dinastia   177

e experiente lutador, ele anotou seus pontos fortes e logo descobriu seus pontos fracos. Era uma excelente lutadora, mas lutava com os pés muito próximos um do outro, o que não lhe dava uma boa base. Já na luta no chão, não tinha fôlego para um combate prolongado. Satisfeito com suas descobertas, ficou imaginando como usar este conhecimento a seu favor.

Como todos os dias, Nkan ia na casa de Onipedé e aprendia como cozinhar para os orixás, para os *eguns*, as *yami-ajés* e outros *eborás*. Além disto, foi aprendendo como atrair os espíritos e solicitar-lhes favores. Logo, Onipedé notou que ela tinha um forte poder mental e atraía especialmente os *eguns*, que pareciam dispostos a satisfazê-la.

Todos os dias, Toyejê dava um jeito de estar presente quando Nkan chegava. Aproveitava quando ela cozinhava para conversar assuntos variados, sem, todavia, entrar em intimidades para não afugentar sua caça. Nkan sentia-se bem com aquele homem que escutava mais do que falava e que estava sempre a elogiando, seja pela suas habilidades culinárias, seja pelo seu elegante porte.

Um dia, Toyejê resolveu ser mais incisivo.

– Disseram-me que você é uma boa lutadora. É verdade?

Após anos de treinamento e de derrotar os homens que apareciam para enfrentá-la, Nkan perdera a parte mais importante de um bom lutador: a humildade. Respondeu com empáfia: – É verdade. Ganho de qualquer homem que aparecer.

– Acho que você é capaz de ganhar de uns rapazolas, mas de um homem de verdade, acho improvável.

– Pois saiba que já ganhei de homens maiores e mais fortes do que você.

– Não duvido. Há homens gordos que não têm agilidade nenhuma. Mas você ganhar de mim, acho impossível.

– Por que não, o que você tem de especial? É apenas um homem grande que terei o prazer de derrubar.

– Você gostaria de experimentar? – perguntou-lhe Toyejê, conduzindo-a a sua armadilha.

– Agora mesmo – respondeu Nkan, cheia de fúria.

A mulher largou o que estava fazendo, lavou as mãos e saiu para o pátio. Estava disposta a dar uma surra em Toyejê, esquecendo-se de que ele não se tornara *kakanfo* de Oyó apenas por ser descendente de Ogun. Desenrolou sua túnica, que a impediria de lutar, e ficou nua. Logo depois, enrolou um pequeno pano apenas para cobrir suas partes pudendas e com os seios à mostra, fez um gesto a Toyejê para que a encarasse.

Com a rapidez de um raio, Toyejê deu-lhe uma rasteira. Como ela lutava com as pernas muito juntas, as pernas de Toyejê a jogaram para o alto e ela não teve onde se apoiar e caiu de costas, com as pernas abertas. Imediatamente, Toyejê pulou sobre ela e atracou-se em seu pescoço e enrolou suas pernas nas dela.

Assim que ela se recuperou do susto, Nkan tentou empurrar Toyejê para fora dela. Mas ele não parecia lutar ou fazer força, apenas a imobilizara de tal modo que ela não podia sair daquela posição. Aquilo a irritou e ela começou a lutar feita uma leoa, porém quanto mais força ela fazia, mais ela se cansava e menos Toyejê saía de sua posição. Ele não procurava nem esganá-la e nem machucá-la, mas respirando suavemente como se quisesse manter seu fôlego o mais intacto possível, ele a imobilizava.

Durante cinco longos e intermináveis minutos, Nkan debateu-se, vendo suas forças se exaurirem e Toyejê, como se fosse uma cobra que se enrolara nela, a sufocava. Após este tempo, ela enfraqueceu a ponto de ficar arfando.

– Não quero ganhar de você. Quero você para mim. Eu a amo.

Como é que aquele homem tinha a petulância de lhe dizer que a amava quando a vencera de forma tão pouco ortodoxa?

Antes que ela pudesse responder, ele beijou seu pescoço. A sensação foi excelente e Nkan sentiu um arrepio pela espinha. Seus lábios procuraram os dela e ela, sem força para resistir, deixou-se beijar. Foi inicialmente um beijo suave e doce, o que a acalmou. Depois, ela sentiu que um dos seus braços a largava e ele passou a mão suavemente pelos seus seios. Mais uma vez, ela deixou que ele passeasse sua mão pelos seus seios e depois a mesma mão desceu até seus quadris e os tocou. Tudo era feito suavemente e ela não se importou mais.

Subitamente, ela se deu conta de que durante a luta o pano que ela enrolara em volta de sua cintura, caíra: estava nua. Neste instante, ela também sentiu que Toyejê estava praticamente nu também e sentiu que um membro em riste estava a ponto de penetrá-la. Deveria reagir, mas onde estava a força que a abandonara? Sentiu a pressão do membro a penetrá-la e relaxou, deixando que Toyejê a possuísse. Em sua mente, ele fizera por onde e tinha todo o direito de possuí-la. Sentiu uma lassidão invadir seu corpo e fechou os olhos, sem se importar que estava fazendo

A Divina Dinastia

amor em pleno pátio. Durante mais de um quarto de hora, Toyejê fez amor com ela, alternando ardor, doçura, palavras de elogio à sua beleza, juras de amor eterno e quando ele chegou ao clímax, Nkan sentiu-se a mais feliz das mulheres: havia encontrado o homem de sua vida.

81

Marimbondo pequenino tocou fogo no paiol, diz o ditado popular, para explicar que, muitas vezes, um ser insignificante pode fazer um grande estrago. E foi isto que os baribas fizeram.

Viviam quietos em suas terras, passando a maioria do tempo lutando uns contra os outros em escaramuças onde roubavam o gado uns dos outros. Jamais haviam conseguido se unir: seus reis e feiticeiros viviam se achando os mais poderosos. Gente assim não consegue se aliar.

Todavia, quando Xangô mandou Latosisa atacá-los para roubar o gado dos baribas, eles viram que, ou se uniam ou ficariam pobres, quiçá, mortos. Após derrotar a cavalaria de Latosisa, não voltaram ao seu modo de vida antigo. Unidos por um feiticeiro mais velho e sagaz, os baribas, pela primeira vez, se uniram. Como haviam capturado vários cavaleiros de Oyó, não foi muito difícil descobrir contra quem haviam lutado e o nome da cidade e do rei que tivera a audácia de invadir suas terras.

O feiticeiro reuniu os reis e do alto de sua autoridade, pelo fato de tê-los levado à vitória, disse-lhes:

– Precisamos destruir Oyó. Este tal de Xangô é um demônio e voltará a nos atacar. Devemos reunir nossos guerreiros e, sem que eles esperem, entrar em Oyó e destruir a cidade, matar Xangô e levar tudo o que pudermos.

O silêncio entre os presentes demonstrava cabalmente que todos concordavam. O feiticeiro prosseguiu em sua alocução:

– Para tal, temos que mandar um grupo bem pequeno para que descubram onde é essa tal Oyó e esperarmos o momento certo de atacar.

– E quem nos dirá quando atacar? – perguntou um dos reis presentes.

– Nossos deuses, pois foram eles que me disseram como destruir aqueles homens montados a cavalo.

82

Com uma paixão crescente, Nkan descobriu nos braços de Toyejê que ela também tinha direito ao amor de um homem. Por outro lado, Toyejê se entregara totalmente a ela e conversara com Onipedé, explicando-lhe que não poderia continuar sendo seu amante. O rapaz lhe disse que não haveria importância já que ele mesmo tinha outros pretendentes que estavam interessados nele. Afastaram-se sem rancor e até mantiveram a amizade que os havia unido por quase sete anos.

Toyejê foi morar com Nkan em sua casa e a proximidade dos dois e o rancor que os dois sentiam, os levou a imaginar um plano para derrotar Xangô. Desta forma, foi procurar Akessan para juntos formularem um plano de guerra para derrotar Xangô.

Já Nkan mantinha seu plano original; fazer uma magia para enlouquecer Xangô. Agora, que tinha aprendido os segredos dos *eguns*, estava disposta a lhe enviar um feitiço que o arrasaria.

83

Um discreto grupo de baribas seguiu os caminhos até Oyó e até mesmo entrou na cidade, e vendeu algumas cabeças de gado e retornou com informações precisas. O feiticeiro então fez suas magias e descobriu que o momento era propício. Mesmo sem saber que Xangô mandara parte de sua tropa para Ejigbô, o feiticeiro teve a intuição de que Xangô estava fraco. Não sabia que tipo de fraqueza era, mas se os espíritos lhe diziam que este era o momento, ele não iria discutir com eles. Convocou os reis e estes conclamaram seus guerreiros. Para evitar contendas entre os diversos chefes guerreiros, o próprio feiticeiro se fez eleger chefe dos guerreiros e, mais por receio de sua força e autoridade, todos o aceitaram.

Para Xangô, os baribas pareciam calmos, pois já se haviam passado dois anos desde que Latosisa tinha estado em seu território. Mas, o feiticeiro não iria atacar Oyó sem antes mandar um feitiço contra seu inimigo. Assim, ele preparou, antes da invasão, uma magia com que mobilizou seus *egun-ibu* para cima de Xangô. Deu-lhes o comando de enlouquecê-lo

A Divina Dinastia   181

e, com isso, fazê-lo errar em suas decisões. A falange de obsessores deslocou-se velozmente para Oyó, descobriram quem era o rei e atacaram o
alafin. Até mesmo os acompanhantes de baixo nível espiritual de Xangô
se afastaram, temerosos da malta que havia invadido o palácio.

Xangô sentiu-se mal nos dias que se seguiram. Não fez sexo, ficou
irritadiço, tinha sonhos terríveis, ficou sem fome, emagreceu e começou
a ter vontade de beber, o que não era de seu feitio. Todos sentiram que
ele não era mais o mesmo, mas agora não tinha Aidô para se consultar.
Os demais *babalaôs* nada detectaram de errado e receitaram banhos de
ervas, que não ajudaram muito.

Enquanto isto acontecia, os baribas vieram com a força máxima que
conseguiram reunir e viajaram rápidos. Vindo a pé, eles faziam cerca de
quarenta quilômetros por dia, não atacando nenhuma cidade no caminho para não perder tempo, polarizados que estavam em arrasar Oyó.

Quando ninguém sabia que os baribas estavam em marcha acelerada
contra Oyó, Xangô estava tentando descansar após um frugal almoço,
excessivamente regado a vinho de palma. Avesan passou pelo seu quarto
e levou um grande susto. Ela viu, em volta de Xangô, seis vultos negros,
vestidos de andrajos, com expressões abomináveis que pareciam estar
grudados no rei. Ela, sem saber que estava tendo uma vidência, gritou e
com seu grito atraiu a guarda. Ela disse-lhes para proteger o rei, mas eles
lhe disseram que ele estava apenas dormindo. Quando ela perguntou se
eles não estavam vendo aqueles mendigos asquerosos grudados em Xangô, eles deram-se conta de que a mocinha estava tendo uma vidência.
Um deles partiu para chamar um *babalaô*, que após meia hora chegou e
confirmou que os *egun-ibu* haviam tomado conta do rei. Imediatamente,
usando a vidência da moça, ele conclamou os antepassados ilustres de
Xangô, que continuava a dormir a sono solto, roncando horrivelmente e
babando pelo canto da boca como se fosse um bêbedo qualquer.

Após uma meia hora de orações, *orikís*, e uso de ervas e vassouras feito
de *mariô*, o *babalaô* conseguiu afastar os maus espíritos. Xangô acordou com
o corpo moído e estranhou que Avesan, o *babalaô* e mais os guardas estivessem em seus aposentos. Após ter-se inteirado do que sucedera, ele ficou gra-
to a Avesan, e deu-lhe ordem para que não saísse de seu lado, assim como
o *babalaô*, que o ajudara a livrar-se daquilo que ele mais temia: os *egun-ibu*.
Algumas horas depois, ele soube que os baribas estavam à porta da cidade
e levou junto com ele, a bela Avesan, para protegê-lo contra os *egun-ibu*.

182 A Saga dos Capelinos

Os baribas haviam coberto os duzentos quilômetros em cinco dias e só foram detectados quando estavam a dez quilômetros da cidade. Xangô teve que reunir suas forças, que mesmo assim eram numerosos e partiu para interceptar o inimigo. Ele estava sem nenhum de seus grandes *kakanfos*, pois Toyejê estava morto, em seu julgamento, e Latosisa fora para Ejigbô. Por outro lado, não tinha experiência de comandar homens numa batalha. Havia participado de algumas lutas, mas sempre como comandado de Toyejê e nunca como comandante em chefe. Os baribas e seus aliados tinham quase doze mil homens, contra os quatro mil homens de Oyó. Quando soube do efetivo do inimigo, ele sentiu que estava numa posição delicada.

A batalha não foi planejada. Os baribas atacaram o centro dos oyós e eles os repeliram com flechas e lanças. A batalha continuou a manhã inteira, com os baribas empurrando gradativamente os oyós de volta para a cidade. Os homens lutavam palmo a palmo, e os baribas pagavam caro por cada metro adquirido, mas eles tinham muitos homens e estavam determinados a destruir Oyó.

Perdido no meio da batalha, Xangô estava atordoado. A gritaria, a correria de um lado para outro, assim como a falta de prática de dar ordem no meio da batalha, fizeram-no sentir-se impotente. Ele não estava engajado nos combates, pois Alobitoki, seu amigo e *agbakin*, não o deixava expor-se em demasia. Avesan, que nunca vira uma batalha, achava aquilo tudo extremamente emocionante, mas a certo momento, virou-se para Xangô e disse-lhe:

– Os baribas vão ganhar a batalha. Só há um jeito. Mande chamar Latosisa e ele nos salvará.

Xangô nem sequer se deu ao trabalho de pensar e disse-lhe, um pouco aturdido, num repente:

– Vá buscar ajuda com Latosisa.

A moça montou um belo alazão e partiu sozinha para Ejigbô, que ficava a cinquenta quilômetros dali. Ela chegou ao final da tarde, tendo levado seis horas, e assim que encontrou Latosisa contou-lhe tudo e eles partiram imediatamente. Fizeram uma coisa muito rara: cavalgaram de noite.

Assim que o dia amanheceu, os baribas atacaram em sua indefectível formação de ataque frontal. Os oyós estavam reduzidos a pouco mais de dois mil e quinhentos homens, mas os baribas, que já tinham perdido

A Divina Dinastia   183

cerca de cinco mil homens, ainda restavam sete mil guerreiros cheios de ódio e vitalidade. Atacaram e novamente foram rechaçados pela ponta das lanças mais longas dos oyós, bem como pelas flechas com pontas de ferro que os atingiam assim que chegavam a quarenta metros.

A manhã ia alta, quando Latosisa chegou ao campo de batalha com seus cavalarianos. Ele viu a posição difícil de Xangô, mas usando uma elevação lateral, contornou a posição bariba e atacou-os com uma carga de cavalaria que levou pavor às linhas do inimigo. Eles não esperavam um ataque na retaguarda e muito menos que seus principais chefes e o grande feiticeiro bariba fossem mortos no ataque. Estando acéfalos e sur-preendidos entre dois ataques, os baribas abandonaram o campo de ba-talha. Todavia, Latosisa era um soldado profissional, com muita prática de guerra, e sabia que os baribas precisavam de um derrota avassaladora para nunca mais retornarem. Ele reuniu seus homens com as tropas de Xangô e sem dar muitas explicações ao *alafin*, organizou-os em três colu-nas para perseguir os baribas em fuga. No meio da tarde, ele cercou-os perto do rio Níger, quando eles tentavam passar para a outra margem. Com meia dúzia de ordens bem dadas, os oyós interceptaram os baribas e trucidaram-nos às margens do Odo Oyá. Pereceram seis mil baribas, seja no ferro de Oyó, seja afogados, tentando fugir através do rio.

Xangô voltou à cidade com Avesan como a grande heroína. Xangô ficou tão absorto com a força espiritual da sua enteada, que resolveu que ela seria sua segunda esposa, pois uma mulher com tamanho *axé* não deveria ser desprezada. Yamonari não gostou muito do arranjo, mas era preferível que a segunda esposa de Xangô fosse sua filha, que ela imagi-nava poder dominar, do que uma estranha, pois era inevitável que um homem importante como Xangô viesse a ter outras mulheres.

As histórias que circularam sobre Avesan fizeram dela uma lenda, pois, além de dominar os *eguns*, ela ainda salvara a batalha com uma mágica incrível, pois fora dos arrabaldes de Oyó a Ejigbô em poucos minutos, provavelmente voando, já que os ventos obedeciam à mocinha. O povo prefere histórias maravilhosas do que a realidade muitas vezes sem sabor.

Finalmente, Xangô possuiu Avesan e gostou de seu jeito fogoso, pois, mesmo sendo virgem, ela entregou-se ao homem com tamanha volúpia que deixou o experiente *alafin* deliciosamente surpreso. Para a jovem mu-lher, ter se entregue ao rei foi algo longamente anelado. Xangô era um homem sedutor, belo e másculo, que a deixou plenamente satisfeita e ela fez tudo de que já ouvira falar em matéria de sexo, assim como permitiu que ele exercitasse completamente suas funções de marido.

Em poucos dias, Xangô passou a preferir Avesan a Yamonari, tanto pela juventude de sua pele e de seu corpo perfeito, como pela sua voluptuosidade. Mãe e filha começaram uma tal competição para ver quem agradava mais a Xangô, que só fez o homem sentir-se ainda mais desejado. Yamonari perdera o seu lugar de proeminência junto ao rei, pois Avesan era tudo o que Xangô desejava. Astutamente, a mãe resolveu visitar os seus parentes em Ipondá e ver suas propriedades. Deixava o campo aberto para que sua filha tivesse toda a liberdade para agradar Xangô. Achava que o excesso iria cansar Xangô e que em breve ele voltaria às águas calmas, deixando a tempestade, que era Avesan, de lado.

84

Nem tudo que se planeja pode ser executado: a realidade é muito mais complexa do que qualquer previsão. O que era para ser uma sociedade apenas voltada para troca de informações, negócios, amealhar recursos para novos negócios, mesmo que Aganju jamais revelou que pretendia usar o dinheiro para derrubar Xangô, tornou-se muito mais ampla.

Logo no início, Imateko, como era chamado Aganju, viu que havia de ter uma conotação religiosa, sem a qual seria impossível se unir tanta gente de lugares diferentes, de raças e credos muitas vezes conflitantes num único grupo homogêneo. Nesse ponto, escolheu um orixá que fosse aceito por todos. Sua decisão foi quase imediata, como se fosse uma imposição dos deuses: Oduduá. A aceitação foi completa: Ifé fora fundada por Oduduá e fora um grande negociante e líder militar.

Para tanto, as cerimônias secretas eram também rituais religiosos e os juramentos eram feitos sob a égide de Oduduá. Símbolos, sinais e meios de se comunicar forem instituídos. Logo no início, Imateko observou que os cavaleiros, que não faziam parte da sociedade e traziam as mensagens verbais, era seu ponto fraco. Bastava um deles se vender e a sociedade seria descoberta. Dessa forma, não só instituíram símbolos assim como palavras sem o menor sentido. Com o tempo, os cavaleiros passaram a fazer um juramento de segredo total sobre as mensagens.

Imateko imaginara que terminaria o primeiro ano com umas duas dúzias de membros, mas a expansão foi muito mais rápida. Até pequenos vilarejos acabaram sendo contatados, pois não faltavam filhos secundários de reis insatisfeitos com seu destino. Terminou o primeiro ano com mais de cem membros e o segundo ano, alcançou a cifra de quatrocentos membros.

O dinheiro fluía numa velocidade imprevista e o que Aganju temia acontecera: a sociedade já não era tão secreta assim. Em breve, os homens mais importantes queriam se tornar ogbonis e participar da riqueza. Abipa, quem mais aparecia na sociedade, convenceu Imateko a aceitá-los e, no quarto ano, não só os grandes negociantes eram ogbonis como vários reis de cidades e vilarejos. Todavia, para Imateko isso não era ruim, pois só aceitara reis descontentes com Xangô. Aos poucos, a base para a insídia estava sendo aericulada.

85

Assim que Aidô chegou a Pingini Vedgi, ele correu para atender Favimishai. O homem estava coberto de chagas, assim como grande parte de seu povo. Imediatamente, Aidô jogou seus búzios e descobriu qual remédio deveria usar. Mandar fazer uma pasta com inhame, certas raízes e colocá-la sobre as feridas. Mandou também fazer uma longa capa de palha-da-costa e cobrir Favimishai para que ele não infectasse outras pessoas, assim como também expulsasse certas forças espirituais que estavam agindo sobre a varíola que contraíra.

Após alguns dias, tanto Favimishai como a maioria dos doentes, começaram a apresentar melhoras. Neste ínterim, Aidô ofertara pipocas para Sapata Ainon, o orixá da varíola, também conhecido pelos iorubás como Obaluaê. Assim que viu que Favimishai e a maioria dos doentes estavam fora de perigo, foi procurá-lo para parlamentar. Iniciaram a conversa sobre o estado geral de todos e depois, Aidô entrou no assunto que lhe interessava.

– O que pretende fazer agora, que está praticamente bom?

– Quero articular meus guerreiros e continuar meu caminho para o mar.

– Você pretende devastar as aldeias, como fez por aqui?

186 A SAGA DOS CAPELINOS

– Sem dúvida. Infelizmente, estas pessoas têm hábitos degenerados. São caçadores de cabeça e não posso conviver com tais costumes.

– Mas você conhece os que moram para o sul?

– Não, mas devem ser da mesma raça dos que habitavam aqui.

– Nem todos os ewes são caçadores de cabeça.

– Como é que você sabe disto, Aidô?

– Porque eu sou ewe.

– Não me diga! Sempre pensei que fosse de Ketu. Seu sotaque...

– Aprendi iorubá em Ketu, mas nasci ewe mahi. Posso lhe dizer que meu povo não tem hábitos degenerados e, mesmo sendo pessoas simples, são donos de um coração maravilhoso.

– Mas você entende que eu preciso conquistá-los, não é?

– Não, acho que você já tem terras boas para viver bem aqui com seu povo. Deixe os mahis em paz.

– Eu entendo sua necessidade de proteger seu povo, mas pelo que eu sei, eles são pobres, miseráveis e são um bando de tribos sem união e cultura superior. Não posso ter este tipo de gente à minha porta.

– Façamos assim. Irei ao território mahi, unirei as tribos, introduzirei a cultura dos iorubás mesclando-a com a atual. Farei um reino e serei seu aliado.

– Você irá precisar de ajuda.

– Levarei alguns de seus homens para me proteger, mas quero agir de forma pacífica.

– E se você não conseguir?

– Não se preocupe com isto, meu amigo. Já consultei o *ifá* e ele me revelou que serei o rei dos ewes, levando-os a ser um grande povo.

86

A guerra contra os baribas deu a Aganju o pretexto que esperava. Xangô quase morrera e demonstrara que não era um kakanfo de estofo; não soubera comandar seus homens em batalha. Por outro lado, o custo em vida fora alto. Por causa disso, ele teria de despender muito dinheiro para sustentar a família dos soldados mortos e premiar os vivos. Já Latosisa fizera algo de grave: salvara Xangô, o que diminuía a imagem do

A Divina Dinastia

soberano perante seu povo e fazia a figura do kakanfo crescer demais. Era hora de agir.

Imateko, como era conhecido Aganju, reuniu aqueles que ele sabia que detestavam Xangô e numa reunião secreta do qual só participaram pessoas de Oyó, ele deu as coordenadas. Deveriam elevar o nome de Latosisa como o salvador da pátria e diminuir a importância de Xangô como governante e comandante do exército.

Para sua satisfação, recebeu um aliado de última hora, alguém que não imaginava que poderia contar: Salê Kuodi, o primeiro-ministro de Xangô. Viera pela mão do mui obeso Ogodum, um dos filhos de Salê. Ele informara que o pai sabia da existência dos ogbonis e desejava se aliar a eles. Para se encontrar com Salê, Imateko viajou até Oyó e foi com o coração cheio de amargas lembranças que adentrou a cidade.

Encontraram-se de madrugada na casa de um ogboni, sob a proteção de vários homens armados, prevenidos contra qualquer tipo de insídia. Assim que Salê entrou, reconheceu Aganju que, mesmo mais velho e mudado, continuava praticamente igual para quem o conhecia, e Salê o vira nascer, pois fora um dos companheiros de Oranian de primeira hora.

– Misericórdia. Pensei que tivesse morrido.

– Sente-se, Salê. A ideia sempre foi essa. Quanto menos falarem no meu nome, melhor.

Um homem arguto como Salê logo entendeu toda a trama.

– Essa história de ogbonis é sua, não é? – Aganju meneou a cabeça. – Então essa história de ganhar dinheiro, de trocar informações e tudo o mais é apenas uma fachada para recolocar seu pai no trono, não é verdade?

– Sem dinheiro não há poder.

Salê concordou e explicou sua situação a Aganju. Levara anos juntando dinheiro. Dinheiro honesto, em sua opinião, e agora Xangô estava arrestando dinheiro e propriedades de todos os seus mais próximos amigos para pagar dívidas do reino. A história dos baribas arrasara seus cofres.

– Por que dos amigos?

– Porque é mais fácil. Como poderia negar algo ao meu benfeitor?

– Mas está disposto a vê-lo partir do trono.

– Não foi esse o motivo de minha vinda. Pensei em entrar para os ogbonis para tentar recuperar o dinheiro que emprestei a Xangô. Não é minha intenção traí-lo. Nem sabia que você estava por trás disso tudo.

188 A SAGA DOS CAPELINOS

– Salê, escute bem o que vou lhe dizer. Não se pode entrar para os ogbonis e continuar fiel a Xangô. Quase todos que estão aqui são seus inimigos. Para os poucos que não o odeiam, Xangô lhes é indiferente.

– Mas, Aganju, entenda minha posição. Estou praticamente falido. O que emprestei a Xangô nunca mais receberei de volta. Tenho doze filhos, fora o mesmo número de filhas que dependem de mim. Enriqueci com o ferro, mas agora não tenho dinheiro para comprar hematita com os nupês. Minhas forjas estão paradas. Os pedidos se avolumam e mal tenho dinheiro para pagar os forjadores. Mas não posso conspirar contra Xangô.

– Sua situação é bastante difícil, mas para mostrar que sou um homem de palavra, comprarei a quantidade de hematita que você precisa, mas quero alguma coisa em troca além de parte dos ganhos, o que é normal.

– Diga.

– Quero a cabeça de Latosisa.

– De que forma? Como possa matá-lo?

– Não o quero morto, apenas desmoralizado. Longe do comando do exército.

– Ah! Isso é fácil – comentou aliviado Salê. – Conte comigo. Só não entendo o que ganha com isso.

– Não ter o mais importante kakanfo entre suas fileiras será uma grande perda para Xangô. Sem Latosisa a comandar suas tropas, tudo fica mais fácil.

– Você está realmente disposto a recuperar o trono para seu pai, não é? Nada irá pará-lo?

Aganju concordou com a cabeça.

– Mas que eu saiba você não tem um exército e muito menos um kakanfo para liderá-los. Ou pretende liderar seus homens em combate.

– Não tenho experiência militar. Seria um péssimo kakanfo. Gosto de planejar minhas ações com calma e numa batalha não há tempo para reflexões. As coisas devem decididas por impulso, o que é típico de um kakanfo.

– Então quem comandará sua tropa, quando tiver arregimentada uma?

Não iria revelar que sua tropa de mensageiros era constituída de guerreiros experientes que, por uma razão ou outra, fora expulsa do exército de Xangô. Já tinha mais de oitocentos cavaleiros espalhados, todos ogbonis, portanto confiáveis. Bastava aparecer o momento certo para agir e, naturalmente, um danado de um kakanfo à altura da empreitada.

A DIVINA DINASTIA

– Não se preocupe com isso. Produzirei um excepcional kakanfo na hora certa. Mas quero que você saiba que meu pai irá precisar de um bom primeiro-ministro para governar, quando chegar o momento.

Que situação Salê se metera. Queria ser fiel a Xangô, mas pleiteava ajuda ao seu inimigo. Recebia também a promessa de continuar no cargo. Como trair sem ser traidor, pensou. Concluiu que a única forma que conhecia era sendo político.

87

A guerra contra os baribas realmente tivera um custo extremamente alto para Oyó. A perda de quase três mil homens custou aos cofres públicos uma grande soma. As famílias tiveram que ser indenizadas, além de novos soldados que foram recrutados. Isto significava que homens, que poderiam trabalhar os campos e serem produtivos, largaram suas atividades e foram ser guerreiros. Com isto, Xangô teve que aumentar as taxas que ele cobrava nas transações do mercado. Os nobres não foram afetados, pois repassavam tais taxas ao povo, mas os comerciantes viram o mercado esvaziar, não só porque homens produtivos se tornaram soldados, mas também outros começaram a procurar outros mercados que não cobravam tão caro. Isso se tornou, após algum tempo, uma bola de neve, pois para cobrir a perda de receita, Xangô aumentava os impostos e precipitava com isto a fuga das mercadorias de Oyó.

Mal sabia que por trás do esvaziamento do mercado de Oyó estava o dedo dos ogbonis. Os comerciantes ganharam vantagens especiais em aumentar os preços a níveis exagerados e quanto menos gente frequentava o mercado, menos receita para Xangô. Menos dinheiro, menos poder.

Pelo lado político, as pessoas comentavam que Xangô quase morrera e só havia escapado graças à astúcia de Avesan em buscar Latosisa e à intervenção do *kakanfo*. Se a incursão na terra dos baribas havia minado a fama de Latosisa, a sua retumbante vitória contra os perigosos inimigos, fizera dele um herói. Mais uma vez, com boatos e conversas aparentemente incocventes os ogbonis enalteciam Latosisa e denegriam Xangô.

Salê fizera sua parte, comentando os fatos com Xangô e sugerindo que o monarca devia colocar o kakanfo em seu devido lugar. Xangô não estava muito disposto a tolerar rivais à sua fama e com Salê Kuodi a instigá-lo, imaginou um esquema para desmoralizar Latosisa.

– Se existe algo que Latosisa detesta é fazermos uma reunião e não o chamarmos. Como *kakanfo*, ele é um dos *oxoruns* e se vê como o mais importante.

O comentário de Salê abriu as portas a um plano de desmoralização do *kakanfo*. Daquele dia em diante, não só Latosisa não era mais convocado, como se faziam alterações no exército sem a sua aquiescência. Uma modificação que o deixou perplexo e irritado foi que o filho de Salê Kuodi foi feito comandante-em-chefe da cavalaria. No recesso de seu lar, ele comentou com sua mulher.

– Assim que me informaram que Ogodum seria o novo comandante da cavalaria, senti que fizeram isto para me ridicularizar. Continuo *kakanfo*, mas sem minha cavalaria como poderei agir?

– Você acha, marido?

Com uma calma a esconder sua ebulição interna, explicou à esposa quem era Ogodum. Um homem obeso que mal sabia cavalgar. Com seu peso, mataria qualquer cavalo se ficasse muito tempo montado. O homem era tão pesado que para montar num cavalo precisava de uma escada. Como poderia ser o chefe da cavalaria se não conseguia se manter num cavalo? A mulher riu, mas entendeu a mensagem: Xangô queria desmoralizar Latosisa, minando-lhe o poder junto à tropa.

– Não estaria preocupado se fosse apenas isto. O coitado do Ogodum não tem culpa e atualmente é motivo de chacota entre seus comandados. Uns falam em até arranjar um elefante para que possa montar. Mas, o que me preocupa de fato é que Xangô não irá parar aí. Vai continuar com sua desmoralização até que não tenha mais força e quando eu estiver fraco, poderá fazer qualquer coisa comigo.

– Nunca o vi com tamanho estado de ânimo. É óbvio que está exagerando, pois Xangô é nosso benfeitor e jamais faria nada contra um *kakanfo*.

– Fala isso porque nunca lhe contei o que mandou fazer com Toyejê.

– Mas Toyejê foi morto pelos animais, não foi?

– Não. Xangô me deu ordens de matá-lo, mas eu não o fiz. Matei um infeliz no seu lugar, deixei que os carniceiros o transformassem numa massa disforme e depois levei o corpo para que Xangô visse.

A mulher colocou a mão na boca, tamanho fora seu espanto.

– Então Toyejê está vivo?

A Divina Dinastia

191

– Acho que sim. Nunca mais tive notícia dele, mas se morreu, nada tive a ver com isto. Jamais poderia matar meu primo, um descendente de Ogun. Nosso ancestral jamais me perdoaria.

– Pelo que você me contou – sussurrou a esposa –, você deveria procurar se resguardar. O *alafin* tem inimigos. Alie-se a eles e vamos fugir, antes que coisa pior nos aconteça.

– Fugir não é uma opção. Seria caçado e morto e vocês todos, comigo. Mas você teve uma ideia que não posso desprezar. De fato, devo procurar pelos inimigos de Xangô e fazer uma aliança secreta com eles.

Naquela mesma semana, Latosisa saiu de Oyó para caçar e dirigiu- se ao norte. Levava um grupo de amigos nos quais tinha absoluta confiança, entre eles filhos e primos. Assim que se afastou de Oyó, fez uma longa volta para o leste e dirigiu-se para Igboho, onde desejava manter contato com Dadá-Adjaká, o irmão de Xangô, o rei destronado. Seus espiões lhe diziam que Adjaká estava se movimentando e desejava arregimentar um exército para retomar o poder. Ora, um exército precisa de um comandante e que melhor *kakanfo* poderia Adjaká ter do que ele, Latosisa, o vencedor dos ijexás e dos baribas?

88

Ao se tornar uma bela mulher novamente, Nkan atraiu os olhares masculinos. Um deles foi de Akessan. O maduro dono do mercado sempre fora um mulherengo e, como tal, vivia lançando olhares para todas as mulheres. Algumas retribuíam e Akessan as abordava, outras o desprezavam e ele seguia seu caminho sem se importar. Naquele dia, cruzou com Nkan enquanto ela voltava da casa de Onipedé com o rosto iluminado por uma felicidade irradiante.

– Mas, diga-me, linda Nkan, de onde vem tão bela e jovial. Seu rosto parece iluminado. Está amando?

A mulher o olhou sorrindo e respondeu no mesmo tom jocoso:

– Dá para ver, não é? Pois somente uma mulher amada ilumina o mundo com sua luz.

– Ah! Estamos poética hoje. Isso é muito bom. Mas, diga-me, amiga Nkan, quem é o felizardo que a acende toda como se fosse um sol?

A língua se solta quando se está feliz e Nkan, sem sequer pensar em nada, respondeu que era Toyejê. Na mesma hora, Akessan fechou o cenho e lhe perguntou se ela era maluca de ficar brincando com o espírito de um morto, quanto mais um homem que fora feroz em vida e morrera de forma tão trágica. Nkan, vendo que falara demais, emudeceu, mas Akessan sentiu que havia algo mais. Pegou-a pelo braço e gentilmente a conduziu para debaixo de uma árvore, onde teriam mais privacidade. Pediu que falasse. Nkan, então, lhe revelou que Toyejê não fora morto e o resto da história, evitando, contudo, em entrar em detalhes íntimos, tais como a luta em que fora subjugada e o amor que florescera entre eles.

Desde que instituíra a sociedade dos ogbonis, Aganju mantivera contato por meio de seus cavaleiros com Akessan, seu pai e naturalmente sua esposa, que sempre soubera dos planos do marido. Dessa forma, Akessan sabia de grande parte de seus planos, entre eles a necessidade de um bom kakanfo. Ao ouvir o nome de Toyejê alegrou-se por várias razões: gostava do guerreiro e, acima de tudo, lá estava o kakanfo que precisavam ao alcance da mão.

– Nkan, você vai falar com Toyejê e lhe dizer que quero marcar uma reunião com ele. Há grandes coisas em jogo, inclusive a derrubada de Xangô.

Ora, não era segredo de que Nkan tinha ódio mortal ao antigo esposo que a mandara embora como um trapo velho. Ao ouvir isso, Nkan não perdeu um segundo e voltou apressada à casa de Onipedé na expectativa de que seu homem não tivesse saído para caçar. Para sua sorte, ainda estava lá. Em questão de minutos, ela lhe expôs tudo. Toyejê pensou em repreendê-la, mas conhecia bem Akessan e tinha respeito pela sua astúcia e tirocínio. Marcaram para aquela mesma noite.

Quando os dois homens se encontraram, após as demonstrações de amizade, sentaram e durante horas colocaram os assuntos em dia, enquanto bebiam um bom vinho de palma. Toyejê ficou sabendo das aventuras de Aganju, da sociedade dos ogbonis e, sobretudo, da necessidade de um bom kakanfo.

– Conte comigo – disse Toyejê –, mas saiba que oitocentos homens é muito pouco. Para termos uma chance, precisaríamos de um estratagema, algo que desviasse as principais tropas de Xangô para outro lugar e que sua cavalaria ficasse fora do combate. Só sua cavalaria com três mil homens iria esmagar nossas forças.

A Divina Dinastia

Akessan concordou, mas não sabia o que fazer nesse momento. Apenas mencionou que Latosisa estava sendo desmoralizado e mesmo ainda sendo o kakanfo de Xangô estava praticamente alijado do comando da cavalaria.

– Ajuda, mas não resolve. A cavalaria de Oyó é uma tropa de elite que luta como se fosse um único corpo. Mesmo que o chefe da cavalaria fosse morto durante os combates, a hierarquia rígida e o excelente treinamento desde os tempos de Oranian fazem com os cavalarianos seja uma máquina de guerra. Será preciso que sejam deslocados para longe para que nossos oitocentos homens possam passar, atacar o palácio e matar Xangô.

– Pretende matar Xangô?

– Se depender de minha vontade, terei o maior prazer em estripá- lo pessoalmente.

Vendo a expressão feroz de Toyejê, Akessan calou-se. Coitado de Xangô se caísse nas mãos do kakanfo.

89

Deixando sua pequena comitiva acampado na entrada da cidade, Latosisa entrou em Igboho sozinho. Envolto num manto que o escondia, mas que não chamava muito a atenção, procurou pela mansão de Adjaká. Ao chegar, disse aos empregados que vinha da parte de Xangô para uma conferência com Adjaká. Após alguns instantes foi introduzido a um salão onde Adjaká estava sentado. Qual não foi a surpresa de Latosisa de ver um Adjaká bem mais magro quando esperava ver um hipopótamo esparramado num sofá! Quando Latosisa tirou seu manto, quem se espantou foi Adjaká. Não esperava por Latosisa, pois quem vinha, de tempos em tempos, vê-lo era um enviado de seu irmão para saber de seu estado de saúde e ver se precisava de algo. Era uma maneira elegante de Xangô fiscalizar seu irmão para se assegurar de que não havia fugido.

– Ora se não é o famoso *kakanfo* de Oyó! Já soube de suas vitórias contra os ijexás e os baribas. Parabéns!

– Agradeço a gentileza, *kabiyesi*, mas o que me traz aqui é um assunto do qual seu irmão Xangô não poderá saber jamais. Posso contar com sua discrição?

– Por que revelaria nosso assunto? Sem dúvida, se você me procura é porque deve estar temendo pela sua vida e deseja aliar-se a mim.

– Vejo que continua arguto. De fato, procura por alianças. Acredito que Xangô perdeu o controle de Oyó e o povo está...

– Sejamos honestos um com o outro, *kakanfo* Latosisa. Nem você nem eu estamos preocupados com o povo. Entre no ponto e vamos ver o que posso fazer para ajudá-lo em suas aflições.

– Xangô deve partir e Adjaká deve ser restaurado no trono. Para tal, estou disposto a colocar minhas tropas a seu dispor.

Adjaká não parecia espantado. Pensou por um instante, virou-se para seu visitante e perguntou:

– Importa-se se Akessan e mais uma pessoa participarem dessa nossa conversa?

– Nada contra, se ela ficar reservada a nós.

Meneando a cabeça em assentimento, Adjaká tocou uma sineta e logo entrou um rapaz, que se dirigiu a ele. Ele cochichou alguma coisa no ouvido e o rapaz saiu correndo da sala. Enquanto Akessan e o outro não chegavam, Adjaká chamou um serviçal e vinho de palma foi servido aos dois. Latosisa observou que Adjaká bebeu moderadamente. Conversaram sobre coisas sem maior importância e o assunto resvalou para a cidade sagrada e o festival anual de Oxalá, que estava para acontecer. Lá pelas tantas, entraram no salão dois homens, que Latosisa logo reconheceu Akessan e, para sua surpresa, Toyejê.

– O mundo dá muitas voltas! Se não é meu amigo Latosisa – disse Toyejê, aproximando-se e dando-lhe um abraço em ambos os lados, do modo iorubá.

Após o encontro dos dois amigos que o destino havia separado e quase colocado em campos antagônicos, eles se sentaram e Latosisa, como era de seu costume, logo entrou no assunto. Usando de sua proverbial sinceridade, disse que Xangô o estava desmoralizando e que temia ser defenestrado. Não queria perder tempo e disse que seus espiões lhe haviam avisado que Adjaká estava contratando homens para formar uma milícia. Afirmou que estava bem-informado, mas como Xangô estava num processo de desmoralizá-lo, nada revelara desses fatos ao *alafin*. Terminou informando que só não sabia que era Toyejê que estava treinando-os.

– Pelo que me informaram, vocês já têm oitocentos cavalarianos, a maioria ijexás que detestam Xangô.

A Divina Dinastia   195

– Há muita gente de muitos lugares – afirmou Akessan, entrando na conversa. – Temos pessoas de Ibadan que ficaram particularmente irritados por Xangô ter mandado Nkan embora. Como você sabe, ela é uma princesa de Ibadan e o pai ficou furioso em saber que sua filha foi tratada como rebotalho. Temos gente de Oyó também. Todavia, seus espiões estão certos. Só temos oitocentos homens, mas estão bem treinados.

– Oitocentos para enfrentar quase sete mil homens é uma loucura.

– Vocês aumentaram o efetivo? – perguntou Toyejê. – Não eram cerca de quatro mil homens?

– Após o ataque dos baribas e a perda de muitos bons soldados, Xangô resolveu fortalecer ainda mais seu exército.

– Mas, caro Latosisa, o que você propõe? – perguntou Akessan, que se mantivera calado até o momento.

– Proponho que desviemos uma parte da tropa, especialmente de infantaria, que ainda está muito pouco treinada, para o oeste. Desta forma, Oyó ficaria protegida por cerca de três mil homens, sendo a maioria de cavalarianos que me são fiéis. Assim, vocês atacariam Oyó e meus cavalarianos não oporiam resistência. Não sei se lutariam por vocês, mas provavelmente se virem que Adjaká tem chances de vencer, se voltariam contra Xangô.

– Por que fariam isto? – perguntou Akessan. – Pelo que sei, eles amam Xangô e têm feito fortuna graças a ele.

– Sua informação está correta, mas isto se aplica antes da incursão ao território bariba, há quase três anos. Como é de conhecimento geral, aquilo foi um desastre e Xangô não foi completamente generoso com a família dos mortos e nem dos aleijados. Ora, estes infelizes têm parentes no próprio exército e todos ficaram ressabiados com tal atitude. Afinal de contas, podia ter sido com eles. Suas famílias ficariam na miséria. Isto minimizou muito o amor da tropa por Xangô.

– Sabemos, entretanto, que há muitos homens que desejam progredir no exército e que pelo fato de você não promovê-los, tornaram-se seus inimigos. Esses homens irão, sem dúvida, traí-los.

A afirmação de Toyejê não pareceu espantar Latosisa e sua resposta confirmou que ele já sabia do fato.

– Conheço os que me detestam e sei o que fazer com eles.

Após a afirmação de Latosisa, eles se dedicaram a planejar o golpe. Não era, entretanto, algo muito fácil, pois Xangô tinha muitos seguidores, tanto entre os nobres que se beneficiaram de seu governo, como também entre a população, pois muitos haviam progredido com sua profícua administração. Havia os descontentes, mas eram minoria. Havia aqueles que achavam Adjaká excessivamente manso para ser rei, além de outros que detestavam Akessan por sua astúcia no mercado e nas finanças do reino. Se dependessem de uma revolta popular, provavelmente não teriam sucesso, já que bem ou mal, Xangô elevara o nome de Oyó às alturas.

Passaram o resto do tempo planejando um estratagema para desviar as tropas de Xangô e impedir que houvesse o mínimo de contato entre eles e a cavalaria. Entretanto, ao guarda palaciana deveria ser combatida e não seria fácil derrotá-los, pois Xangô selecionara não só os melhores geuuereiros, como os pagava mais do que aos demais.

Assim como chegou, Latosisa partiu. Adjaká reuniu seu grupo e discutiram a imprevista visita. Akessan não confiava no *kakanfo* de Oyó, mas foi Toyejê quem cimentou o assunto.

– Confio nele como um irmão. Ele podia ter me matado há anos, mas arriscou-se para me salvar. Vamos seguir com o plano e ver no que dá. Agora é muito tarde para retroceder. Em breve, Oyó saberá que temos oitocentos fortes para enfrentá-los. Ou atacamos de surpresa ou seremos arrasados pelo exército de Xangô.

90

Quando alguém toca fogo na savana, deve saber quais são as consequências. O fogo é comandado pelo vento e os tufões da insídia haviam sido libertados. As consequências seriam terríveis para todos que ficassem na frente do incêndio.

Enquanto Latosisa cavalgava de volta a Oyó, um cavaleiro partia do palácio de Adjaká para informar a Imateko, ou seja Aganju, dos planos que haviam sido acelerados devido a defecção oportuna de Latosisa. Imateko devia dar ordens de reunir os seus cavaleiros nas vicinidades de Igboho para iminente ataque a Oyó.

Latosisa chegou a Oyó e com a expressão risonha mostrou a caça que conseguira: dois leões, quatro antílopes e um gigantesco elefante. Fez

A Divina Dinastia 197

questão de que todos soubessem; eram seu álibi. Ninguém sabia que ele comprara todos estes animais já abatidos por outros caçadores.

No outro dia, fez uma relação de todos os homens que participariam do golpe, assim como os que deveriam ser afastados para não impedir a revolta. Assustou-se com a quantidade de inimigos que colecionara durantes os anos. Sua relação inicial incluía cerca de trezentos homens que precisavam ser neutralizados para que não interferissem. Mas, ao contar seus amigos, aqueles com que ele podia realmente confiar, viu que só tinha duas dúzias de homens leais. Como poderia neutralizar os trezentos inimigos?

Por outro lado, ele tinha que mandar cerca de quatro mil infantes embora. Como? Pensou muito e concluiu que deveria propor a Xangô um treinamento em campo. Com a desculpa de ordem unida, disciplina e outras baboseiras militares, ele poderia levá-los a ficar estacionados a cerca de vinte quilômetros de Oyó, o que os impediria de participar da defesa da cidade. Tudo dependeria de ele convencer Xangô.

O mais difícil, contudo, era ser recebido por Xangô. O *alafin* estava determinado a desmoralizá-lo e não o recebia de modo algum. O único caminho era falar com Salê Kuodi e lhe explicar as razões para levar a infantaria para um treinamento em campo. Foi o tipo de conversa irritante. Salê também desejava vê-lo afastado e não estava disposto a nenhum tipo de concessão ao *kakanfo*. Disse que falaria com Xangô, mas sequer mencionou ao *alafin* que o *kakanfo* estivera com ele. Quando Latosisa voltou no outro dia para ter a resposta, Salê lhe disse que Xangô estava muito ocupado e que não puderam conversar sobre o assunto. Realmente, para Salê uma manobra do exército era importante para treinar os novatos, mas para que a pressa? Não havia inimigos à vista, disse ele. Bem poderiam fazer tais exercícios dentro de um mês ou mesmo dois. Latosisa não quis ser insistente e lhe respondeu que agora era uma época boa, pois não estava nem muito quente nem muito chuvoso. Tempo perfeito para exercícios militares, mas Salê não achou a ideia muito boa e fez cara de quem ia pensar. Portanto, concluiu Latosisa, o primeiro passo, que era afastar o grosso das forças de Oyó para não opor resistência às forças de Adjaká, estava fadado ao insucesso. Toyejê ia precisar enfrentar quatro mil homens com apenas oitocentos cavaleiros – um suicídio.

Para não perder tempo, Latosisa começou a falar com seus amigos e, de modo disfarçado, sentir a disposição de cada um. Para sua decepção, das duas dúzias que ele tinha relacionado, somente oito demonstraram estar dispostos a ver Adjaká no trono. Os demais demonstraram que preferiam Xangô, pois haviam enriquecido com ele e lhe deviam um pleito de lealdade. Latosisa sentiu que não poderia adentrar um terreno perigoso com eles, pois nunca se sabe quando um amigo vira inimigo e ele se lembrava sempre das sábias palavras de seu falecido pai: cuidado com os amigos e parentes, pois são eles que nos traem; aos inimigos, nós não damos as costas, já que estamos sempre prevenidos contra eles.

Calou-se e entrou em maiores detalhes com os que demonstraram que, se Adjaká voltasse, eles estariam melhor do que com Xangô. Contudo, a sua grande vantagem é que este grupo de oito compunha-se de homens importantes no exército e lideravam vastos esquadrões de guerreiros. Se ele conseguisse convencê-los a levar suas tropas para longe de Oyó, o caminho estaria aberto para Toyejê e seus oitocentos. Nas primeiras conversas, eles demonstravam que seriam a favor de um golpe de Estado contra Xangô, desde que eles não participassem diretamente. Uma posição cômoda, pensou Latosisa. Se der certo, eles colhem os frutos, mas se não der, eles poderão sempre alegar que nada sabiam e que não participaram. Do seu lado, Latosisa viu que sua participação na revolta se limitaria a quase nada, enquanto que Toyejê esperava muito dele. Será que falharia? Se falhasse, sua cabeça dificilmente ficaria sobre os ombros. Se não fosse Xangô, seria Adjaká a decepá-la.

91

Com um grupo de soldados de Favimishai para protegê-lo, Aidô entrou emocionado na terra de seus ancestrais. Havia quase cinquenta anos que ele partira e agora voltava como um sábio, um *babalaô* disputado por todos os iorubás e disposto a se tornar rei dos ewes.

Entrou na primeira aldeia e logo se viu envolvido por uma massa de pessoas simples, seminuas e curiosas. Todos se juntavam para ver aquele homem imponente, vestido com roupas de uma elegância jamais vista e uma pose altaneira, demonstrando ser alguém de grande importância. Os duzentos soldados estacionaram na entrada do vilarejo como a dizer que não atacariam, desde que aquele homem importante fosse tratado condignamente.

A DIVINA DINASTIA

199

O chefe da aldeia e seu principal *ajé* vieram recebê-lo. Ele apeou e fazendo força para se lembrar de sua língua, que ele não falava há décadas, expressou-se de forma majestosa.

– Sou Aidô de Oyó. Sou ewe de nascimento e vim visitá-los.

Para sua surpresa, tanto o rei como o *ajé*, se entreolharam e depois perguntaram: – Você é Aidô, o Dan (cobra; representa força, sabedoria e astúcia) que distribui magias e curas a todos?

Então, até ali seu nome era conhecido? Isto facilitava em muito sua tarefa.

– Como me conhecem, meus bons homens?

– Pessoas que foram a Ketu ouvem seu nome ser falado em todos os cantos. Dizem que até o poderoso Xangô de Oyó se curva aos seus desígnios. Ouvimos falar de um terrível rei atacando o norte. Arawê (Deus Supremo) o derrubou com uma triste doença. Dan o livrou da morte.

– Bondade! Nada faço que os *voduns* (orixá, em gêge) não permitam. Sou um escravo de suas ordens.

– Somos todos – disse o *ajé* – mas alguns são amados pelos *voduns*, enquanto que há outros que são odiados por nossos ancestrais. Mas, o grande Dan é amado de Arawê. Abençoado seja sua vinda.

Com tal recepção, Aidô encontrou um terreno fértil para ouvir deles suas queixas, suas necessidades e quando propôs que todos se unissem numa grande nação, não houve tanta relutância como seria de se esperar de pessoas que sempre viveram destacadas e sem contacto com outras tribos.

O chefe da aldeia achou a possibilidade de eles formarem uma confederação de vilarejos algo muito salutar. Eles tinham um problema que exigia uma união das tribos, mas ninguém queria ceder a sua preponderância, em seu vilarejo, para um rei superior. Aidô ou Dan, como era chamado, era o candidato natural. E o problema mais sério que eles tinham eram as incursões feitas por grupos de rebeldes egbados que os aprisionavam e os vendiam como escravos aos fulanis. Somente uma ação conjunta das tribos, assim como também um tratado com os egbados, poderiam impedir que tais rebeldes continuassem seu triste afazer.

De posse destes dados, Dan passou a visitar todas as tribos, pequenas aldeias e estabeleceu-se numa delas, chamada Dassa Zoume, a poucos quilômetros de Pingini Vedgi. Assim, poderia manter com Favimishai um intercâmbio de amizade e de cultura que os manteria próximos e mutuamente protegidos.

A região começou a progredir rapidamente. Não só os reides dos bandidos egbados haviam propiciado a união das tribos, mas também Aidô, o Dan dos mahis, contribuiu para solidificar a aliança. Os bandidos egbados foram presos ou mortos pela milícia mahi sob o comando de um chefe guerreiro, amigo de Aidô, e com isto, a paz reinou na região.

Dassa Zoume tornou-se um lugar bastante sofisticado, ainda que, comparando-se com Benin, Ifé e Oyó, fosse pequena e modesta. Dan tornou-se o primeiro rei dos mahis e os iorubás passaram a conhecê-lo pelo nome de Oxumaré. Após sua morte, tornou-se o primeiro dos *voduns* (orixá) dos gêges mahis. É o arco-íris que liga as coisas da terra aos céus; também conhecido como o orixá da riqueza, da firme determinação de vencer e sobrepujar as dificuldades pelo uso da sabedoria. É Dan, a cobra da kundalini, do poder mental e da sabedoria. Quem diria que um pobre e ignorante menino ewe tornar-se-ia famoso e respeitado, até mesmo por reis!

92

Pela sua expressão, Nkan logo descobriu que Toyejê estava preocupado com algo muito sério. Mesmo tendo jurado absoluto silêncio em torno dos planos, após certa insistência, a mulher conseguiu o que desejava: Toyejê revelou tudo.

– Vocês não conseguirão o intento de derrubar Xangô – respondeu taxativamente Nkan.

– Mas por que, mulher? Se Latosisa fizer sua parte, nos entraremos em Oyó como um raio e destruiremos toda a resistência.

– Este é o ponto fraco do plano. Não que eu não confie em Latosisa, mas algo me diz que ele não conseguirá tudo o que se comprometeu a fazer. Não porque seja inepto, mas porque as forças que protegem Xangô são fortes e só podem ser vencidas por meio de magia.

– Você sabe que não entendo nada disto. Posso acreditar em orixás e ancestrais, mas tudo isto escapa à minha percepção.

– Escapava a minha compreensão também, meu amado – disse Nkan, passando a mão no rosto crispado de seu homem. – Mas, desde que comecei a frequentar a casa de Onipedé, pude perceber que o mundo em que vivemos e o mundo dos espíritos são, na realidade, o mesmo.

A Divina Dinastia   201

Tanto nós temos certo poder sobre o *orun* (mundo espiritual), como eles o têm sobre nós. Magia é apenas um nome para explicar que por meio de certas práticas, podemos obter alguns favores dos espíritos.

– Não vejo como a magia há de ajudar Latosisa.

– Não vou lhe explicar; tomaria muito tempo. Mas vou agora mesmo conversar com Onipedé e agirei. O que está em jogo é toda nossa vida.

Quando Nkan botava algo na cabeça, ninguém a demovia. Aliás, Toyejê estava por demais tenso; pois grande parte do plano não dependia dele, mas de Latosisa. Se Nkan pudesse usar de magia ou de outro meio que fosse, ele agradeceria, já que precisava de toda a ajuda do mundo.

Onipedé escutou toda a história e resolveu deitar os búzios. Após várias jogadas, ele concluiu o jogo e discutiu o assunto com Nkan.

– A proteção que ele tem é muito forte. Na realidade, se intervirmos, poderemos desequilibrar o jogo do poder. Todavia, o caminho está aberto, pois os orixás aguardam a resolução dos que estão na Terra. Como Xangô destronou Adjaká, ele abriu uma brecha no plano da justiça, fazendo algo errado. Assim, os orixás permitirão que o irmão tente retomar o que lhe pertencia de direito. Assim como ele usou de ardil, o mesmo poderemos fazer.

– E o que poderá fazer?

– Eu lhe disse, desde o primeiro dia em que você veio aqui, que eu sou impotente para atingir Xangô. Só quem foi prejudicado por ele, poderá fazê-lo. Você poderá usar aquilo que ele mais teme: os *eguns*.

– Mas eles voltarão para cima de mim.

– E você os alimentará para o resto de sua vida, Nkan. Todo mês, você lhes dará comida e bebidas. Pelo menos uma vez por ano, você terá que lhes oferecer um banquete.

– Se me ajudarem a destronar Xangô, terei o maior prazer em atender todos os seus desejos.

93

A tormenta se abatera sobre Lajuwa. Ele fora o responsável por enviar os *egun*-ibus contra Oranian e apressar a morte de Torosi, também chamada por todos de Yamassé. Fizera a magia, mas não obedecera aos conselhos da feiticeira que o ajudara: jamais dera presentes aos tenebrosos.

Aos poucos, como se fosse um fio d'água, sua fortuna foi se esvaindo. Todos os negócios em que se metia davam prejuízos. Sua família foi se esfacelando. As brigas haviam se tornado seu inferno. Ninguém conseguia ficar em sua casa sem que a desarmonia se instaurasse rapidamente. Seus filhos o roubaram nos negócios ou partiam para se casar com mulheres que ele detestava. Suas brigas com as noras, afastaram-no das casas dos poucos filhos que o toleravam.

Deu para beber, e seu cheiro acre de quem não toma banho e ainda fede a bebida expulsou suas mulheres. Suas discussões por coisas pequenas e insignificantes fizeram dele uma pessoa sem amigos. Ninguém ia para sua casa e à medida que o dinheiro escoava por suas mãos como areia, todos o abandonaram.

Sobrou-lhe uma casa grande e vazia, sem filhos e sem mulheres e, quando o dinheiro acabou de vez, ele vendeu a casa por uma ninharia e partiu. As tavernas viram o resto de seu dinheiro desaparecer em vinho de palma e era comum ele acordar na rua, sendo sacudido pelos guardas do mercado, que o expulsavam de um lugar para outro.

Sua mente estava bloqueada por ideías do passado. Para ele, Oranian ainda governava e seu ódio ao *alafin* de Oyó nada tinha de racional. Vociferava sozinho, assustando os passantes, que evitavam sua figura abominável. Passou a ter ideias de morte, mas não conseguia reunir coragem para suicidar-se. Caíra ao mais baixo nível de abjeção e tornara-se um mendigo em quem as crianças jogavam pedras, de quem as mulheres se afastavam horrorizadas e que os homens espancavam sem piedade. Mas, por uma dessas estranhas coisas da vida, a morte o recusava, mesmo que fosse o que ele mais desejava. A loucura o possuía aos poucos, mas não lhe tirava a consciência de sua imensa queda.

Sem que ele conseguisse solucionar o mistério de sua derrocada, todo o seu infortúnio fora construído pelos *egun*-ibus, que se divertiam ao vê-lo cair cada vez mais. Eles não tinham pressa em terminar com sua vida: era muito mais divertido observar sua lenta e inexorável destruição. Ninguém mexe com os *egun*-ibus sem ter que pagar um altíssimo custo: o preço da sanidade.

94

Não havia mais possibilidades de retorno. Toyejê ordenara que seus oitocentos cavaleiros saíssem de Igboho em direção a Oyó. Mandara um mensageiro avisar Latosisa que chegara o momento, sem saber se ele conseguira cumprir seus planos. Provavelmente, se soubesse, não teria se movimentado, mas Nkan fora taxativa: ou iam agora ou nunca. Então, fiando-se em sua mulher e, principalmente, no seu desejo de vingança, partiu com sua tropa, sentindo-se poderoso novamente, mas com o coração apertado. Será que tudo sairia a contento?

Quando a tropa de Toyejê chegou a trinta quilômetros de Oyó, os vigias de Xangô montaram em seus cavalos e dispararam em direção ao palácio para avisá-lo de que uma força montada vinha em sua direção. Imediatamente Xangô convocou seu ministério e desta vez, incluiu Latosisa. Pela descrição dos vigias, Xangô entendeu que estes homens estavam vindo do interior do seu reino e não eram invasores externos. Deu ordens a Latosisa de interceptá-los e destruí-los. Assim que recebeu a ordem, o *kakanfo* partiu para executá-la.

Levaram quase uma hora para reunir os homens e pô-los em marcha. Se ele tivesse intenção de destruir a força invasora, ele os esperaria num vale, onde teriam que passar, mas ele já combinara com Toyejê que ele não deveria passar pelo vale. Deveria dar uma longa volta pelos morros circundantes e se dirigir a Oyó. O objetivo de Toyejê era encontrar Xangô e matá-lo. Adjaká curtira por anos sua indignação pelo irmão e fora bem explícito: matar Xangô, decepar sua cabeça e colocá-la na ponta de uma lança para que todos vissem o fim de um traidor.

Ciente de que a cavalaria de Toyejê daria a volta, Latosisa dispôs seus homens num amplo semicírculo para impedir a passagem da cavalaria. Esperaram por horas e nada. Se Latosisa realmente quisesse engajar sua tropa com os invasores, ele teria mandado batedores à frente para investigar a direção que eles haviam tomado. Todavia, para não atrair a atenção de vários *agbakins* de Xangô, que haviam vindo junto para apreciar a batalha, ele enviou um pequeno grupo sob o comando de um dos seus leais amigos. Sua função seria investigar, mas não retornar a não ser após horas de atraso. Este tempo, na opinião de Latosisa, seria suficiente para que Toyejê entrasse em Oyó e tomasse o palácio.

204 A Saga dos Capelinos

Quando a tropa estava partindo, entretanto, Xangô mandou reforçar sua guarda pessoal com uma parte dos cavaleiros de Ogodum, filho de Salê, recém-promovido a comandante da cavalaria. Este batalhão de quinhentos homens havia ficado para trás e eles estavam estacionados na entrada de Oyó.

Por volta das três horas da tarde, Toyejê, que havia contornado a posição de Latosisa conforme haviam combinado, deparou-se com os cavaleiros de Ogodum. Todavia, eles estavam somente acampados. Como não esperavam nenhum ataque, estavam descansando do mormaço da tarde. Vendo que estavam desmontados e os arreios dos cavalos não haviam sido sequer colocados nas montarias, Toyejê deu ordem de ataque.

A furiosa carga pegou Ogodum desprevenido e não deu tempo de reagir. Ao sair de sua tenda, sua cabeça foi fendida por um golpe de clava de ferro e ele caiu mortalmente ferido. O resto da tropa opôs pequena resistência, preferindo fugir para dentro da cidade.

Em questão de minutos, Xangô soube que os revoltosos haviam passado pela sua última guarda. Imaginou que se tratava de um grande exército que havia derrotado Latosisa e que agora estava a ponto de invadir Oyó.

Naquele dia, o *alafin* parecia mais nervoso do que nunca. Chegava a enrolar a língua e pronunciava as palavras numa avalanche confusa que não era fácil de ser entendida, especialmente numa língua fonética como o iorubá em que qualquer mudança no tom da palavra pode significar outra coisa completamente diferente. Assim, dando ordens contraditórias e voltando atrás no que havia comandado previamente, o próprio Xangô levou confusão a sua guarda pessoal, que devia proteger o palácio. O chefe da guarda entendeu que ele devia avançar para atacar os invasores, e logo depois, recebeu a ordem de não sair do palácio e defendê-lo até a morte. Assim, o chefe da guarda, que já mandara um destacamento para enfrentar os invasores nas ruas, voltou atrás e desmembrando e enfraquecendo sua força, posicionou-se para enfrentar Toyejê, sem saber de quem se tratava.

Os combates de rua foram rápidos, pois o pequeno destacamento foi atropelado pelos cavalos e não opôs séria resistência ao avanço das forças revoltosas. Já, no palácio, a luta foi mais renhida. Não podendo invadir o palácio a cavalo, as forças de Toyejê apearam e tentaram penetrar na grande casa. Entretanto, era mais fácil para homens entrincheirados

A Divina Dinastia

atrás dos grossos portões aguentar um ataque que tinha que ser frontal. Com arcos e flechas, e muito bem-treinados, já que era a elite da tropa, obstaculizaram por horas o ataque de Toyejê.

Finalmente, usando de flechas incendiárias, Toyejê conseguiu desentocar a guarda e os combates viraram duelos de morte nos corredores do palácio. Quase sempre, a guarda levava vantagem sobre os atacantes, contudo, o número de invasores era bem superior ao da guarda. Aos poucos, metro a metro, a guarda foi cedendo e por volta das sete horas da noite, os últimos guardas do palácio foram trucidados após brava resistência na sala do trono.

Um exausto, porém felicíssimo Toyejê correu os quartos do palácio atrás de Xangô e mandou seus homens vasculharem cada cômodo com cuidado. As poucas mulheres – serviçais de Xangô – que foram encontradas tiveram suas roupas arrancadas para se certificar de que não era Xangô vestido de mulher, tentando escapar no meio do tumulto. Após meia hora de busca incessante, chegaram à inevitável conclusão: Xangô fugira.

95

Quando os combates alcançaram seus portões, Xangô tomou-se de um medo irracional. Isto não era de seu feitio; sempre fora destemido. Todavia, ele tremia e imagens tenebrosas circulavam por sua mente. Ele se via sendo torturado. Sentia o ferro quente queimando sua pele. Imaginava-se amarrado com as pernas abertas e seus inimigos castrando- o a sangue frio. Deixou que estas imagens flutuassem em sua mente e o pânico foi tomando conta dele. De repente, como corolário deste pavor indescritível, assomou em seu espírito a ideia de fugir.

Neste instante, Avesan entrou em seu quarto e viu a expressão de loucura em seu rosto.

– Xangô, reaja! Pegue uma espada e fique à frente de seus homens. Lute! Sua presença há de lhes dar força. Enquanto isto, vou buscar Latosisa. Ele nós salvará novamente.

– Não. Ninguém pode mais me salvar. É preciso fugir – ganiu o homem em pleno desespero.

206 A SAGA DOS CAPELINOS

– Recomponha-se, homem – berrou Avesan, mas logo viu que nada impediria Xangô de fugir. Ele parecia enlouquecido e procurava algo pelo seu quarto. Ela lhe perguntou: – O que está procurando?

– Minhas joias. Sem elas não sou ninguém.

Já que ele tinha que fugir, então que o fizesse logo, pensou Avesan. Não deixava de ser uma opção inteligente. Viver, para lutar novamente num outro dia. Fugiriam, se encontrariam com Latosisa e retomariam o poder. Determinada a ajudá-lo, Avesan agarrou o braço do homenzarrão e num puxão forte, deu-lhe uma ordem peremptória: – Vem!

Aquele safanão o despertou. Sim, era imperativo fugir. O inimigo já berrava nos corredores e sua guarda estaria em breve sobrepujada. Era preciso partir.

Correu com Avesan em seu encalço. Entraram na estrebaria e lá estavam quatro cavalos. Sem selá-lo, ele se puxou para cima de um deles com grande esforço. Estava um tanto obeso e a falta de exercício deixara seus músculos flácidos. No terror do momento, encontrou forças e subiu no animal, que estava indócil, dificultando a montaria. Por seu lado, Avesan pegou um cobertor e jogou numa égua mansa que conhecia. Subiu nela num salto lépido e quando viu que Xangô havia conseguido se equilibrar no cavalo, partiu, chamando-o.

Na confusão da invasão do palácio, havia muitos homens montados e os dois passaram por eles a pleno galope. Um deles achou ter visto Xangô, mas mudou de ideia, achando que aquele homem obeso apenas vestido com a parte inferior de sua roupa não podia ser o grande *alafin* de Oyó.

Em plena cavalgada, Avesan, sempre liderando, levou Xangô para fora da cidade. Assim que se viram fora de perigo, ela se virou para ele e lhe disse: – Vamos procurar Latosisa.

– Latosisa foi derrotado. Vamos para Empé. Agodô há de me acolher. Tenho um tratado com os nupês e ele há de honrá-lo. Voltaremos e expulsaremos estes miseráveis.

Sem discutir com Xangô, Avesan seguiu para o norte em direção à cidade de Empé. Será que o ancião Agodô iria ajudar seu amado, perguntava-se Avesan? Pela expressão de aflição de Xangô, ele também tinha dúvidas de que Agodô honraria o acordo. Todavia, se ele honrasse, isto representaria guerra entre os nupês e os invasores. Neste instante, já mais calmo, mesmo que transtornado pela sua humilhante fuga, Xangô voltou a se perguntar pela milésima vez: quem tivera a audácia de tomar seu trono? Não podia ser seu irmão: era frouxo demais. Quem? martela-va-se Xangô, quem ousará?

96

De manhã, Oyó estava cercado pelas forças de Latosisa. Sempre dando ordens que não levassem ao conflito, ele recusou os conselhos de seus comandantes que queriam invadir a cidade.

– Vocês são loucos? Não sabemos quantos são e nem se capturaram Xangô. Se entrarmos na cidade, teremos que enfrentá-los nas ruas e nas casas. Já imaginaram quantas pessoas inocentes irão morrer? Façamos melhor. Mandarei um escolta de paz discutir os termos de sua rendição. Afinal, nós os temos encurralados.

Com tal assertiva, Latosisa convenceu os que desejavam uma luta armada e mandou uma escolta. Em pouco mais de uma hora, a escolta voltou acompanhada de outra escolta, onde se podia ver Toyejê. A visão do antigo *kakanfo* fez os soldados que o conheciam, tremer. Será que era o *egun* de Toyejê?

Os dois comandantes ficaram frente a frente, cumprimentaram-se formalmente, sem nenhum aparente sinal de amizade.

– Fale seus termos – disse Latosisa.

– Xangô fugiu. Ele já não é mais o *alafin* de Oyó. O trono volta às mãos de seu legítimo dono: Dadá Adjaká.

– Ele já foi empossado?

– Está em Igboho e seguirá para Ifé onde receberá o sabre de Oranmyan. Enquanto isto, eu serei o *alakorô,* até seu retorno.

– E minhas tropas? – perguntou Latosisa.

– Adjaká perdoará todos que ficarem de seu lado. Você continuará a ser o *kakanfo* de Oyó e todos receberão soldo dobrado pelos próximos dezesseis meses.

– Seus termos são generosos, mas e aqueles que não desejarem aceitar Adjaká como rei?

– Adjaká não poderá tolerar revoltosos. Não levantaria sua mão contra os que o recebessem bem, mas viraria as costas para os que não o amassem. Tudo isto se cumprirá pelo juramento de Ogun.

208 A SAGA DOS CAPELINOS

E assim falando, retirou a espada de sua bainha e beijou a ponta: um juramento a Ogun que jamais poderia ser quebrado com pena de ter o grande orixá da guerra em seu encalço. Sem uma ameaça formal, Toyejê dava perfeita ideia de que deveriam aliar-se a Adjaká ou sofrer as consequências, quaisquer que fossem elas.

Tendo Latosisa de seu lado, Adjaká acabou sendo aceito como novo *alafin* de Oyó. Alguns dias depois, ele era empossado em Ifé numa cerimônia a que todos os reis compareceram e submeteram-se, prosternando-se aos seus pés. Adjaká voltou a Oyó poucas horas antes que uma delegação de nupês entrava na cidade e pediam audiência ao novo *alafin*, fosse ele quem fosse. Finalmente, Adjaká ficaria sabendo que Xangô estava nas terras dos nupês.

97

Exausto e com aparência de um mendigo enlouquecido, Xangô entrou em Empé. Quase não o deixaram falar com Agodô, mas após Avesan ladrar feito uma cadela, dizendo que ele era o grande *alafin* de Oyó, levaram-nos à presença de Agodô. Ele se explicou e Agodô perguntou-lhe o que desejava que os nupês fizessem.

– Quero recuperar meu trono. Nosso tratado...

– Nosso tratado nos faz ser aliados contra os haussa-fulanis – interrompeu Agodô. – Nós sequer sabemos quem invadiu Oyó. Se forem os haussas ou os fulanis, pode estar certo de que hei de honrar o acordo. Todavia, se forem inimigos que em nada ameaçam a estabilidade dos nupês, terei que pensar muito, pois não posso arriscar a vida dos meus meninos numa aventura particular.

– Sempre achei que os nupês seriam meus aliados de qualquer forma. Sangue nupê corre nas minhas veias. Torosi era sua irmã.

– Xangô, meu sobrinho, você não precisa me lembrar de minha genealogia. Posso ser um ancião, mas me lembro de tudo como se fosse hoje. Todavia, reflita um pouco. Vamos imaginar que seu trono tenha sido retomado pelo seu irmão Adjuan. Neste caso, trata-se de um assunto interno no qual não me meterei. Adjuan é tão meu sobrinho quanto você.

– Impossível! Adjuan não teria coragem de me tomar o trono.

A Divina Dinastia

209

– Você não teve a mesma coragem ao tomar o trono dele? – E vendo que a discussão iria se prolongar, Agodô levantou a destra e mandou que ele escutasse: – Vou enviar uma missão para descobrir quem são e parlamentar. Somente após saber quem tomou seu trono, tomarei minha decisão. Enquanto isto, você poderá ficar aqui e estará abrigado e seguro.

Cabisbaixo, Xangô foi levado para uma das dependências do palácio e junto com ele a inseparável Avesan. Ela o olhava profundamente consternada: ele era a imagem personificada da derrota.

98

Com toda a pompa, Adjaká entrou em Oyó vindo de Ifé, onde recebera o sabre de Oramiyan. Ele adentrou o palácio e sentou-se no trono. Nesse instante, vieram os nobres, prosternaram-se perante ele e juraram lealdade. Ele cumpriu sua palavra e não perseguiu ninguém. Com Latosisa de seu lado, o exército nada fez. Para eles, a troca fora vantajosa: receberiam soldo em dobro por dezesseis meses iorubás, cerca de 256 dias. Até mesmo, Salê Kuodi foi mantido como *baxorun*, mas perdeu nitidamente sua preponderância para Akessan, que voltou a ser o dono do mercado e de Toyejê, que passou a ser o mais ouvido dos *baxoruns*.

Quando a comitiva dos nupês chegou e entendeu que Adjaká recuperara o seu trono, eles nada falaram, mas comentaram que Xangô ficaria exilado em Empé. Aquilo foi a gota d'água para Adjaká. Furibundo, ordenou que os nupês entregassem Alufiran – ele não chamava seu irmão de Xangô. Ele tinha de ser julgado por sedição e alta traição e, provavelmente, executado. O chefe da delegação nupê respondeu-lhe que levaria sua mensagem a Agodô, mas que não contasse muito com a generosidade do tio, pois ambos eram seus sobrinhos e ele jamais ia querer ter o sangue de Alufiran sobre sua cabeça. Adjaká ameaçou-os de ir até Empé e pegar Alufiran à força. O ministro plenipotenciário nupê nada respondeu. Curvou-se respeitosamente e partiu, levando a ameaça de Adjaká, afirmando que lhe daria uma resposta em dez dias.

Os dez dias viraram vinte e Adjaká entendeu que Agodô não lhe entregaria Alufiran. Chamou seu conselho e mandou que Latosisa e Toyejê fossem a Empé, com uma grande força militar, e trouxessem Alufiran,

210 A SAGA DOS CAPELINOS

vivo ou morto, mas preferencialmente vivo para que ele pudesse escarnecer dele publicamente.

Os dois *kakanfos* foram contra, mas foram obrigados a obedecer a tal ordem. Até mesmo o vingativo Akessan, afirmou em alto e bom tom para Adjaká que ele deveria deixar o assunto morrer e, mais tarde, na calada da noite, mandar um grupo de assassinos matar Alufiran. Mas Adjaká jamais esquecera as ofensas que fora obrigado a ouvir quando fora destronado. Queria demonstrar pessoalmente a Alufiran que ele não era o frouxo que o irmão achava que fosse.

99

Desde alguns dias antes da invasão do seu palácio que Xangô não se sentia bem. Durante a invasão, ele fora tomado de um medo que não lhe era normal. Na fuga, cavalgando pelas savanas, nunca se sentiu tão humilhado. Quando Agodô lhe disse que Adjuan retomara o trono e que ele nada podia fazer, pois não ficaria contra seu próprio sobrinho, ele se sentiu arrasado. Caiu prostrado em seu quarto e nem mesmo a fogosa Avesan conseguiu que se mexesse. Parecia alheio a tudo.

Quando os enviados dos nupês retornaram de Oyó, informaram a Agodô de que Adjaká exigia devolução ou então haveria guerra.

– Se crizarem o rio, teremos de enfrentá-los – afirmou Agodô.

Um dos seus filhos disse baixinho, sem saber que Xangô estava escutando a conversa, atrás de um reposteiro.

– Eles são muitos. Nós temos uns três mil homens e teremos que enfrentar dois *kakanfos* poderosos. É melhor entregar Alufiran e acabar logo com isto.

Agodô não respondeu de imediato. Realmente, seu filho tinha razão. Para que arriscar a vida de seus guerreiros para proteger um único homem? Neste instante, alguém se movimentou na sala e Xangô, não querendo ser visto, afastou-se sem ouvir a resposta do tio.

– Dei minha palavra a Alufiran de que teria refúgio. Não posso voltar atrás na palavra dada.

Com a mente em torvelinho, Xangô saiu do palácio e dirigiu-se para um pátio interno. Iam entregá-lo ao irmão para que se vingasse dele.

A Divina Dinastia

Vendo as primeiras estrelas aparecer na escuridão da noite que caía, começou a pensar febrilmente. Seria conduzido a ferros a Oyó. Provalmente, o submeteriam a todo tipo de tortura e de humilhações. Não iria tolerar isto. Ele, que governara Oyó por sete anos, que vencera os ijexás, os baribas e outros inimigos, não iria ser achincalhado, transformado em joguete na mão de homens que o odiavam. Que torturas e que infâmias fariam com ele? Era preferível a morte a se entregar a seus inimigos. Perdera todo o poder, a fortuna e o trono, mas não perderia a pose de grande senhor. Não iria chorar como um bebê, nem iria implorar perdão ou clemência. Era preferível a morte.

Levantou-se e caminhou em direção ao estábulo. Remexeu nas coisas em plena escuridão e finalmente encontrou o que queria: uma corda grossa o suficiente para aguentar seu peso. Enrolou a corda e, determinado, saiu porta afora, procurando por uma árvore forte o suficiente para aguentar o seu peso.

Subir na árvore exigia toda a sua força e mesmo após escorregar algumas vezes, conseguiu atingir um galho forte. Amarrou a corda na árvore e calculou a distância até o chão de tal forma que ficasse suspenso. Com as mãos trêmulas, fez um nó e passou em volta de seu pescoço. Parou por um instante, o corpo todo tremendo, o rosto crispado, e, de repente, um último desejo lhe passou pela mente: fugir para algum outro lugar. Todavia, outros pensamentos tomaram conta de sua alma incendiada. Se ele morresse, também seria uma fuga e seria definitiva. Não correria o risco de ser preso em outro lugar. Seria rápido e indolor. Neste momento, avassalado por pensamentos de fuga, morte e descanso, já que estava exausto, jogou-se da árvore.

A queda não quebrou seu pescoço, mas ele sentiu a corda machucar sua nuca, assim como sufocá-lo. Não calculara bem a distância e a ponta de um dos seus pés conseguiu roçar de leve o chão. Subitamente, ele entendeu a loucura que estava fazendo e tentou elevar- se, segurando as cordas com as duas mãos, antes que ele ficasse completamente sufocado.

Debatendo-se para se livrar da corda e com um dos pés tentando desesperadamente um apoio no chão, lutou como um leão para não morrer. Seus olhos se encheram de lágrimas de

212 A SAGA DOS CAPELINOS

dor e de desespero. Sentia que estava perdendo a luta, pois seu corpo pesado e majestoso o puxava para baixo. Ainda tentou gritar, pedir ajuda, mas a voz engasgou na garganta por falta de ar. De repente, começou a confundir o negror da noite com uma escuridão que invadia sua mente. Mais uma vez, lutou, mas só fez piorar as coisas, pois quanto mais se debatia, mais a corda apertava seu pescoço.

Naquele instante, viu-se caído ao lado do corpo. Junto a ele, viu vários negros vultos, gargalhando e zombando dele. Num salto lépido, ele se ergueu do chão. Sem entender o que se passava, virou-se para aquelas estranhas figuras e lhes disse, no auge do paroxismo de seu desespero.

– Parem de rir, seus idiotas, e me ajudem a tirar o meu corpo daí. Eles riram ainda mais. Um deles se curvou e lhe disse com uma voz cava: – Às suas ordens, kabiyesi.

Mas um outro não parecia tão disposto a galhofas. Aproximou-se dele, segurou no seu braço e o sacudiu, dizendo: – Cala a boca. Você morreu, sua besta.

E antes que ele fizesse qualquer coisa, agarraram-no e o levaram embora, enquanto que seu corpo se balançava na ponta de uma corda, com um dos pés a roçar o chão. Obasô - o rei se enforcara.

100

Alufiran escolhera um lugar perfeito para se enforcar. Longe de todos, para que ninguém o impedisse e nem o visse cometer o último ato de sua vida. Mas, por outro lado, dificilmente alguém iria encontrar seu corpo. No terceiro dia, após buscas pela redondeza, instigados por uma Avesan que parecia alucinada, alguém observou que havia abutres demais em certo lugar. Isso era certeza de que havia algo morto. Avesan implorou que fossem até lá.

Os guardas atenderam aos rogos da moça e encontraram os restos mortais de Xangô. Os abrutres e chacais haviam feito um trabalho de limpeza, mas, estranhamente, o pescoço conti-

A DIVINA DINASTIA

nuava preso à corda com uma cabeça corroída e apodrecendo. Com boa vontade, dava para reconhecer o imperador de Oyó.

Enterraram o que encontraram e dirigiram-se ao palácio. Agodô foi informado, assim como Avesan. A mulher parecia ter adivinhado. Sem nada dizer, sentindo-se traída pelo amado, arrumou suas poucas coisas, selou sua égua e partiu sem se despedir. Nunca mais se saberia de seu paradeiro.

Imediatamente, Agodô deu ordens para que mensageiros fossem até Oyó e informassem Adjaká do ocorrido. Não tinha como provar a morte do monarca, mas mandou que jurassem na ponta da espada por Ogun de que estavam falando a verdade.

Quando Adjaká soube da morte do irmão, estranhamente, chorou. Não verteu lágrimas pelo alafin de Oyó que lhe roubara o trono, mas pelo irmão, pela época boa da infância, pelo espírito de Oranian que devia estar triste que seu filho tivesse procedido daquela forma. Aganju sentiu-se envergonhado com a atitude do tio, mas achou que não podia estar no seu perfeito juízo. Já Toyejê cuspiu no chão para demonstrar desdém, mas Latosisa o repreendeu, dizendo que se Alufiran cometera suicídio com certeza os egun-ibus estavam por detrás de tal ato.

Quando Salê Kuodi soube do ocorrido, não quis acreditar que um homem de personalidade tão forte como Xangô tivesse se suicidado. Quanto mais que a história era muito estranha: onde estava o corpo? Onde estava a inseparável Avesan? Era óbvio que haviam matado os dois e, depois, inventaram esta história inverossímil.

Nada comentou na corte, mas, ao sair na rua, ao ser interpelado por um amigo, confidenciou suas suspeitas. Ora, quem conta um conto aumenta um ponto: o amigo passou a ideia distorcida e, no bairro de Obakoso, os partidários de Xangô reuniram-se ao entardecer e ficaram profundamente indignados. Como é que haviam tido a coragem e a petulância de matar um homem tão formidável como Xangô e, depois, ainda por cima terem a desfaçatez de inventarem uma história que o denegria aos olhos do mundo?

A discussão ficou acalorada, especialmente quando foi regada a vinho de palma. Num dado instante, um grupo rival passou, cantando obasô (o rei enforcou-se). Os partidários de Xangô se enfureceram e partiram para a briga. Engalfinharam-se após rápida discussão. Em questão de minutos, os rivais apanharam e saíram correndo para buscar reforços.

Enquanto fugiam do local, mais partidários do falecido alafin se juntaram e começaram a percorrer o bairro de Obakoso, gritando obakosô (o rei não se enforcou). Quando encontravam desafetos ou pessoas que sabiam que eram contra Xangô, surravam-no. Começaram a aparecer os primeiros linchamentos e o número de mortos cresceu assustadoramente.

Os rivais de Xangô, ao saberem que estavam espancando e matando amigos, agruparam-se e atacaram, armados de foices, espadas e lanças. Uma luta armada de proporções crescentes se estabeleceu no bairro e logo os primeiros incêndios criminosos foram verificados. Como o fogo tem o mau hábito de se alastrar, em poucos minutos, outras casas começaram a arder e o incêndio tornou-se incontrolável.

Os dois kakanfos foram avisados do grande tumulto e se reuniram. Após rápida decisão com Aganju, concluíram que deviam apenas proteger as saídas do bairro tumultuado, mas não entrar com a infantaria e, muito menos, a cavalaria, especialmente em ruas apertadas e, ainda por cima, de noite. Decidiram esperar o dia nascer para por ordem no tumulto. Ordenaram que a infantaria confinasse as saídas do bairro Obakoso e prendessem qualquer um que tentasse sair, fosse quem fosse.

De manhã, mais da metade do bairro ardia furiosamente e as pessoas estavam presas em ruelas onde as chamas e a fumaça impediam a fuga. Além dos que foram pisoteados, houve um grande número de feridos e mortos pelo fogo. Com o dia alto, o fogo diminuiu e a infantaria adentrou no bairro, prendendo todos os que ali estavam. Já não existia mais disposição para a luta e a baderna. Neste ponto, é que viram a extensão da tragédia: dois mil mortos e mais de seis mil feridos por queimaduras, lacerações por instrumento cortante e ossos partidos por porretes. Isso tudo numa cidade de setenta mil habitantes: uma tragédia.

101

Os anos se passaram. Adjaká reinava em paz. Não obrigava os reis a se constrangerem, mas Aganju fizera uma completa renovação no império. Usando o poder dos ogbonis, afastou os reis que não lhe eram favoráveis, substituindo-os por reis pertencentes à sociedade secreta. Já não era voltada para os negócios, mas se imiscuía em todos os assuntos do reino, desde os civis como os religiosos.

Adjaká governou por mais doze anos e, nos últimos dias de seu governo, passou-o para Aganju, pois ficara extremamente doente. Sentia dores no peito e mal conseguia andar. Inchara e tinha dificuldades em urinar. Morreu no leito após alguns dias de agonia. Dessa vez, Oyó de fato chorou a morte de seu rei, pois mesmo sendo mais rígido, nunca deixara de ser o meigo Dada- Adjaká, a criança de tufos, o rei brincalhão que amava a vida e se divertia com seu povo.

Aganju assumiu o trono. Foi empossado em Ifé. Jurou pelo sabre de Oranmyan e foram dezesseis dias de festas. Mas agora não era mais um rei divertido. O espírito de Ogun baixara em Aganju e com dois poderosos kakanfos à sua disposição, ampliou suas terras. Enquanto Toyejê levou suas conquistas para o nordeste, Latosisa espalhou suas tropas para o sudeste. O império de Oyó chegara ao seu ponto máximo com Aganju.

Salê morrera e Abipa se tornara o baxorun, o primeiro-ministro de Aganju. Todavia, os filhos de Aganju não tinham aptidão para o governo e Aganju entendeu que se deixasse que assumissem o trono, Oyó seria rapidamente derrotada. Com calma, foi preparando alguém de sua confiança para assumir o trono quando morresse. Seus filhos não se importaram: eram ricos, viviam sem preocupações e sempre seriam respeitados como descendentes do grande Aganju.

Quando Aganju alcançou os oitenta e seis anos, ainda em pleno gozo de sua saúde, e já não tinha mais a companhia de Toyejê, nem Latosisa, nem Abipa e muito menos Akessan, acordou com os primeiros raios do sol e viu um homem de cor negra em seu quarto. Tratava-se de um ancião, esbelto, de idade indefinida, mas provavelmente alguém na casa dos oitenta. Egurava um longo cajado em sua mão e sua túnica branca resplandecia. Agamju ergue-se e o fitou.

– Aganju, levante-se, vista sua melhor e mais bela roupa e venha se sentar na sala do trono. Um rei como você não deve morrer na cama e sim sentado em seu trono.

Aganju, por uma razão estranha, não temia aquele homem que aparentemente o ameaçava. Nesse momento, o estranho deslizou até perto dele. Tinha um rosto bonito, másculo e um sorriso encantador. Aganju viu que ele brilhava e uma aura dourada o envolvia.

– Imolé, veio me buscar?

O espírito meneou a cabeça e Aganju levantou-se com dificuldade. Andou até o quarto ao lado, pegou a sua mais bela e colorida túnica. Vestiu-a, colocou sua tiara de dias de festa, seu adé bayani – o símbolo de sua majestade –, que cobria seu rosto. Atravessou os corredores ainda escuros e adentrou na sala vazia do trono, sempre acompanhado do espírito. Com esforço, sentou-se ao trono e acomodou sua roupa. Empertigou-se o mais que sua idade permitia.

Começou a sentir um frio atacá-lo. Sabendo que a morte vinha buscá-lo, ainda olhou para o espírito e lhe perguntou:

– Meu imolé, diga-me, se for possível, quem é você para que possa louvá-lo no orun.

– Sou aquele que desde os tempos primevos vem cuidando dessa terra como se fosse um jardim.

Os olhos de Aganju se abriram em muda surpresa. Pensou num nome e o espírito confirmou com um menear de cabeça e um sorriso. Aganju então abriu um sorriso de imensa satisfação e sussurrou suas últimas palavras:

– Oxalá.

F I M